KB077410

생기부
수학 필독서
40

필독서
시리즈
17

현직 고등학교 수학 선생님들이 직접 읽고 고른
MUST-READ FOR
MATHEMATICS AND LOGICAL THINKING

생기부 수학 필독서 40

이재환×이현규 지음

센시오

여는 글 1

MUST-READ FOR

MATHEMATICS AND LOGICAL THINKING

'생기부 필독서' 분야별 시리즈를 발간하며

매력적인 생기부를 만드는 가장 효과적인 방법은 단연코 '독서'다

《생기부 필독서 100》이 출간된 지도 약 1년이 지났습니다. 생각 이상으로 큰 사랑을 받아 지난 1년을 행복하게 보냈던 것 같습니다. 그 사랑을 통해 학생과 학부모들이 생기부와 과세특에 대해 얼마나 많은 관심을 갖고 있는지 알 수 있었습니다.

이러한 사랑은 또 다른 고민의 출발이기도 했습니다. 한 권에 모든 영역의 책을 넣으려 하다 보니 내용을 축약할 수밖에 없었고, 탐구 활동도 좀 더 풍성하게 담았으면 좋겠다는 아쉬움이 남았습니다. 이 책을 어떻게 활용해야 할지에 관한 질문도 많이 받았습니다. 그래서 교사들이 다시 뭉쳐서 영역별로 좀 더 자세히 책을 써보자는 논의를 하게 되었습니다.

지난 책에서도 강조했듯이 생기부 중에서도 '세부 능력 및 특기 사항(세특)', 특히 과세특은 학종의 핵심이라고 해도 과언이 아닙니다. 그래서 과세특을 돋보이게 하기 위한 다양한 시도들이 실제 교육 현장에서 이루어지고 있는 게 사실입니다. 모든 학교 현장에서는 과세특의 중요성을 절감하고, 교사와 학생들이 피나는 노력을 하고 있습니다. 이러한 추세 속에서 돋보이는 과세특을 완성하기 위해 '책을 활용하여 지식을 확장하자'라는 저희의 생각이 큰 호응을 얻었던 것 같습니다.

과세특은 교사의 재량하에 교과 교사가 수업을 통해서 했던 활동들, 수행평가 등과 연계하여 작성하게 됩니다. 가장 이상적인 과세특은 아마도 학생이 교과 수업 내용을 심화하고 확장해 나간 과정이 잘 녹아있는 형태일 것입니다. 이를 위한 다양한 방법 중 가장 효과적이고도 매력적으로 학생들이 자신을 어필할 수 있는 수단이 바로 독서입니다. 교과수업을 통해 생긴 다양한 의문점이나 더 알고 싶었던 내용을 자기주도적인 방법으로 확장하기 위해 관련 책을 찾아 읽고, 지식의 부족한 부분을 보충함으로써 스스로 성장해 나가는 모습을 보여주는 것이 과세특을 위한 가장 완벽한 시나리오라고 생각합니다.

지난 책에 이어 이번 책 역시 학생들이 독서 활동을 과세특과 잘 연결할 수 있도록 돕기 위해 쓰였습니다. 좀 더 깊이 있는 책 선정과 다양한 탐구 활동 소개로 학생들의 창의성 발현을 돕기 위해 노력하였습니다. 전공별이 아닌 인문사회, 과학, 수학으로 나누어 상세 가이드를 출간하는 것은 교과 심화 및 융합이 강조

되는 요즘의 흐름을 반영한것입니다. 지금 학문의 핵심은 '융합'입니다. 기존에 알고 있는 지식을 심화시켜 융합하는 것이 결국 창의성으로 연결됩니다. 이를 위해서는 교과를 심도 있게 이해하고 이를 다양한 교과와 연결 지어 생각해 보는 활동이 중요합니다. 자신의 진로에 한정된 독서 활동만 하는 것은 통합적 사고를 중시하는 지금 시대의 추세에 맞지 않습니다. '확장적 독서'가 꼭 필요한 이유입니다.

이 책에서 추천하는 책들을 참고하되 꼭 명심해야 할 것이 있습니다. 자신의 수준을 고려해야 한다는 점입니다. 무리해서 이해하기 힘든 어려운 책을 무작정 따라 읽는 것은 오히려 역효과를 불러옵니다. 추천 책을 바탕으로 자신의 수준에 맞는 책을 찾고, 이 책에서 제시한 탐구 활동들을 참고하여 심화 활동을 스스로 설계하는 것이 바람직합니다.

학생들이 '독서'로 자신만의 스토리를 확장해 나가고 대입 성공이라는 목표에 도달하는 여정에 이 책이 힘이 되면 좋겠습니다.

여는 글 2

MUST-READ FOR
MATHEMATICS AND LOGICAL THINKING

우리가 '생기부 수학 필독서 40'을 출간하게 된 이유

수학은 대표적인 기초학문으로 학생들의 진로 희망 분야를 망라해서 '모든 학생이 생기부에 자신의 학업 역량을 드러내고 노력하는 과정을 오롯이 보여주기에 좋은 과목'입니다. 물론 자연과학, 공학계열 진로 희망자라면 중요도가 더 큽니다. 하지만 상경계열을 희망하는 학생들에게도 미적분과 통계 분야 등 수학 학업 역량이 필요합니다.

그런데 인터넷만 찾아봐도 생기부 수학 활동에 대한 자료를 '필요로 하는 이들'은 많은 데 비해 실제 도움이 될 만한 정보는 부족한 게 사실입니다. 총론 수준의 조언이 대부분입니다. 그러다 보니 생기부 수학를 어떻게 관리해야 좋을지 헷갈리는 분들이 많습니다. 그 이유로 몇 가지를 꼽을 수 있습니다.

첫째, 전공과 연계해 뚜렷한 주제 활동을 하려면 고등학교 수학 수준을 넘는 경우가 많습니다. 수학은 학문적 위계성이 뚜렷해서 대학 수학에 가서 기초부터 배워야 해당 주제를 이해할 수 있는 경우가 많은데, 그것이 학생들로서는 현실적으로는 어렵습니다.

둘째, 진로 연계 활동만이 도움이 되는 탐구라는 선입견을 많은 학생이나 학부모가 갖고 있습니다. 진로와 수학을 억지로 연결하려다 보면 실제로 적당한 주제를 찾기가 쉽지 않습니다. 그래서 구체적인 탐구 과정은 생략하고 '이 부분에 수학을 사용했다.'라고 결과만 억지로 꿰어 맞히기 십상입니다. 그런데 그런 생기부를 보면 입시 관련자(입학사정관, 대학 교수)는 즉각 어색하고 작위적이라고 느끼게 마련입니다. 도움이 되기보다 자칫 역효과를 낼 수도 있습니다.

셋째, 수학 활동에는 반드시 수식 계산이나 증명이 들어가야 한다는 편견 역시 생기부 수학 활동을 위축시키는 요인이 됩니다. 실제로는 수학과 스토리텔링을 접목할 수도 있고 인문학적으로 접근할 수도 있고 예술 분야의 영상이나 그림을 활용할 수도 있습니다. 소프트웨어를 활용해도 됩니다.

넷째, 실제 다양한 직업 영역이나 실생활에서 수학이 어떻게 활용되는지 잘 알지 못합니다. 오늘날 경영학, 생물학을 위시로 엄청나게 많은 분야에서 수학은 필수 학문으로 작동합니다. 그런데 무엇이 어떻게 접목되는지 모르다 보니 막연하고 추상적인 접근을 하기 쉽습니다.

따라서 이 책을 참고로 수학 활동을 계획하고 생기부 세특에 녹일 수 있다면 다른 일반 학생들과는 차별화된 자유롭고 창의적인 수학 활동과 탐구를 할 수 있을뿐더러 그 결과 자신의 생기부를 남들과는 다른 특별한 내용으로 채워나갈 수 있을 것입니다.

우리는 전작《생기부 필독서 100》에서 수학책 30권을 선별해 소개한 바 있습니다. 그런데 아무래도 다른 과목들과 함께 수록하다 보니 소개되는 분량이 상대적으로 적고 활용 방법도 축약해서 제시할 수밖에 없었습니다.

그래서 이번에는 기존에 소개되었던 책 중에서 20권을 재선별하고 거기에 새로운 책 20권을 추가해 40권의 수학 필독서를 추천하게 되었습니다. 수학의 개념(파트 2), 수학의 역사(파트 3), 수학과 실생활(파트 4), 수학의 흥미(파트 6) 주제의 책들은 각각 수학적 사고를 기르고 수학자들의 열정과 노력에 공감하며 삶에서 두루 활용되는 수학의 신기한 세계를 파악하고 익힐 수 있도록 인도해 줄 것입니다. 수학적 개념과 사고력을 기르는 데 도움이 되리라 생각합니다.

이번에 저희가 주안점을 둔 분야는 파트 5의 '수학과 융합' 주제 항목입니다. 여기 소개된 책들이야말로 새로운 시대에 산업의 주인공으로 떠오른 수학을 제대로 활용하고 자신의 전공 관련 진로 활동이나 동아리 활동뿐 아니라 여러 과목 세특에도 녹여낼 수 있는 필독서들입니다.

빅데이터 시대 주목받는 통계학과 수학의 접목, 우주공학 시대 물리와 수학의 접목, 바이오 혁명 시대 생물학과 수학의 만남, 컴퓨터 프로그래밍이나 코딩 및 다양한 논리 메커니즘과 수학의 활용, 암호화폐와 NFT나 전자상거래의 기반이 되는 암호 기술과 수학 이론, 다양한 이해관계자 사이에서 최적의 결정을 도출해 내는 게임이론과 수학의 결합 등이 그것입니다. 더 나아가 한국사, 미술, 상담 등 인문학적 접근 방식과 함께 수학을 탐구하도록 도와주는 책들도 포함되어 있습니다.

'수학은 오로지 숫자와 공식'이라는 편견을 깨고 학생들이 흥미롭게 책을 읽고 사고하고 다양한 활동과 연결 지어 갈 수 있도록 많이 고민했습니다. 다양한 진로나 직업에서 활용이 가능한 수학, 실생활에서 쉽게 발견하고 친근해질 수 있는 수학, 문제 해결을 위해 다양한 수학적 접근 방식을 꾀하는 책들을 두루 담으려고 노력했습니다. 또한 수행평가에 필요한 자료와 아이디어를 얻는 데 도움이 되었으면 합니다.

전작에서 많은 독자가 '독서로 챙기는 생기부 사례'가 도움이 많이 되었다고 피드백을 보내 주셨습니다. 책을 다 읽고 나서도 무엇을 어떻게 해야 할지 막막한 경우가 많은데, 후속 활동으로 어떻게 확장해 탐구하는 게 좋은지 제시해 주니 가려운 데를 긁어주는 것 같아 후련했다는 것이지요. 특히 학생들로부터는 당면한 눈앞의 과제인 탐구 보고서 작성 방법이라든가 다양한 활동을 생기부 세특에 이어지도록 하는 아이디어를 얻을 수 있어 좋았다는 평가를 받았습니다.

이 책에는 다섯 파트 마지막마다 각각 '독서로 챙기는 생기부 사례'를 넣어서 다양한 후속 활동을 제안했습니다. 이를 통해서 수학 지식을 쌓는 것만 아니라 필요한 곳에 그것을 적절히 사용하는 수학적·논리적 역량을 기를 수 있다면 좋겠습니다.

수학 분야 저자

이재환, 이현규

차례

MUST-READ FOR
MATHEMATICS AND LOGICAL THINKING

PART 1 독서를 활용해 자기만의 생기부를 차별화하자!

수학의 개념

수학적 사고로 분석력, 논리력, 창의력 넘치는 뇌를 만든다

수학의 역사 인류를 진보시킨 위대한 수학적 여정을 탐험한다

수학과 실생활 일상의 모든 것을 수학적으로 재해석하는 흥미로운 시간

수학과 융합

제4차 산업혁명 시대 수학의 새로운 점령지를 찾아 나선다!

수학의 흥미

수학이 더욱 가깝고 재밌어지게 도와주는 수학책

PART 1

독서를 활용해
자기만의 생기부를
차별화하자!

MUST-READ FOR
MATHEMATICS AND LOGICAL THINKING

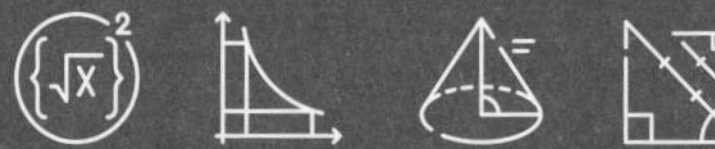

입시를 앞둔 학생들이 생기부에 집중하는 이유

자주 바뀌는 입시 제도 때문에 어느 장단에 맞춰야 할지 모르겠다고 토로하는 학부모들이 많습니다. 그러나 변화하는 제도 안에서도 확실한 것들이 있습니다. 입시 제도의 큰 흐름과 줄기를 알면 세부적인 작은 변화에 초조해하거나 휘둘리지 않고 차분히 입시를 준비할 수 있습니다.

대입 전형 체계를 보면 '학생부 위주' 전형과 '논술 위주' 전형은 수시에 해당합니다. '학생부 위주' 전형은 학생부 교과 전형과 학생부 종합 전형이 있습니다. '수능 위주' 전형은 정시에 해당합니다. '실기 · 실적 위주' 전형은 정시와 수시 모두에 해당하는데 대부분 예체능 분야이며 제한적으로 특기자 전형이 포함됩니다.

이들 전형 가운데 이 책에서 중점을 두는 것은 '학생부 종합 전형(학종)'입니다. 학종은 입학사정관 등이 참여해 학교생활기록부(입시 전형에서는 학생부라는 용어를, 학교 현장에서는 주로 생기부라는 용어를 사용합니다)를 종합적으로 평가해 선발하는 전형입니다. 학생부 '교과' 전형은 학교생활기록부 교과의 교과성적(내신)을 중심으로 하는 '정량' 평가이고, 학생부 '종합' 전형은 내신뿐 아니라 생기부의 모든 영역을 종합적으로 평가하는 '정성' 평가입니다.

대다수 대학에서 학생부 교과 전형의 내신 커트라인이 학생부 종합 전형 커트라인보다 높게 나타납니다. 학생부 종합 전형은 내신 점수 외에 추가로 '어떤 요소'를 가지고 있어야 한다고 해석할 수 있습니다. 학생부 교과 전형의 경우 정해진 내신 점수만큼만 합격을 보장해 주어서 상향 지원을 하기 어렵지만, 학종은 내신 점수 대비 상향 지원할 수 있는 여지가 있기 때문에 생기부가 잘 갖춰진 경우 학종을 선호합니다.

최근 정시 비중이 늘어나면서 내신보다 수능에 강점이 있다고 생각하는 학생들이 정시를 입시 전략으로 택하기도 합니다. 하지만 내신 등급과 모의고사(전국연합학력평가)를 비교했을 때 모의고사 등급이 더 뛰어난 학생들은 그리 많지 않습니다. 2022학년도 서울대 정시모집 최초 합격자 중 고3 재학생의 비율은 38.1% N수생의 비유은 59.7%, 대부분은 N수생이 차지했다는 사실만 봐도 현실이 어떤지 잘 알 수 있습니다. 실제로 영재고나 특목고 학생들은 고등학교 3년간 모의고사에 응시하지 않는 경우가 많으며, 대신 다양한 교육과정과 수업 및 학생 활동에 집중하면서 학생부 종합 전형을 준비하곤 합니다.

정시를 준비하는 학생들도 생기부를 관리해야 하는 이유는 '2025학년도 서울대학교 신입학생 안내'만 보아도 확실히 알 수 있습니다. 서울대학교는 정시모집 수능 위주 전형 중 지역균형전형은 교과 전형을 40%, 일반 전형은 2단계에서 교과 평가를 20% 반영한다고 되어 있습니다. 그중 교과 이수 현황, 교과 학업성적, 세부능력 특기사항(세특)을 반영하여 학생의 학문 분야에 필요한 교과 이수 및 학업 수행의 충실도를 평가한다는 내용입니다. 세특을 평가한다는 것은 곧 생기부를 적극 참고하겠다는 이야기이므로, 이는 곧 정시에서도 생기부 관리를 해야 하는 이유가 됩니다.

2024학년도 대입부터 자기소개서가 일괄 폐지되어 생기부를 통해 자신을 잘 알리는 일이 더욱 중요해졌습니다. 생기부를 관리하고 만들어 내는 일에 집중해야 하는 이유입니다. 학종은 내신과 더불어 교과서 너머의 다양한 지식과 적극적인 학교 활동을 요구합니다. 학종을 준비하면서 하나씩 도전한 것들이 쌓여 여러분을 크게 성장시킬 것입니다. 다양한 활동을 수행하면서 자신의 성향을 파악하고, 어떤 분야에 관심이 있는지 고민하며 의미 있는 진로 탐색의 기회로 삼길 바랍니다.

역량을 드러내는 똑똑한 생기부, 어떻게 만들까?

생기부에는 고교 3년 동안의 활동 전반과 학습 경험 그리고 성장 과정에 대한 기록이 담겨 있습니다. 대학은 학종에서 지원자를 종합적으로 이해하고 역량을 평가하기 위해 생기부를 중요한 평가 자료로 활용합니다. 그런데 생기부의 모든 항목이 대입에 반영되는 것은 아닙니다. 2024학년도 대입부터 수상 경력과 독서 활동, 동아리 활동 중 자율동아리 등이 대입에 미반영됩니다. 2025년에 고1이 되는 학생들의 2028학년도 대입 기준은 아직 나오지 않았습니다만 현재의 기조가 유지되리라 예상해 봅니다.

그런데 독서 활동이 대입에 반영되지 않지요? 그렇다면 대입에서 독서는 중요한 평가 요소에서 빠지게 되는 것일까요? 아닙니다. '독서 활동 상황' 항목은 대입에 반영되지 않지만 '독서 경험'은 반드시 생기부 영역에 기록되어야 합니다. 단순히 책 제목만 들어가선 안 되고 독서 후 후속 활동과 관련지어야 합니다. 대학은 세특 등에 기록되는 내용을 통해 의미 있는 독서 활동이 이루어졌는지 평가할 수 있습니다. 지적 성취뿐 아니라 학생 본인의 관심 분야에 대한 지적 호기심까지 추론하기 위해 토론과 연구 활동, 글쓰기, 실험 실습, 독서 활동을 자세히 들여다 보며 종합적으로 평가합니다.

교사 추천서와 자기소개서가 폐지된 상황에서, 이제는 생기부 자체가 교사 추천서와 자기소개서의 역할을 대신하게 되었습니다. 그렇기에 생기부에서 대입에 반영되는 항목들의 중요성은 더욱 커졌다고 볼 수 있습니다. 각 항목에 기재되는 내용을 잘 이해해야 생기부 관리를 현명하게 해나갈 수 있습니다.

과세특은 과목마다 학업 성취 수준, 수업 중 학생이 보여준 강점과 노력, 성장 과정 등을 교사가 직접 관찰하고 기록한 것을 말합니다. 각 과목당 500자 분량이니, 1년 동안 10개 과목을 배운다면 최대 5,000자 분량에 이르는 내용으로 생기부 대부분을 차지하는 가장 중요한 영역이 됩니다. 여기에는 학생이 교과에 대해 가지는 흥미 정도, 학생이 수업 활동 중에 보여준 태도, 학습 참여도, 학업 역량, 진로 역량 등이 포함됩니다.

학업 외에 창체(창의적 체험활동)는 자율 활동, 동아리 활동, 봉사 활동, 진로 활동으로 구성됩니다. 행특(행동 특성 및 종합의견)

은 담임 교사가 1년 동안 학생의 학업, 인성, 행동 등 성장과 변화를 관찰해서 전반적인 학교생활 태도를 기록하는 항목입니다. 긍정적인 내용이 담기더라도 구체적인 근거와 함께 제시되어야 더 좋은 평가를 받을 수 있습니다. 담임 교사가 아무리 최선을 다해 학생의 장체와 행특을 기록한다 해도 교사의 관찰력에는 한계가 있습니다. 그러므로 학교생활에서 충실한 모습을 보이는 동시에 다양한 활동 보고서를 작성해서 교사에게 제시하면 좋습니다. 구체적인 근거와 자료와 기록이 있다면 교사가 더 균형 있는 평가를 작성하는 데 도움이 되기 때문입니다.

과세특은 교과 교사가 교과 시간에 한 활동, 수행평가 등을 바탕으로 학생의 발전 과정을 기록합니다. 이는 생기부에서 많은 분량을 차지할 정도로 가장 중요한 영역으로 꼽힙니다. 학기 중 수업 시간의 활동 내용을 기록하기도 하고, 학기 말에 과제를 제시하고 과제 수행 내용을 기록하기도 합니다. 수업 시간에 보여주는 학생의 수업 태도와 과제 수행 중 보여준 개인의 역량이 그래서 중요합니다.

개세특은 보통 담임 교사가 기록하며 학교마다 특색있게 운영하는 자율적 교육과정이 다양하게 반영됩니다. 예비 신입생을 대상으로 학교마다 교육과정 설명회를 진행하는데, 이때 학교만의 자율적 교육과정이 어떻게 운영되는지 미리 확인해 주안점을 두고 임하는 게 좋습니다. 주로 교과 간 융합 활동이나 학교에 개설되지 않은 과목과 관련한 활동 등을 계획해 진행하게 됩니다. 주도적으로 참여해서 의미 있는 개세특을 만들려면 이런 내용에도 관심을 두고 참여해야 합니다.

생기부 각 항목의 내용은 추상적이기보다는 구체적이어야 합니다. 또한 각각이 유기적으로 연결되고 대학에서 요구하는 역량이 잘 드러나도록 하는 것이 중요합니다. 자율 활동, 진로 활동, 동아리 활동, 세특, 행특 등이 개별적으로 산재하는 것보다는 서로 연결된다면 학생을 대변하는 데 더 효과적으로 작용합니다.

특정 진로에 왜 관심을 두게 되었으며 어떤 진로 탐색 활동을 했는지를 '진로 역량'에서 보여줄 수 있습니다. 관심 분야를 어떻게 자기 주도적으로 학습했는지(학업 태도), 관심 주제를 어떻게 탐구했는지(탐구력), 그 과정에서 어려움을 어떻게 해결했는지(문제 해결력) 등을 통해서 '학업 역량'을 보여줄 수 있습니다. 연구 과정에서의 협업이나 교내 행사에서 보여준 소통 능력으로부터 '공동체 역량'을 보여줄 수 있습니다. 이 과정에서 독서를 활용해 발전 과정과 성장 과정을 자연스럽게 녹여냄으로써 자신만의 생기부를 차별화할 수 있습니다.

특정 주제를 탐구할 때, 주제와 관련한 다양한 책을 읽고 자기 주도적으로 학습하고 이를 다른 활동으로 심화 · 발전시키는 과정을 보여주면 학생의 역량을 잘 드러내면서도 세특과 창체가 잘 연계된 좋은 사례가 됩니다. 책을 통해 어떤 주제에 관심이나 궁금함이 생겼고 해당 분야를 더 알기 위해 어떤 노력을 해왔는지와 책이 어떤 영향을 주었는지 등 과거라면 자기소개서에서 어필하던 부분을 이제는 생기부 내에서 보여주어야 합니다.

2025년부터 전면 시행되는 고교학점제 대응법

학생 스스로 자신의 기초 소양과 학력을 바탕으로 진로와 적성에 따라서 과목을 선택하고 이수 기준에 도달한 과목에 대해 학점을 취득하고 누적해서 졸업할 수 있는 제도가 '고교학점제'입니다. 이전까지는 주어진 교육과정에 따라 모든 학생이 거의 비슷한 수업을 들었다면, 앞으로는 학생 각자가 원하는 진로에 따라 원하는 과목을 선택해서 수업을 듣게 된다는 의미입니다. 획일적인 교육을 지양함으로써 학생의 동기와 흥미를 유발하고 다양성을 고려해 미래 사회에 필요한 역량을 기르기 위해 마련된 제도인 셈입니다.

현재 고등학교 재학생(2015 교육과정)과 진학 예비생(2022 교육과정, 2025년 이후 입학생)에게 적용되는 고교학점제 수준은 조금 다르지만, 현재도 미리 고교학점제를 도입해서 2학년 때부터 선택과목을 수강하기 위해 해당 교실로 이동해 수업을 듣는 게 당연시되는 학교가 많습니다.

2025년부터 고교학점제가 전면 시행됨에 따라서 고등학교 3년 동안 총 192학점을 이수해야 졸업할 수 있으며, 고등학교 교육과정 편성이 달라지고 교과의 재구조화도 동반됩니다. 고등학교 졸업에는 총 192학점 이수가 필요한데 필수 공통과목(84학점), 선택과목(자율 이수 학점, 90학점), 창의적 체험활동 18학점으로 구성됩니다. 구체적인 교육과정과 과목은 고교학점제 홈페이지(https://www.hscredit.kr/index.do)를 참고하면 됩니다. 고등학교 교과과정 및 과목이 대학처럼 학생의 진로와 전공 관심사에 따라 세분화하고 좀 더 학생 친화적으로 바뀌는 것이라고 이해하면 될 것입니다. 고등학교 1학년 때는 대개 공통과목 중심 교과목이 편성되고, 2학년 때부터 선택과목 중심으로 편성이 이루어지므로, 고등학교 1학년 동안 나중에 어떤 선택과목을 수강할지 미리 고민해 둘 필요가 있습니다.

내신 등급에도 변화가 생깁니다. 절대평가인 성취평가(A, B, C, D, E 등급)와 함께 상대평가인 석차 등급이 기재되는데 현재의 9등급에서 5등급으로 개편됩니다. 단, 사회 · 과학 융합 선택과목 9개와 체육 · 예술 · 과학 탐구 실험 · 교양 과목은 절대평가만 실시합니다. 그래프(그림 1)에서 보듯이 2022 개정 교육과정부터는 석차 등급이 5등급제로 바뀜에 따라 등급별 비율 역시 달라집니다.

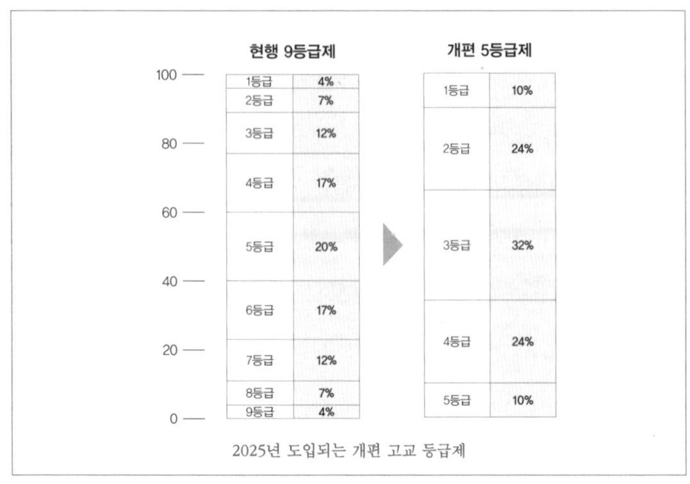

[그림 1] 고교 내신제 개편

학령 인구가 줄고 과도한 경쟁을 줄이기 위해 개편되는 것으로 상위 10%까지 1등급을 받을 수 있습니다. 이전 교육과정은 4%까지 1등급, 누적 11%까지 2등급이었던 것과 비교하면 차이를 실감할 수 있습니다. 내신 등급의 변별력 자체가 줄어든다고도 볼 수 있습니다. 생기부 비중이 더 커질 수밖에 없다는 말입니다. 또한 사회와 과학 교과의 융합 선택과목은 탐구와 문제 해결 중심의 수업이 내실 있게 이루어지도록 '절대평가'만 하게 됩니다. 그러므로 평가 내용은 오로지 세특(과세특)뿐입니다. 석차 등급별 비율이 확대되고 사회 · 과학 과목의 융합 선택과목에서 절대평가가 이루어지는 만큼 세특의 중요성은 시간이 흐를수록 더욱 강조될 수밖에 없습니다.

고교학점제 안착을 위해서 지역 교육청은 학생의 과목 선택권을 최대한 보장하고 원하는 과목을 수강해 듣는 것을 지원하기 위해 여러 노력을 기울이고 있습니다. 진로와 적성에 따른 다양한 과목을 개설하고 소속 학교에 개설되지 않은 과목도 수강할 수 있도록 돕습니다. 공동교육과정, 온라인 학교, 지역 및 대학 연계 프로그램 등 교육청 지원 프로그램(331페이지 부록 2)을 잘 활용해서 자신이 원하는 과목, 꼭 필요한 과목들을 수강하기를 바랍니다. 자신이 원하는 학과에 진학하는 데 필요한 과목을 이수했는지, 진로 탐색에 얼마나 적극적으로 노력했는지를 알 수 있는 부분이기도 하기 때문입니다. 고교학점제 홈페이지에 있는 과목 선택 가이드북을 참고해서 계열별로 어떤 과목을 선택해 공부하면 좋을지 알아보기를 바랍니다. 인문 · 사회, 자연과학 및 공학의 다양한 계열이 소개되어 있습니다.

특정 교과목을 선택하고 싶어도 자신이 속한 학교에는 개설되지 않은 경우가 있을 것입니다. 이때 도움을 받을 수 있는 것이 학교 간 공동교육과정입니다. 학생이 진로와 적성에 따라 희망 과목을 수강할 수 있도록 과목 선택권을 최대한 보장하기 위한 제도입니다. 단위 학교에서 개설이 어려운 소인수 · 심화 과목 등을 학교 간 연계 및 협력을 통하여 운영하는 교육과정인 셈입니다. 거점형, 학교 연합형으로 주로 운영되며 온라인까지 있어 물리적 · 시간적 한계를 극복한 실시간 쌍방향 온라인 수업이 가능합니다.

학교 간 공동교육과정이 갖는 의미는 학교 여건상 미개설된 과목을 수강할 수 있다는 데 그치지 않습니다. 물리학 실험, 국제 정치 등 전문교과는 대부분 고등학교에서 개설되기 쉽지 않습니다. 이런 교과를 학교 간 공동교육과정을 통해 이수하면 학종 평가 때 진로와 연계된 교과 지식이 풍부해진 점과 더 적극적으로 진로와 관련된 교과를 이수한 노력 등을 높게 평가받을 수 있습니다. 이 점이 학교 간 공동교육과정을 추천하는 이유입니다.

각 지역 교육청은 지역 유관기관 및 대학들과 업무 협약을 맺어 다양한 교과목 및 진로 연계 프로그램을 개발하고 있습니다. 지역 사회의 교육 자원을 활용해 진로 심화 탐색을 돕는 교육 프로그램을 제공하는 것이죠. 당분간은 생기부 기록이 가능한 진로 연계 프로그램에 한계가 있겠지만, 앞으로는 더욱 다양하고 폭넓은 선택지가 등장해 학생들이 더 활발히 수강할 수 있게 될 것입니다.

공립 온라인 학교도 속속 늘어나는 추세입니다. 다양한 과목을 시간제 수업으로 제공하는 새로운 형태의 학교입니다. 소인수 과목, 신산업 신기술 분야 과목 등 개별 학교에서는 개설이 어려운 과목을 중심으로 운영하고 정규 일과시간 내를 기본으로 하되 탄력적으로 운영되며, 졸업 이수 단위(학점)에 포함됩니다. 온라인 학교 수업을 수강한 학생의 학적 및 졸업, 학력 인정 등은 학생이 재학 중인 소속 학교에서 이루어집니다. 2023년에는 4개 교육청(대구, 인천, 광주, 경남)에서 온라인 학교를 시범 운영했고 연차적으로 확대될 예정입니다.

인도계 미국인 살만 칸Salman Khan이 만들어 지금은 세계 최대의 무료 교육 사이트가 된 칸아카데미Khan Academy가 있습니다. 수학, 과학, 경제학, 인문학, 역사, 컴퓨터과학 등을 가르치는데 지금은 다양한 나라 언어로 번역도 되어 많은 학생이 관심을 두고 수강합니다. 또한 미국이나 유럽 유수의 대학 강의를 수강할 수 있는 무크MOOC, Massive Open Online Course 서비스 또한 교육의 장벽을 낮추고 더 많은 학생에게 기회를 제공하는 장으로 활용되고 있습니다. 코세라Coursera (스탠퍼드 대학교와 미시간 대학교, 카이스트 등), edX(MIT, 하버드 대학교, 서울대학교 등), 오픈업에드Openuped (유럽 11개 대학교) 등 채널도 엄청나게 다양해졌습니다. 관심만 있다면 이들 무크에서 자신의 진로 분야를 택해 강의를 수강하는 것도 좋은 경험이 될 것입니다. 우리의 고교학점제와 공립 온라인 학교의 취지도 결국 교육을 공공재 개념으로 확장해 더 많은 이들에게 취향에 맞는 기회를 제공하는 것입니다. 해외 무크 수강 내역까지 고교학점제로 인정되는 때가 오기까지는 시간이 걸리겠지만 궁극적인 취지가 '장벽 없는 교육, 관심사에 따른 전문적인 교육'이라는 점에서 참고할 만합니다.

진로 학과 연계 강박, 급조된 독서 세특은 금물

그렇다면 이공계 지망생들은 어떤 수학책을 읽고 활용하면 좋을까요? 물론 기본적으로는 교과 주제, 자신이 원하는 진로와 관련

이 있는 책을 선정해서 읽고 후속 활동으로 이어지게 하는 게 좋습니다. 하지만 너무 진로에만 짜 맞춘 듯한 독서 세특은 자칫 작위적으로 보일 뿐 아니라 대학이 평가하고자 하는 여러 역량을 균형감 있게 보여주기 힘듭니다.

특히 앞으로 대학이 관심을 두는 심화 학습 역량과 융합석 인재로서의 면모를 보여주기 위해서는 수학과 관련된 책뿐 아니라 다른 교과와도 통합 연계되는 책들을 고를 필요가 있습니다. 우리가 생기부 수학 필독서를 뽑을 때의 기준이기도 했습니다. 수학을 다룬 책이지만 비단 수학 분야만이 아니라 철학이나 가치관, 첨단기술, 세계관 등과 이어질 수 있는 깊이 있는 책이 도움이 됩니다.

요즘 세대는 '책 읽기'를 낯설어하는 경우도 많습니다. 유튜브로 모든 궁금증을 해결한다는 이들도 있습니다. 돈도 거의 들지 않고 틀어놓기만 하면 짧은 시간에 필요한 정보를 주는 인터넷이 있는데, 굳이 서점이나 도서관까지 가서 책을 구해 읽을 필요성을 못 느끼겠다고도 합니다. 우리 역시 책 소개와 더불어 후속 활동으로 참고할 만한 재미있는 인터넷 콘텐츠를 소개하긴 합니다.

그런데 인터넷 콘텐츠를 비판 없이 받아들이면 곤란한 경우도 왕왕 있습니다. 때로 잘못된 정보나 오류가 다수 제시되기 때문입니다. 거대 언어 모델(LLM) 기반으로 작동하는 생성형 AI 역시 오류가 많기로 유명합니다. '그럴듯한 거짓말'을 쏟아내기도 한다는 게 전문가들의 분석입니다. 학생은 과제를 제출할 때 조사한 자료의 '출처와 참고문헌'을 명시해야 합니다. 이때 불완전하거나 심지어 오류가 있는 출처를 바탕으로 한다면 과제 자체가 잘못되게 됩니다. 책의 저자는 여러 경험이나 연구를 통해 해당 분야에 전문적 지식과 통찰력을 두루 갖춘 경우가 많으며, 책의 내용 역시 집필 과정이나 출판 전후로 검증받는 절차를 거칩니다. 따라서 책을 통한 자료 수집이 현재로서는 가장 양질의 정보를 얻을 수 있는 방편입니다.

관심 있는 주제 하나에 대해 여러 권의 책을 읽어보는 것도 추천합니다. 다양한 관점에서 조망하며 폭넓은 이해를 갖출 수 있습니다. 한 책에서는 이해되지 않던 개념이 다른 책으로 풀릴 수도 있습니다. 자신에게 맞는 책을 고르는 안목도 길러집니다. 영재고등학교들은 독서 마일리지, 독서 인증제 등을 실시하며 학생들의 독서 활동을 적극 권장합니다. 자기소개서가 폐지되지 않은 카이스트도 자기소개서와 함께 재학 기간 중 자신에게 큰 영향을 준 책을 선정하고 '독서 이력' 또는 '독서 목록'을 작성하게 합니다. 독서가 학생들의 성장에 있어 얼마나 큰 영향을 미치는지 알기에 독서의 중요성을 높이 평가하는 것입니다.

'생기부 수학 필독서 40'만 읽어도 결과가 달라진다

2022년 교육부와 한국교육과정평가원 기준 '수학 교과 핵심역량'은 여섯 가지로 압축됩니다. 수학 지식의 이해와 기능 습득, 문제 해결, 추론, 창의 · 융합, 의사소통, 정보 처리, 태도 및 실천

이 그것입니다.

생기부 수학 필독서를 읽고 충분히 탐구하면 이 모든 핵심역량을 충족시키는 균형 잡힌 활동이 가능합니다. 먼저 책 자체에 풍부하게 담겨 있는 수학 지식과 기능을 이해하고 습득합니다. 그런 다음 특정 문제 상황을 가정해서 이미 습득했던 수학적 사실을 바탕으로 논리적으로 분석함으로써 문제 해결 능력을 키울 수 있습니다. 5부에 제시된 융합 주제의 책들을 활용하면 여러 지식을 연결하게 됨으로써 타 교과 융합이나 실생활 활용도 가능해집니다. 글과 그림으로 표현된 책의 내용을 이해하고 흥미로운 부분을 취합하거나 탐구해 주제 발표함으로써 추론 능력과 의사소통 능력을 키울 수 있고, 이 과정에서 다양한 자료와 정보를 수집 · 정리 · 분석함으로써 자기 주도적인 학습 태도와 실천력을 기를 수 있습니다. 수학책 독서야말로 수학 교과에서 요구하는 핵심역량을 축적하고 드러내기 좋은 소재입니다.

국내 유수의 대학교는 학종 자료집을 발간하고 다양한 생기부 교과 세특 사례를 소개하면서 독서를 통한 다양한 탐구 활동을 안내합니다. 사례는 인터넷에도 많이 소개되어 있으므로 참고하면 됩니다. 추상적이고 비약이 심한 세특, 과도하게 난해한 과제 설정으로 억지스러운 세특 등을 보고 반면교사 삼기를 바랍니다.

독서를 통한 세특의 자연스러운 흐름은 다음과 같습니다.

첫째, 교과서에서 개념을 배운 다음, 독서로 연결해서 '발견과 이해를 확장'해 갑니다. 독서를 위해 고르는 책은 기존에 많이 소개되어 많은 이들이 읽은 대중적인 책보다는 교과 내용과 관련이 있으면서도 참신하고 흥미를 유발할 수 있는 것이 좋습니다. 교과서에서 배울 수 없었던 새로운 지식을 연결 지어 탐구하거나 문제 해결 상황을 설계해서 실제 해결책을 도출하거나 실험을 설계해 개념에서 추론을 끌어내는 적극적인 후속 활동이 가능하다면 더욱 좋을 것입니다.

둘째, 독서하고 나서는 동기 부여를 받고 더 심화한 내용에 대한 탐구 활동으로 이어지게 합니다. 독서에서 알게 된 내용이 정말 맞는지 수학적 계산으로 직접 확인한다든지, 실제 데이터나 실생활에서 가져온 정보를 가져와서 개념이 맞는지 검증해 보는 과정은 추론, 정보 처리, 태도와 실천 등의 핵심역량을 길러줍니다.

셋째, 책을 통한 후속 탐구가 자신의 진로 역량 분야와 융합될 수 있으면 더욱 좋습니다. 또한 자신이 연구한 내용을 반 친구들에게 발표하거나 공유함으로써 자기 주도성과 의사소통 역량 면에서도 의미 있는 활동이 되면 좋겠습니다. 예를 들어 프로그래밍에 관심이 많다면 직접 코딩을 하면서 수학적 탐구를 이어감으로써 진로 역량과 수학적 역량을 동시에 잘 드러낼 수 있습니다.

넷째, 교과 수준과 학년이 올라감에 따라 발전하는 모습을 보여줄 수 있는 단계적 독서가 이루어지면 좋습니다. 고등학교 1학년 때 배운 내용을 바탕으로 2학년, 3학년에 올라갈수록 자기 주도적으로 더욱 심화 학습한 내용이 추가되면서 지식의 연속적 확장이 일어났다는 것을 드러낼 수 있게 하는 것입니다.

수학적 역량보다 진로 역량에 너무 초점을 맞춘 나머지 자신에게 맞지 않는 난해한 학습 주제를 선택하게 되면 오히려 역효과를 내므로 유의해야 합니다. 대학 수준의 내용을 다루더라도 고등학교 교육과정과 연계되고 자신의 수학 역량과 탐구 내용과 어느 정도 맞아떨어져야 합니다. 개념은 거창하지만 그곳으로 가는 과정에 대한 설명이나 직접적인 탐구나 후속 활동이 없는 주제는 비약으로 보일 수밖에 없습니다.

2부부터 구체적인 책 내용으로 들어가면 알 수 있겠지만, 우리가 선정한 필독서는 교과 역량에 충실하면서도 동시에 다양한 진로와 관련을 맺어 후속 활동을 이어갈 수 있는 책들입니다. 학생 혼자서는 실마리를 찾기 어려운 경우라도 후속 활동에 대한 여러 아이디어와 실제 생기부에 활용하는 법을 세부적으로 정리해 두었으니 도움이 될 것입니다. 다양한 진로와 직업에서 활용하는 수학, 실생활에서 찾아볼 수 있는 수학, 문제를 수학적으로 해결하는 시도를 다루는 책들 또한 두루 담았습니다. 모쪼록 이 책들이 수학의 무한하고 아름다운 세계로 향하는 탐구 여행의 길잡이가 되기를 바랍니다.

순수한 수학은 어떤 의미로 논리적 아이디어로 쓰인 시와 같다.

Pure mathematics is, in its way, the poetry of logical ideas.

— 앨버트 아인슈타인(Albert Einstein)

PART 2

수학적 사고로 분석력, 논리력, 창의력 넘치는 뇌를 만든다

MUST-READ FOR

MATHEMATICS AND LOGICAL THINKING

BOOK 1

《슬기로운 수학 생각》

장경환 | 북랩 | 2020.10.

공학적 도구를 사용한 조작적 수학 학습

현직 고등학교 교사인 저자는 '어떻게 하면 학생들이 수학을 어려워하지 않을까?', '학생들의 진로와 바로 연결될 수 있는 실용적인 수학 공부법은 무엇일까?' 하는 주제에 관해 끊임없이 고민했던 듯합니다. 그러던 와중에 저자가 선택한 방법론이 바로 요즘 아이들에게 친숙한 '컴퓨터'를 활용한 수학 사고법 키우기입니다. 학생들이 수학의 결과만을 받아들이는 것이 아니라 컴퓨터를 활용해 수학을 조작해 보고, 이를 통해 과정을 탐구하는 것이 목적입니다.

저자는 직접 수업 시간이나 동아리 활동에서 이 방법론을 활용해 학생들과 함께 체험하고 생각하며 실행했고 그러한 생생한 교실의 풍경까지도 '수업 예시'와 '그림'으로 고스란히 책에 담아냈습니다.

지오지브라[geogebra], 알지오매스[algeomath], 엑셀[excel], 파이썬[python] 등 컴퓨터 프로그램의 도움을 받으면 다양한 수학 원리를 직접 눈으로 확인할 수 있어 이해력을 높일 수 있고 새로운 법칙을 도출하는 데도 유용합니다. 전체 9장으로 구성된 이 책에서는 파이썬을 이용한 소수 도출법, 그래프가 하는 다양한 기능 활용하기, 주사위로 하는 모의실험, 정폭도형의 개념과 실생활에 활용하기, 페르마 점[Fermat point]의 위치와 성질 증명하기, 슈타이너 트리[Steiner-baum]를 이용해 네트워크 최단 거리 구성하기, 2차 방정식의 해 구하는 법, 공식과 그래프를 이용해 하트 모양 만들기, 문제 해결을 위해 더 작은 하위 문제로 나누는 재귀 함수의 원리 이해하기, 시간 복잡도를 줄이는 거듭제곱수 알고리즘 짜기, 직선을 이용해 다양한 예술적 모양을 만드는 스트링 아트 등 자칫 개념만으로는 매우 추상적이고 어려울 수 있는 주제를 컴퓨터 코딩을 활용해 눈으로 보면서 익힐 수 있게 해줍니다. 또한 팀워크가 가능한 학습 방식이므로 동아리 활동에 탐구하기도 좋습니다.

예를 들어볼까요? "페르마의 마지막 정리 $x^n+y^n=z^n(n\geq3)$의 자명하지 않은 정수해는 존재하지 않는다." 이 문장을 읽으면 무슨 생각이 드나요? 고개를 갸웃할 만큼 매우 추상적이고 난해합니다. 그런데 지오지브라 3D 기능을 이용해서 실제로 그래프를 구현하고 엑셀을 활용해서 정말로 교집합이 없는 것을 눈으로 확인한다면 어떻게 될까요? 공식을 달달 외우는 것으로는 얻을 수 없는 수학적 과정을 흥미롭고 재밌는 방법으로 습득할 수 있게 됩니다. 더불어 소프트웨어 프로그램 활용 능력도 좋아지니까 일거양득의 효과를 거둘 수 있습니다.

우리는 수학 시간에 대개 대수적 방법론을 활용해 공식을 이해하고 문제 풀이를 합니다. 텍스트 중심이자 평면적인 학습 방법입니다. 대수적 학습 방식만으로는 창의력을 키우거나 확장성을 꾀하기가 힘듭니다. 수학의 본령이 창의력과 확장성인데 자칫 주어진 틀에 맞추는 사고에 머물 우려가 있는 것입니다.

저자가 원하는 것은 다양한 조작적 시도를 통해 다양성을 익히고 유연성을 기르며, 올바르고 더 나은 직관력을 키우는 것입니다. 특히 수학 공부와 컴퓨터나 프로그래밍을 연결하고 싶은 학생이라면 이 책이 매우 유용할 것입니다. 수학적 개념과 지식을 직접 조작하고 확인함으로써 그 원리를 이해하고 궁금증을 해결할 뿐만 아니라, 이미 증명되거나 결과가 정해진 주제를 넘어서 자신만의 창조적인 수학 탐구와 지적 접근을 시도한다면 더할 나위 없이 좋을 것입니다.

주제에 접근하기 위해 얼마나 다양한 관점과 시도를 할 수 있는지, 각각의 접근법에 따라서 생각의 흐름이 어떻게 변해가는지에 초점을 두고 책을 읽으면 좋겠습니다. 이 책은 한꺼번에 읽기보다는 교과 과정이나 관심사에 따라 주제별로 하나씩 깊이 읽어보는 것을 추천합니다. 지오지브라, 엑셀 등 자신이 사용할 수 있는 소프트웨어가 있다면 함께 사용해 보도록 합시다.

이 책을 생기부 후속 활동으로 확장하는 법

컴퓨터를 활용한 다양한 수학 활동

📖 **관련 단원:** 미적분(수열의 극한, 미분법), 확률과 통계(경우의 수, 확률)

● 페르마의 마지막 정리를 지오지브라의 3D 그래프와 엑셀의 'COUNTIF' 기능을 통해 해를 가지지 않는다는 것을 직접 눈으로 확인해 본다.

● 소수의 분포에 대한 직관적 오류(수가 작을 때는 소수가 많이 분포하나 수가 커질수록 소수는 적게 분포한다)를 확인하자. 수의 범위에 따른 소수의 개수를 세는 프로그램을 코딩하고, 소수의 개수나 비율을 관찰하여 소수의 분포가 어떠한지 확인하자.

● 초월함수의 극한 $\lim_{x\to0}\frac{\sin x}{x}=1$에 대한 엄밀한 증명도 이미 존재한다. 그런데 $y=\frac{\sin x}{x}$ 그래프를 지오지브라로 그려봄으로써 $x\to0$에서의 극한값을 직접 눈으로 확인할 수 있다. 이 시도를 통해 $x\to0$에서 $x\approx\sin x$가 도출된다. 유사한 방법으로 $x\to0$에서 $ax\approx\tan ax\approx\ln(1+ax)\approx e^{ax}-1$이 도출될 수 있다는 것을 탐구해 보자.

또한 $y=\sin\left(\frac{1}{x}\right)$, $y=x\sin\left(\frac{1}{x}\right)$, $y=x^2\sin\left(\frac{1}{x}\right)$에 각각 해당하는 그래프를 지오지브라로 그려봄으로써 $x\to0$에서 극한값과 연속성, 미분 가능성이 어떨지 예측해 본 다음 이를 대수적으로 탐

구해 보자.

-주사위 100번 굴리기와 같은 실험에서 엑셀의 'RAND-BETWEEN' 기능, 알지오매스 블록 코딩 등을 사용하여 난수를 만들어 보면서 수학적 확률값과 비교해 보자.

'72의 법칙'으로 '금리와 이자'에 대해 이해해 보자

관련 단원: 수학 I (수열)

● 72의 법칙은 금리에 따라 이자가 원금과 동일(원리금이 원금의 두 배)하게 되는 시점을 알아내는 공식이다. 만약 금리가 6%라면 72를 6으로 나눈 12, 즉 12년 후가 원리금이 원금의 정확히 두 배가 되는 시점임을 알 수 있다. 그런데 이 법칙을 어떻게 검증할까? 72의 법칙은 정말 옳을까? 엑셀을 활용해서 금리를 변화시키면서 정확히 원리금이 원금의 두 배가 되는 시점을 계산해 보자. 그러면 실제로는 72보다 70을 대입했을 때 오차가 더 적다는 사실이나, 저금리일 경우 72보다 69.3을 대입했을 때 더 정확한 결과가 나온다는 사실을 알 수 있다. 그렇다면 과거 72의 법칙이 명문화된 이유 등을 탐구해 본다.

산술, 기하, 조화평균의 기하학적 증명

관련 단원: 수학(집합과 명제), 수학 II (다항함수의 미분법)

● 수학 과목 집합과 명제에서 관련 절대부등식들이 등장한다. 교과서에는 보통 '두 식의 차가 항상 0보다 크거나 같다.'라고 연

역법으로 증명한다. 그런데 이를 도형을 통해 기하학적으로 증명하는 방법이 이 책에 소개되어 있다. 원, 포물선, 아벨로스[Arbelos] 등에서 산술, 기하, 조화평균을 찾아보자. 또한 산술-기하평균 부등식의 수학적 귀납법 증명, 코시의 증명[Caucy's theorem], 미분을 통한 증명 등 세 가지 증명법을 탐구한다. 1학년 때 배운 내용을 2, 3학년에 배운 내용으로 재증명해 보는 과정은 의미가 있다.

● 책에는 아벨로스 도형도 등장한다. 아벨로스란 고대 아르키메데스의 책에서부터 등장한 구두장이 칼과 같은 모양의 도형이다. 특별한 특성을 가진 이 도형은 다양한 방법으로 연구되어 왔다. 넓이와 성질, 아르키메데스[Archimedes]의 쌍둥이 원, 파푸스[Pappus]의 원 등에 관한 성질을 탐구해 본다. 이와 관련된 문제가 2017년 고1 6월 모의고사에 출제된 적이 있으므로 이 문제도 풀어보도록 하자(그림 2).

29. 선분 AB를 지름으로 하는 반원이 있다. 그림과 같이 호 AB 위의 점 P에서 선분 AB에 내린 수선의 발을 Q라 하고, 선분 AQ와 선분 QB를 지름으로 하는 반원을 각각 그린다. 호 AB, 호 AQ 및 호 QB로 둘러싸인 ⌒⌒ 모양 도형의 넓이를 S_1, 선분 PQ를 지름으로 하는 반원의 넓이를 S_2라 하자. $\overline{AQ} - \overline{QB} = 8\sqrt{3}$이고 $S_1 - S_2 = 2\pi$일 때, 선분 AB의 길이를 구하시오. [4점]

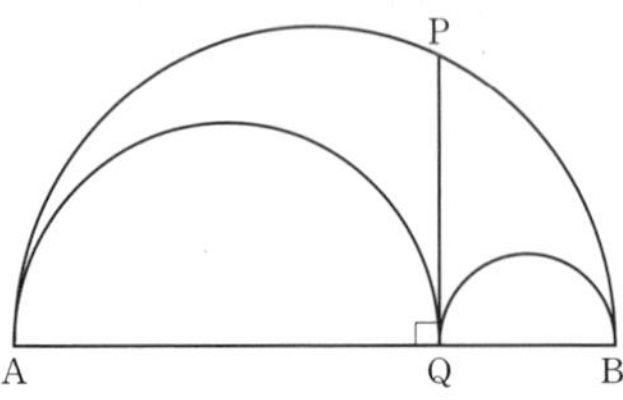

[그림 2] 2017년 고1 6월 모의고사 출제 항목

▶도움이 되는 인터넷 자료

-산술-기하평균 부등식의 다양한 증명법

(위키피디아)

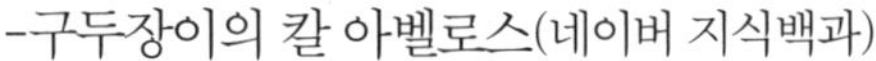

-구두장이의 칼 아벨로스(네이버 지식백과)

관련 단원: 모든 계열, 컴퓨터공학과, 경제학과

같이 읽으면 좋은 책

《생각을 깨우는 수학》(장허 | 미디어숲 | 2021. 07.)

BOOK 2

《눈으로 보는 수학 1》

로저 넬센 Roger B. Nelsen | 청문각 | 2021.04.

그림으로 한눈에 이해되는 수학의 세계

이 책의 개정 전 제목은《말이 필요 없는 증명》이었습니다. 영어 원제 역시 'Proof Without Words'인데 수학계에서는 PWW라는 약칭으로 불리며 오래전부터 연구되어 온 분야입니다. PWW(무언증명)는 미국수학협회가 발행하는 학술지 〈수학 매거진〉이나 〈대학 수학저널〉 등에는 1970년대부터 고정 칼럼으로 기고되고 있는데, '재미있는 그림'만큼이나 수학적 정합성을 흥미롭게 보여 주는 형식이 없다고 판단했기 때문입니다.

유명한 수학자이자 과학자인 마틴 가드너Martin Gardner는 이 무언증명을 일컬어 다음과 같이 말한 바 있습니다. "올바른 정리임을 한눈에 알아볼 수 있는 매우 단순하며 아름다운 그림으로 기존 정리의 증명이 가지는 무미건조함을 보완할 수 있다!" 영어에서 '보다see'와 '이해하다understand'는 종종 같은 의미로 쓰이기 때문에 눈으로 보고 이해한다는 것이 더욱 직관적으로 다가옵니다.

그렇지만 어떤 의미로 무언증명은 실제 명확한 증명이라 할 수 없습니다. 대신 어떤 명제를 증명하기 위해 어떤 단서부터 시작하면 좋을지 혹은 명제를 증명해 가는 과정을 보여 주기 위한 용도로 사용됩니다. 하지만 그렇다고 해도 무언증명의 효능이 간과되어서는 곤란합니다. 무언증명은 수학을 이해하는 데 매우 효과적인 도구로 사용될 수 있기 때문입니다.

그 이유를 한번 살펴볼까요? 통상 공식이나 언어로 증명을 학습하는 과정은 어떻게 진행될까요? 학생들은 위에서 아래로, 혹은 왼쪽에서 오른쪽으로 정해진 순서에 따라 글자(수식)를 읽어 나가면서 증명을 파악해 나갑니다. 이때 수동적으로 임할 수밖에 없습니다. 읽어나가는 글자(수식) 틀에 맞춰 증명자가 제시하는 생각대로 따라가게 되기 때문입니다. 그래서 학생들은 수학의 증명을 싫어하고 지루해하기도 합니다.

그런데 무언증명은 여러 단서를 동시에 담고 있으며 사고의 프로세스를 가둬두지 않습니다. 어떤 명제가 왜 참인지를 이해하도록 도와줄 뿐 아니라 해당 명제를 증명하기 위해서 어디서부터 어떻게 시작하는 게 좋을지 힌트를 줍니다. 어디서부터 어떻게 시작할지는 무언증명을 보고 실행하는 학습자의 목적입니다. 그러기에 열려 있고 가능성의 여지를 제시하는 명제가 됩니다.

하지만 주어진 그림이 어떻게, 그리고 왜 해당 명제를 설명할 수 있는지 고민하며 이리저리 살펴보면, 어느 순간 그림이 이렇게 제시된 이유를 깨닫게 됩니다. 실제 수학 공부를 할 때 학생들은 다양한 문제들을 직접 풀어나가면서 문제를 해결하는 핵심 아이디어를 스스로 찾아나가게 됩니다. 무언증명 역시 그와 비슷한 쾌감을 맛볼 수 있는 증명 이해 방법입니다. 게다가 문제 풀이보다도 더욱 능동적으로 증명을 학습할 수 있는 방편이기도 합니다. 그림의 도움을 받기는 하지만 오롯이 자신의 사고로만 추론하기 때문에, 직접 증명을 해냈다는 성취감도 느낄 수 있습니다. 수학적 사고를 자극하는 여러 그림을 해석해서 증명에 도전해 본다면 시각화 능력, 수학적 직관력, 논리력 등을 다양하게 기를 수 있을 것으로 기대됩니다.

때로는 명제 하나에 여러 그림이 동시에 제공되기도 합니다. 이는 특정 증명에 대해서도 매우 다양한 접근이 가능하다는 것을 경험적으로 체득할 수 있도록 한 장치입니다. 저자 역시 고전 증명을 가져다가 자기만의 방식으로 새롭게 해석한 그림을 여럿 고안해서 책에 실었습니다. 이는 다른 말로 하면 이 책의 독자 역시 증명을 발명한 원작자나 이를 재해석한 저자처럼 자기만의 무언증명을 만들어 낼 수 있다는 의미입니다. 증명 역시 굳어져 박제된 하나의 생각이 아니라 얼마든지 확장되고 변형할 수 있는 아이디어임을 나타내는 것입니다.

책에는 해설이나 답지가 없습니다. 그러므로 이 책을 읽고 스스로 증명을 진행하고 이를 다른 친구들에게 설명하는 것 자체로 '수학적 의사소통 능력'을 키우는 데 도움이 됩니다. 1학년 수학에서 배우는 증명뿐 아니라 3학년 수학에서 배우는 미적분과 기하에 이르기까지 고등학교 교육과정에 해당하는 내용이 상당수 등장합니다. 그런 이유로 이 책을 생기부 수학 필독서로 뽑은 것입니다. 이 책의 내용을 바탕으로 과목 학습과 연계해서 오픈 퀴즈, 릴레이 퀴즈, 교과서에 등장하는 수학 증명과 그림 증명과의 비교 등 다양한 후속 활동을 이어 나갈 수 있습니다.

이 책을 생기부 후속 활동으로 확장하는 법

책에 등장하는 무언증명 풀이 탐구하기

📖 **관련 단원**: 고등학교 수학 전체 단원

● 먼저 수업 시간에 특정 증명의 개념에 대해 이해한 다음, 복잡한 증명 대신 이 책에 제시된 무언증명으로 더욱 직관적인 이해를 돕도록 심화 학습을 진행한다. 학급 게시판에 주 1회 무언증명을 게시한 다음, 실제 증명을 해낸 친구에게 작은 선물을 주는 등 지식 나눔을 할 수도 있다. 수학 발표의 기회가 주어졌을 때 스피드 퀴즈 방식으로 제작해서 친구들과 함께 해결해 보는 것도 재밌을 것이다. 이 책에서 제시한 무언증명 중에서 고등 수학 과목과 관련 있는 몇 가지를 뽑으면 다음과 같다.

① 산술 · 기하 · 조화 부등식

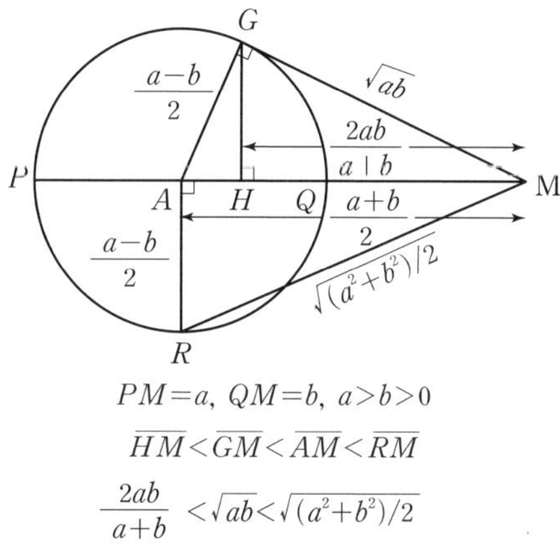

$PM=a,\ QM=b,\ a>b>0$

$\overline{HM}<\overline{GM}<\overline{AM}<\overline{RM}$

$\frac{2ab}{a+b}<\sqrt{ab}<\sqrt{(a^2+b^2)/2}$

② 점과 직선 사이의 거리

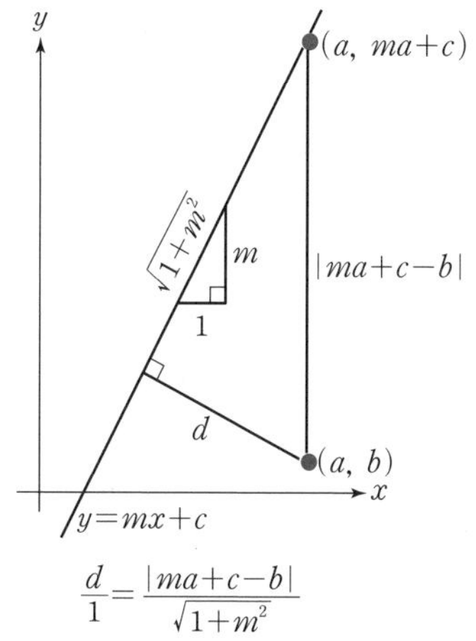

$\frac{d}{1}=\frac{|ma+c-b|}{\sqrt{1+m^2}}$

③ 코사인 법칙

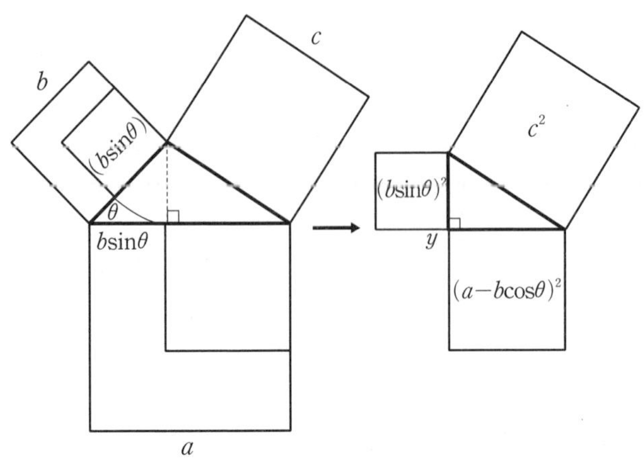

$$c^2=(b\sin\theta)^2+(a-b\cos\theta)^2$$
$$=a^2+b^2-2ab\cos\theta$$

④ 홀수의 합

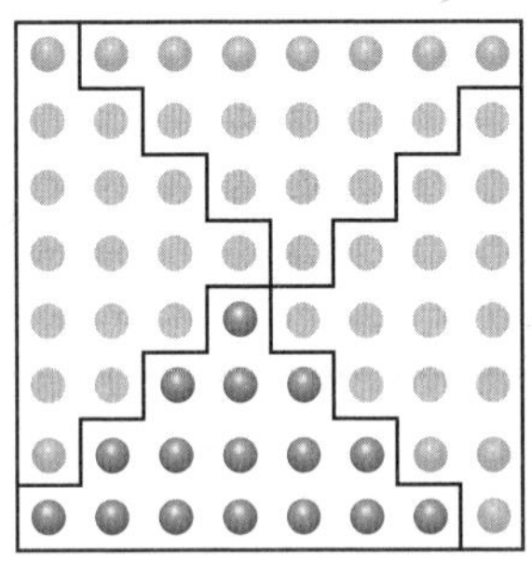

$$1+3+\cdots+(2n-1)=\frac{1}{4}(2n)^2=n^2$$

⑤ 무한등비급수

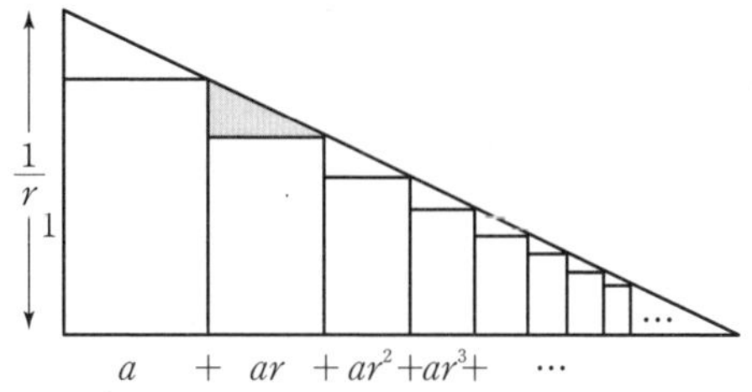

$$\frac{a+ar+ar^2+ar^3+\cdots}{1/r}=\frac{ar}{1-r}$$

⑥ 카발리에리의 원리에 의한 반구의 부피

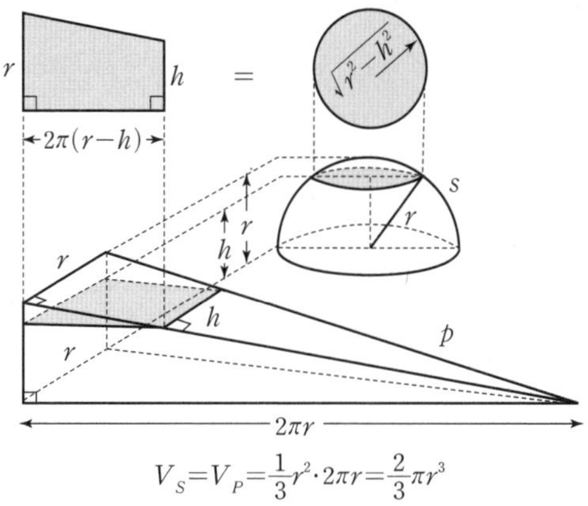

$$V_S=V_P=\frac{1}{3}r^2\cdot 2\pi r=\frac{2}{3}\pi r^3$$

⑦ 부분적분법

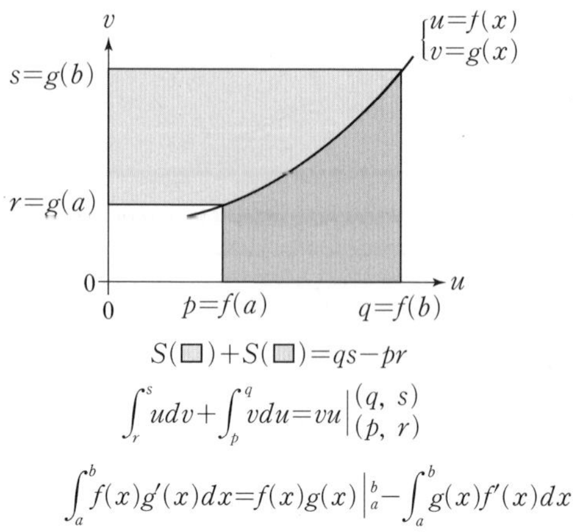

$$S(\square)+S(\square)=qs-pr$$

$$\int_r^s udv+\int_p^q vdu=vu\Big|_{(p,\ r)}^{(q,\ s)}$$

$$\int_a^b f(x)g'(x)dx=f(x)g(x)\Big|_a^b-\int_a^b g(x)f'(x)dx$$

⑧ 베르누이의 부등식

$$x>0,\ x\neq 1,\ r>1 \Rightarrow x^r-1>r(x-1)$$

I.

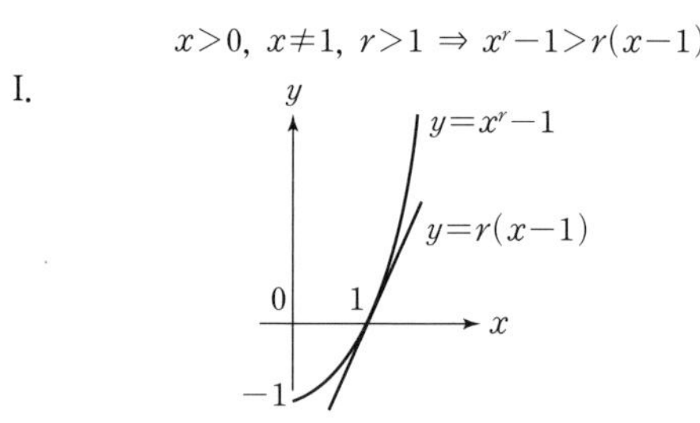

II.

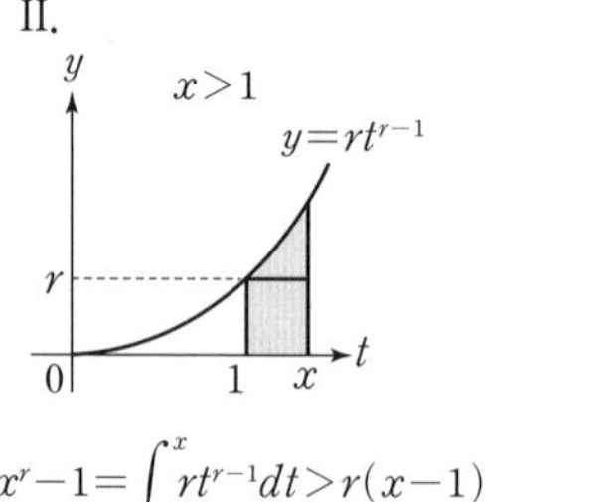

$x^r-1=\int_1^x rt^{r-1}dt>r(x-1)$

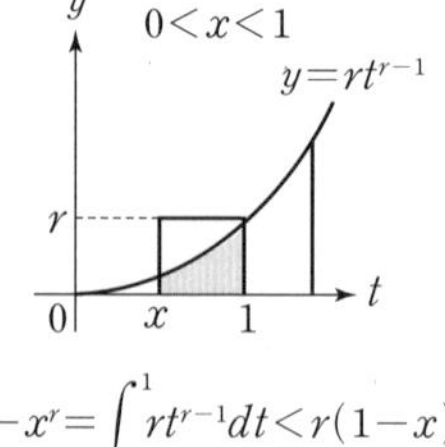

$1-x^r=\int_x^1 rt^{r-1}dt<r(1-x)$

⑨ 포물선 빛 반사 성질

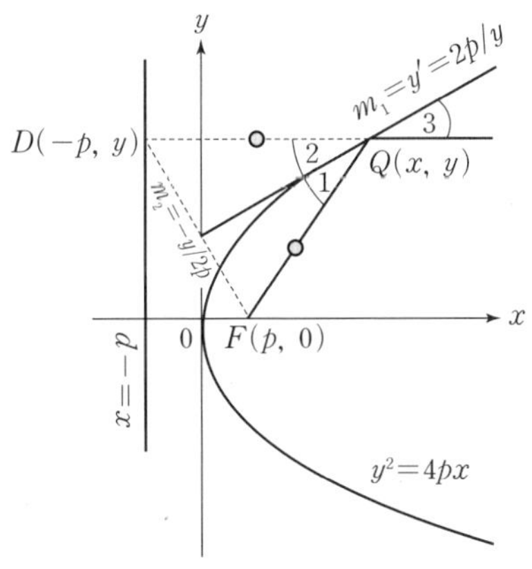

$\overline{QF} = \overline{QD}$ & $m_1 . m_2 = -1 \Rightarrow \angle 1 = \angle 2 = \angle 3$

관련 학과: 전체 계열, 수학과

같이 읽으면 좋은 책

《보이는 수학책》(박만구 | 추수밭 | 2022. 08.)

《단숨에 이해하는 수학 공식 사전》(아키톤톤 | 반니 | 2023. 10.)

BOOK
3

《공식의 아름다움》

양자학파量子學派 **편** | 미디어숲 | 2021. 11.

수학 공식은 어떻게 문명을 안내하는 계단이 되었나?

이 책은 자연과학 분야에 중점을 두고 있는 중국의 교육 플랫폼 '양자학파'가 편저했습니다. 양자학파는 매우 수준 높은 프로그램으로 중국 내에서 인기가 높은데, 특히 이 책은 인류 문명에 결정적인 영향을 미친 23개의 공식을 정리해서 수학적 관점에서뿐만 아니라 인문학적 관점에서 그 의미를 짚어보고 있습니다. 특히 공식을 둘러싼 역사적 배경과 인물의 고뇌에 이르기까지 다양한 지식을 정리해 공식과 문명을 연결하는 데 도움이 됩니다.

이 책에서 다루는 23개의 공식에는 공통점이 있습니다. 첫째 인류 공통의 보편적 의미를 지닐 것, 둘째 공식이 인류사에 끼친 영향력이 매우 지대할 것, 셋째, 실제 인류 문명에 변화를 불러일으킬 만큼 실용적일 것.

수학 공식이 인류 문명을 낳았다는 말은 비약이 아닙니다. 수학적 발견은 다양한 실험과 변주를 통해 특정 분야를 발전시키고 다시 현실의 발전 결과가 수학 이론의 변화를 만들어 내는 선순환이 이뤄집니다. 이 책은 그러한 예를 23가지 들고 있다고 보아도 무방할 것입니다.

예를 들어볼까요? 고대 그리스에서 기하학을 발전시킨 아폴로니우스Apollonius는 원추곡선원뿔곡선, conic section이라는 개념을 창안합니다. 이는 후대에 이르러 독일 천문학자인 케플러Johannes Kepler에 의해 행성 궤도에 적용되기에 이릅니다. 오늘날 우주공학이 탄생한 원천입니다. 지렛대 원리, 뉴턴Sir Issac Newton의 만유인력 법칙law of universal gravity, 맥스웰 방정식Maxwell's equations, 섀넌 공식Shannon's theorem, 베이즈 정리Bayes' theorem 등은 인류가 전차와 도르래로부터 점차 증기기관, 전기의 발명, 인터넷이나 AI 기술에 이르기까지 문명을 발전시키는 원동력이 됩니다.

책은 때로 좌절하고 절망하거나 시련을 맞이하는 여러 수학자의 뒷이야기와 함께 '그럼에도 불구하고' 그들의 노력이 어떻게 비로소 빛을 발하게 되었는지를 흥미롭게 다룹니다. 입시의 과정에서 지치고 힘겨운 학생들에게 강력한 동기부여를 주는 대목이 아닐 수 없습니다. 책을 읽으며 감동적이거나 감정이입을 느꼈던 수학자의 스토리가 있다면 다양하게 생기부에 녹여낼 수도 있을 것입니다.

매번 수학의 중심이 바뀔 때마다 문명의 중심도 동시에 요동칩니다. 이를 통해 우리는 문명은 수학을 낳고 수학은 다시 문명을 움직인다는 것을 알 수 있습니다. 수학과 문명은 서로 상생 관계임이 역사를 통해 확인된 것입니다.

돌이켜 보면 인류는 1+1=2의 원리를 깨닫고 소박한 수학적 사고를 하게 되면서 문명의 사다리를 쌓기 시작합니다. 그리고 이것은 곧 문명의 초석이 됩니다. 고대인들이 수리적 사고로 자연법칙을 이해하기 시작했을 무렵 문명의 진화가 시작되었습니다. 석기시대에서 농경시대, 공업시대에서 정보화시대로 넘어서면서 수학은 인류 문명에 없어서는 안 될 일등 공신이 되었고 공식은 무사의 손에 쥐어진 가장 날카로운 검이 되었습니다.

인류는 수학 공식을 발명하며 광대한 우주와 인생의 온갖 자태를 묘사할 수 있게 되었습니다. 늘 변화무쌍한 이 세계에서 오히려 공식의 간결미는 그 자체로 훨씬 돋보이기도 합니다. 아인슈타인Albert Einstein의 질량 에너지 방정식$E=mc^2$과 양전닝楊振寧의 게이지 이론gauge theory은 우주 궁극의 게임 규칙이 무엇인지 모색해 냅니다. 페르마 정리Fermat theorem와 오일러 공식Euler's formula은 우주 변화 이면에 있는 수학의 세계를 제시합니다. 켈리 공식Kelly criterion과 베이즈 정리는 인간의 행동을 점진적으로 예측해 내고 나비 효과의 로렌츠 방정식Lorenz equation과 삼체 문제three-body problem는 수학이 직면하고 있는 한계를 알려주기도 합니다.

수학 공식을 배우는 게 자칫 지겹고 딱딱하다고 여겨지기 쉽습니다. 그런데 이렇듯 공식을 다양한 방면으로 서술한 책의 내용과 접목하면서 공부하면 오히려 공식의 세계가 신비하고 아름답다고 느껴질 것입니다. 이 책의 제목인 '공식의 아름다움'을 비로소 체득할 수 있게 되는 것입니다. 인류 문명의 모든 출발점이 공식임에 착안해서 공식이 가지는 아름다움을 인문학적 접근법으로 즐겁게 만끽할 수 있는 책입니다.

책 속 23개 공식은 다음과 같습니다. +와−, 피타고라스 정리Pythagorean theorem, 페르마 정리, 뉴턴-라이프니츠 공식Newton-Leibniz formula, 만유인력, 오일러 공식, 갈루아 이론Galois theory, 리만 가설Riemann hypothesis, 엔트로피Entropy 증가의 법칙, 맥스웰 방정식, 질량 에너지 방정식, 슈뢰딩거 방정식Schrödinger equation, 디랙 방정식Dirac equation, 양-밀스 이론Yang-Mills equations, 섀넌 공식, 블랙-숄즈 방정식Black-Scholes equation, 탄도 계수Ballistic coefficient, 후크 법칙Hooke's law, 카오스 이론Chaos theory, 켈리 공식, 베이즈 정리, 삼체 문제, 타원 곡선 방정식elliptic curve equation.

이 책을 생기부 후속 활동으로 확장하는 법

페아노 공리계 적용하기

📖 **관련 단원:** 수학(집합과 명제)

● 페아노 공리계Peano's axioms는 다음과 같다.

'첫째, 1은 자연수다. 둘째, 정해진 자연수 a마다 따름수 a′가 있다. 셋째, 1은 특정 자연수의 따름수가 아니다. 넷째, 서로 다른 자연수는 서로 다른 따름수를 가진다. 다섯째, 명제 $P(n)$이 자연수의 한 성질이라고 할 때 $P(1)$이 참이고 $P(n)$도 참이라고 가정한다면 명제 $P(n')$은 참이 되어 모든 자연수에 대하여 참이 된다.'

페아노 공리계에 대해 설명하고 그것을 바탕으로 1+1=2가 어떻게 성립하는지 증명하는 과정을 탐구해 본다.

무한소 개념 탐구하기

📖 **관련 단원**: 수학Ⅱ (다항함수의 미분법)

● 책에는 조지 버클리George Berkeley가 미적분의 기초를 정면으로 공격하는 내용이 나온다. 공격의 근거는 무한소infinesimal 해석에 따른 치명적인 엄밀함이 결여되어 있다는 것이었다. 뉴턴은 도함수와 미분에 직관적이고 통속적인 의미를 부여했는데, 도함수는 두 무한 소량의 변화량의 비 $\frac{dy}{dx}$로서 dy와 dx는 모두 무한 소량이다. 예를 들어 함수 $y=x^2$의 도함수를 구할 때, 계산은 다음과 같다.

$$\begin{aligned}\frac{d}{dx}(x^2) &= \frac{f(x+dx)-f(x)}{dx}\\ &= \frac{(x+dx)^2-x^2}{dx}\\ &= \frac{x^2+2xdx+dx^2-x^2}{dx}\\ &= \frac{2xdx+dx^2}{dx}\\ &= 2x+dx\\ &= 2x\end{aligned}$$

조지 버클리가 뉴턴의 무한소 개념을 비판한 이유를 설명해 보고, 더 나아가서 아르키메데스의 공리Archimedean property와 바이어스트라스 함수Weierstrass function, $\varepsilon-\delta$와 관련해 무한소의 개념이 정립된 과정을 탐구해 본다.

베이즈 정리 탐구하기

관련 단원: 확률과 통계(확률)

● 베이즈 정리가 세계의 중심으로 부상하게 된 것은 AI 분야 중에서도 특히 자연 언어 식별 기술 영역에서 활용되기 때문이다. 자연 언어 처리란 컴퓨터가 사람을 대신해 언어를 번역하고 음성과 문자를 인식해 다양한 콘텐츠의 자동 검색을 진행하도록 하는 것이다. 음성 인식에서 오디오 서열을 문자열로 바꾸는 과정에서 AI는 주어진 음성을 변환하는 과정에서 가장 확률적으로 적확한 문자열과 결합하게 된다. AI 기술의 출발이 되는 음성 인식이 어떻게 베이즈 공식을 활용하는지 자세히 탐구해 본다.

관련 학과: 공학계열, 컴퓨터학과, 경영학과, 경제학과

같이 읽으면 좋은 책

《읽자마자 원리와 공식이 보이는 수학 기호 사전》(구로기 데쓰노리 | 보누스 | 2023. 08.)

BOOK
4

《수학은 실험이다》

구로다 토시로[黒田敏郎] | 수학사랑 | 2014. 07.

동아리 활동과 연계해 활용할 수 있는 최적의 교재

다양한 실험으로 수학을 재미있게 배울 수 있도록 돕는 책입니다. 수학 교과서에 나온 개념과 원리를 재밌게 풀어낸 60가지 수학 실험을 담았습니다. 저자는 35년간 고등학교 수학 교사로 재임하다가 정년퇴임 후에는 대학에서 수학 교사 지망생을 대상으로 '수학 교수법'을 강의하게 됩니다. 즉 미래에 수학 교사가 될 학생들에게 '수학 가르치는 법'을 가르치게 된 것이지요.

당연히 저자는 수학을 재미있게 가르치는 법에 대해 깊이 숙고하게 됩니다. 그러던 중 그는 '물리나 화학 수업에는 실험이 있고 이러한 실험이 학생들의 호기심을 끌어내는 매개 역할을 하는데 왜 수학에는 그런 과정이 없을까?' 아쉬워하던 차에 스스로 다양한 실험을 고안하게 되었다고 합니다.

실험으로 수학을 배우는 것에는 몇 가지 장점이 있습니다. 첫째, 실험을 하는 동안 학생들이 자연스레 수학의 개념을 익히게 됩니다. 둘째, 실험은 수학이 종이 위의 공식만이 아니라 실생활이나 자연현상, 사회 현상과 밀접하게 관련되어 있음을 자각시켜 줍니다. 셋째, 실험을 통해 교사와 학생, 학생끼리의 친밀함과 공동체 의식이 형성됩니다. 수학 수업이 자칫 주입식으로 흐르기 쉬운 데 반해 실험을 통하면 누가 가르쳐주지 않아도 참여자 스스로 답을 찾아낼 수 있게 됩니다. 저자는 일본인이지만 몇 차례 방한해서 연수나 설명회를 갖고 이 책의 다양한 실험을 한국의 수학 교사들에게도 소개한 바 있습니다.

이 책에서 제시하는 실험 60가지는 크게 해석 분야의 실험(이차함수, 삼각함수, 지수함수, 수열, 무한등비급수, 미적분, 미분방정식), 대수 분야의 실험(부등식, 행렬, 벡터의 내적), 기하 분야의 실험(다각형, 원, 피타고라스의 정리, 비누막의 기하, 이차곡선, 입체도형, 부동점), 확률과 통계 분야의 실험, 기타 분야의 실험(농도, 밀도, 숫자) 등으로 카테고리를 나눌 수 있습니다.

우리 고등학교 교육과정에 맞춰 감수를 마쳤기 때문에, 학업 진도에 맞춰 다양한 실험을 시도해 볼 수 있습니다. 수업 시간만이 아니라 동아리 활동에서도 활용할 수 있고 세특에도 녹일 수 있어 활용도가 높은 책입니다. 학교에서 배우는 수학에서는 형식적이고 추상적인 학습으로만 구성되기 쉽습니다. 따라서 학생들이 직접 실험하고 그 결과를 통해 스스로 개념과 원리를 익히는 경험을 할 기회가 많지 않습니다. 이 책의 도움을 받아 주도적으로 실험하고 결과를 분석하는 경험을 한다면 배움의 깊이와 개념을 이해하는 정도가 다를 것입니다.

과제 연구와 주제 탐구 보고서의 소재로도 손색이 없습니다. 실험 설계 과정을 자세히 소개하고 결과를 다시 수학적으로 분석하는 바탕 지식과 보충 자료를 함께 소개하기 때문에, 학생들의 힘만으로도 실험 진행과 개념 정리까지 전부 다 가능합니다. 해당 실험의 취지가 무엇인지(어떤 개념과 관련이 있는지) 설명한 후 사진과 함께 자세하게 실험 과정을 안내하고, 바탕 지식 즉 개념과 심화 정보까지 아우르기에 개념을 오롯이 익히기에 매우 친절한 안내서가 되어줍니다.

그러니 교실이나 동아리 활동 자료실에 한 권쯤 갖춰 놓고 수업 안팎으로 다양한 활동에 틈틈이 참고하면 꽤 유용할 것입니다. 고등학교 교육과정의 다양한 주제 탐구에 대한 실험 설계 방법과 수학적 의미까지 잘 설명되어 있어, 수학 동아리를 학생 주도적으로 운영할 때 더욱 참고하기 좋습니다. 다 함께 실험을 준비 및 설계하고 그 결과를 예측 및 관찰하며, 고등학교 수학 과정으로 이해가 어려운 부분은 선생님의 도움을 받거나 유튜브나 다른 관련 서적의 도움을 받아서 보충해 나가면 좋겠습니다.

이 책을 생기부 후속 활동으로 확장하는 법

무한히 카드 쌓기 실험

📖 **관련 단원**: 미적분(수열의 극한)

● 책상 끝에서 길이가 $\frac{1}{n}$인 종이 카드를 겹쳐 쌓아서 떨어트리지 않고 무한히 길게 나아가는 실험이 책에 소개되어 있다. 핵심은 무게중심으로 무게중심 값에 관한 일반항을 탐구하는 것이다. 실험 결과에 대한 추가 정리로 $\sum_{n=1}^{\infty}\frac{1}{n}$은 무한히 발산함을 수학적으로 증명할 수 있으며 $\sum_{n=1}^{\infty}\frac{1}{n^2}$은 수렴함을 수학적으로 증명할 수 있다. 이 주제를 발전시켜 바젤 문제Basel's problem, $\sum_{n=1}^{\infty}\frac{1}{n^2}=\frac{\pi^2}{6}$로 이어 나감으로써 리만 가설로까지 탐구 영역을 확장할 수 있다.

곡선 도형으로 팽이 만들기

📖 **관련 단원**: 수학Ⅱ(다항함수의 적분법), 미적분(적분법)

● 막대그래프에서 가중평균 $\frac{\sum x\cdot f(x)}{\sum x}$을 구하는 방법을 이용해 무게중심 찾는 방법을 배운다. 이를 통해 곡선 그래프에서 정적분을 통해 무게중심을 찾는 방법으로도 확장해 본다. 포물선, 반원, 무리함수 등 다양한 곡선 모양 팽이의 중심을 찾아서 돌려본다. 무게중심을 찾을 수 있다면 다양한 곡선 모양의 모빌을 만

들 수도 있다. 자신만의 함수로 개성 있는 팽이와 모빌을 제작하는 단계까지 나아가자. 무게중심을 찾는 방법으로 책에 제시된 파푸스-굴딘의 정리Pappus-Guldinus theorem를 소개하고 증명한 다음, 정적분을 통해 무게중심을 찾는 방법과 서로 비교해 본다.

몽모루 문제 탐구하기

📖 **관련 단원**: 확률과 통계(경우의 수, 확률)

●4인이 각자 자기가 쓴 모자를 벗고 섞어 무작위로 다시 쓴다. 이때 원래 자신이 썼던 모자를 다시 쓰게 되지 않을 확률은 얼마일까? 이렇듯 자기 것을 갖지 않을 확률을 구하는 것이 몽모루 문제Montmort problem다. 몽모루 문제에서는 다양한 접근법이 존재하는데, n의 값이 크지 않다면 수형도를 사용해 풀 수 있다. n의 값이 크다면 포함배제의 원리를 이용하거나 수열의 점화식을 이용해 문제를 해결할 수 있다. 각각의 방법을 모두 탐구해 보고, $n \to \infty$이면 몽모루 문제의 확률값은 $\frac{1}{e}$이 된다는 것까지 심화시켜 본다.

▶도움이 되는 인터넷 자료

-무한히 카드 쌓기 실험

(유튜브, 긱블@Geekbiekr)

-적분팽이 키트 구매(쇼핑몰)

-수형도를 이용한 풀이(네이버 블로그, 이규영 수학)

-포함배제의 원리, 점화식을 이용한 풀이

(네이버 블로그, 수학사랑)

관련 단원: 모든 계열(수학 심화)

같이 읽으면 좋은 책

《어메이징 수학》(수학사랑 편집부 | 수학사랑 | 2012. 07.)

BOOK
5

《발칙한 수학책》

최정담 | 웨일북 | 2021. 06.

이야기와 그림으로 논리적 감수성을 자극한다

"수학은 신이 우주를 적기 위해 사용한 언어다!" 저자는 갈릴레이Galileo Galilei의 유명한 어록을 소개하면서 책의 포문을 엽니다. 대한민국 인재상, 미국 수학 경시대회와 프린스턴 대학교 물리대회 수상 경력을 자랑하는 저자는 인터넷 세계에서 이미 '디멘'이라는 애칭으로 잘 알려져 있습니다. 저자는 '이제라도 수학을 만나야 하는 이유'를 설명하면서 자신이 공부하고 경험한 수학의 세계를 제목 그대로 '발칙하게' 안내합니다.

책은 수학이 가지는 세 가지 특성을 바탕으로 저자만의 독창적인 스토리텔링 방식으로 수학의 최신 개념들을 흥미롭게 설명합니다.

첫째 수학은 엄밀함과 명료함을 가집니다. 수학이 하는 역할은 실재하는 세계의 난해하고 모호한 현상의 '핵심을 명료하게 꿰뚫는 힘'이라는 것이지요.

둘째 수학은 추상성을 가집니다. 여기서 추상은 '모호하다.'라는 의미가 아닙니다. 실재한다고 느껴지지 않거나 구체적으로 경험할 수 없는 것까지 탐구하는 성질을 말합니다. 수학에서 고차원(4차원 이상의 세계)을 설명하거나 무한의 개념을 정의하려고 시도한 것은 이러한 수학의 추상성, 즉 다른 말로 하면 모험정신의 일환일 것입니다.

셋째 수학은 논리적입니다. 혼란스러운 현상들을 바로잡거나 질서정연하게 다듬기 위해 수학은 여러 분야에서 활약하고 있지요.

여기에 덧붙여 저자는 마지막으로 실용적인 수학의 세계를 소개합니다.

수학이라는 학문의 아름다움은 논리를 무기로 해서 전혀 예상치 못했던 사실을 발견하고 복잡한 상황을 해결하고 설명해 준다는 데 있습니다. 그러나 수학이 무작정 실용적인 학문이라고 규정하는 것도 무리가 있습니다. 앞에서 말했듯이 수학에는 다양한 역할이 혼재하기 때문입니다. 그러나 무엇보다 간과할 수 없는 것은 예술을 통해 우리가 인문학적 감수성을 키워갈 수 있듯이 수학을 통해 논리적 감수성을 키워갈 수 있다는 사실입니다. 주어진 사실로부터 새로운 사실을 추론하는 능력, 여러 개념 사이의 연관성을 찾아내는 능력, 문제의 핵심을 꿰뚫고 이를 해결하는 데 필요한 조건을 찾아내는 능력이야말로 우리가 수학을 통해 정말 배우고자 하는 덕목들입니다.

책을 읽다 보면 저자가 펜으로 끼적인 듯한 재밌는 그림이 많이 나옵니다. 저자의 부가 캐릭터인 디멘도 등장합니다. 이 책에는 수식이나 계산이 거의 나오지 않습니다. 수학의 매력에 푹 빠진 저자는 "순수 수학은 계산이 가장 필요 없는 분야"라고 말하며 책 안에서 복잡한 숫자 계산을 등장시켜 독자에게 주입하고 싶지 않다고 말합니다. 수학 공부는 공식 자체를 외우고 익히는 것보다 어떤 흐름 속에서 해당 논리가 등장했는지를 이해하고 그것을 통해 논리적 사고력을 키우는 데 초점이 맞춰져야 한다는 것이 저자의 생각입니다. 역시 세계가 러브콜을 보내는 인재답게 후배들에게 수학이나 첨단 과학 탐구의 즐거움을 잘 설파합니다. 이 책을 읽으며 이러한 선배의 관점을 배우는 것만으로도 학생들에게 큰 도움이 된다고 생각합니다. 저자는 몇 가지 주제를 헤쳐가면서 문제 상황을 일반화시켜 넓게 확장하고, 문제를 푸는 단서를 얻습니다. 이를 문제 해결의 결정적인 열쇠로 사용하는 과정을 보여줍니다.

전체적으로 단원마다 내용이 분절되지 않고 자연스레 이야기의 흐름을 따라 가면서 여러 개념을 동시에 익힐 수 있도록 짜임새 있게 쓰였고 설명이나 표현이 쉽고 친절해서, 시간을 넉넉히 잡아 재미있게 읽어가기를 추천합니다.

이 책을 생기부 후속 활동으로 확장하는 법

브라우어르 고정점 정리와 수학적 귀납법 탐구하기

📖 **관련 단원**: 수학 Ⅰ (수열)

● 브라우어르 고정점 정리Brouwer fixed point theorem, 즉 커피 등의 가루를 물에 섞어 휘저을 때 휘젓기 전후에 위치가 변하지 않은 고정점이 있다는 것을 증명한다. 삼각형을 삼각 분할해서 칠해보는 슈페르너의 색칠을 알아본 다음, 세 가지 성질(홀수성, 실패하는 여행의 존재성, 보조정리)을 증명하며 탐구해 간다. 이때 수학적 귀납법을 사용하여 슈페르너 정리Sperner's theorem의 홀수성을 증명해 보자. 무한의 개념을 사용해 커피를 휘젓는 과정은 항상 고정점을 가진다는 것을 끌어내고 합성함수 역함수를 통해 원형 머그잔에서도 고정점이 존재한다는 것을 알아보자.

중간값 정리 개념 탐구하기

📖 **관련 단원**: 수학 Ⅱ (함수의 연속)

● '지구상에 기온이 동일한 두 대척점이 항상 존재하는가?', '똑같은 길이의 다리 4개를 가진 탁자가 바닥에서 흔들릴 때 어떻게 균형을 잡을 수 있을까?' 이 과제에 대해 중간값 정리intermediate value theorem를 사용해 탐구해 보자. 연속적인 두 변수의 값에 동일한 대척점이 존재한다는 보르수크-울람 정리Borsuk-Ulam theorem를 이해하고, 두 종류의 보석이 섞여 있는 목걸이를 2회 잘라서 같은 양의 보석을 나눠 가질 수 있다는 것까지 확장해 보자.

비행기 착석 방식 알고리즘 탐구하기

📖 교과 연계: 컴퓨터공학 연계 탐구

●비행기에 탑승할 때 길게 줄을 서서 앞선 사람들이 수화물을 짐칸에 올리고 자리에 앉을 때까지 한참 기다린 경험이 있을 것이다. 비행기 좌석 그룹에 따라 탑승 순서를 달리하면 소요 시간이 단축될까? 다음 세 가지 비행기 착석 알고리즘을 연구해 시간을 최대한 단축해 보자. 또한 자신만의 새로운 알고리즘도 찾아본다.

1. 후전 착석: 뒤쪽 그룹부터 앞쪽 그룹 순으로 탑승시키는 방법
2. 무작위 착석: 조건 없이 무작위로 승객을 탑승시키는 방법
3. 스테판[Steffen] 착석: 맨 뒤 안쪽 좌석부터 한 칸씩 띄어 착석시키고 점차 바깥[통로 쪽]으로 착석시키는 방법(그림 3)

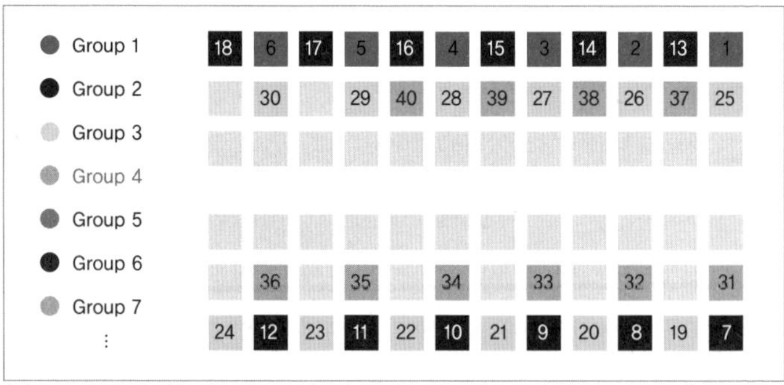

[그림 3] 스테판 착석 알고리즘

1,000권의 책 정렬하기 탐구

📖 **관련 단원**: 수학 I (지수함수와 로그함수, 수열)

● 책을 코드 순서대로 정리하는 데 필요한 대표적인 방식으로는 버블 정렬과 퀵 정렬이 있다. 각각 수학적으로 소요 시간을 분석해 보자(그림 4).

① 버블 정렬: 인접한 두 값 중 더 작은 값이 뒤에 있을 때 이 둘을 바꾸어 나가는 정렬이다. n권이 있을 때 최대 $\frac{n(n-1)}{2}$번의 작업이 필요하다는 것을 탐구하자.

② 퀵 정렬: 무작위로 뽑은 책을 기준으로 이 책의 번호보다 작은 책은 왼쪽으로, 큰 책은 오른쪽으로 이동시켜 두 그룹으로 나눈다. 기준이 된 책은 자연스레 자기 순서를 찾게 된다. 다시 두 그룹의 첫 번째 책을 기준으로 같은 방법을 시행하게 되면 다시 두 권의 책이 자기 순서를 찾게 된다. 이를 반복하는 정렬 방법이다. n권이 있을 때 최대 $n \cdot \log_2 n$번의 작업이 필요하다는 것을 탐구하자.

-책의 규모를 1만 권, 1억 권 규모로 계속 키워가면서 버블 정렬과 퀵 정렬을 활용할 때 최대 작업 수를 비교해 보고 지오지브라를 활용해서 그래프로 그려보자. n이 커질수록 퀵 정열이 버블 정렬보다 훨씬 효율이 좋다는 것을 알 수 있다.

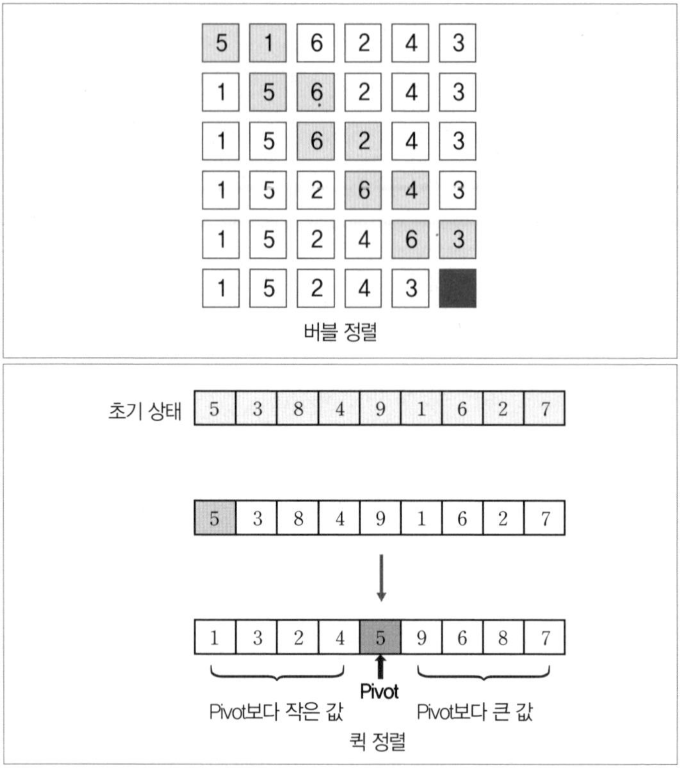

5	1	6	2	4	3
1	5	6	2	4	3
1	5	6	2	4	3
1	5	2	6	4	3
1	5	2	4	6	3
1	5	2	4	3	

버블 정렬

초기 상태	5	3	8	4	9	1	6	2	7
	5	3	8	4	9	1	6	2	7
	1	3	2	4	5	9	6	8	7

Pivot

Pivot보다 작은 값 Pivot보다 큰 값

퀵 정렬

[그림 4] 버블 정렬과 퀵 정렬

▶도움이 되는 인터넷 자료

-다양한 정렬 방식 소개(나무위키)

-퀵 정렬 방식 탐구(깃허브, @HeeJeong Kwon)

관련 학과: 수학과, 수학교육과, 컴퓨터공학과

같이 읽으면 좋은 책

《최고의 수학자가 사랑한 문제들》(이언 스튜어트 | 반니 | 2020.09.)

BOOK
6

《더 이상한 수학책》

벤 올린 Ben Orlin | 북라이프 | 2021.03.

미분과 적분을 바라보는 다양한 시각

전작인 《이상한 수학책》의 원제를 그대로 해석하면 '엉터리 그림이 어우러진 수학Math with Bad Drawings'이라고 할 수 있어요. 벤 올린은 엉터리 그림과 위트 넘치는 설명으로 큰 인기를 끌고 있는 미국의 수학 교사 출신 저자입니다. 괴발개발 그린 그림으로 재미있게 수학을 가르치는 그의 블로그는 큰 인기를 끌었고, 저자는 이 책 《더 이상한 수학책Change if the Only Constant》과 그림, 게임, 퍼즐 두뇌 게임을 다룬 후속편 《아주 이상한 수학책》 등 여러 저작을 펴냈습니다.

전작은 수학의 전반적인 내용을 다뤘지만, 이 책은 오롯이 미적분학만 파고듭니다. 그런데 미적분을 자세히 배우고 싶어 책을 집은 독자는 책을 읽어갈수록 정말 이상하다는 느낌을 받을 수밖에 없습니다. 제목에는 '수학책'이라고 되어 있는데 수학 얘기는 거의 없고 문학, 철학, 사회학, 예술, 판타지 등 온갖 인문학적 영역으로 이야기가 확대되기 때문입니다. 미적분을 배우는 수학 책이 아니라 미적분이라는 프리즘으로 바라본 세계라고 하는 편이 이 책을 설명하기에 더 정확한 표현인 것 같습니다.

저자의 설명에 의하면 미분Differentiation은 엄청난 스케일의 현실 속에서 '토스트를 한입 베어먹는 찰나의 순간'을 포착하는 것이며, 적분Integration은 아주 미세한 물방울들이 어떻게 모여서 커다란 하나의 물줄기가 되는지를 설명하는 학문이라고 합니다. 미분은 분절이고 적분은 통합인 셈이죠. 그리고 바로 이런 관점으로 세상에서 벌어지는 일들을 설명합니다. 우리가 수학 시간에 배운 미적분 공식을 이해하기란 쉽지 않지만 이렇듯 세상만사를 소재로 미적분을 설명하니 어느 정도 실마리가 잡히는 느낌입니다.

미적분은 여러 분야에서 활용됩니다. 오늘날 자동차 주행과 도로 구성, 경제학에서의 수요 공급 분석, 도시설계 분야에서 디자인과 컴퓨터 모델링, 공학에서 구조물 설계, 우주공학에서 비행 궤적과 운항 계획 등 엄청나게 많은 분야에서 쓰이지요. 그 이유는 미적분이 이 책에서 말하듯 포착할 수 없는 찰나의 순간을 잡아내고 엄청나게 방대한 합산의 결과를 예측하는 신비한 학문이기 때문입니다.

이 책은 미적분을 다양한 비유와 은유를 통해 설명합니다. 수학 공식에만 익숙했던 독자로서는 '아! 수학을 이런 방식으로도 접근하고 표현할 수 있구나!' 하는 관점의 전환을 경험하고 경이

로움을 느낍니다.

예를 들어 미분은 순간의 변화를 나타냅니다. 그런데 여기서 '순간'이란 얼마나 짧은 순간을 말하는 걸까요? 저자는 유대인 야로미르 흘라디크가 형장에서 게슈타포의 총탄이 날아오는 순간 그 찰나를 엄청나게 팽창시켜 1년이라는 긴 시간으로까지 늘려서 자신이 쓰고자 했던 소설을 완성했다는 작품 속 이야기를 설명합니다. 물론 흘라디크는 보르헤스의 소설 속 허구의 인물이지만 시간을 움켜쥐고 찰나를 붙들려 한 인간의 욕망을 잘 보여줍니다. 또한 이것이 미분이 하고자 하는 바이기도 합니다. 저자는 문학 작품 이야기를 지나서 꼬리에 꼬리를 물고, 매 순간을 끊어서 보면 멈춰있는 것이 분명한 화살이 어떻게 실제로는 날아가게 되는지를 다룬 제논의 역설Zeno's paradox로 넘어갑니다. 이렇듯 문화적으로 풍부한 작가의 소양과 빼어난 글솜씨, 그리고 수학에 대한 특유의 통찰이 매력적인 책으로, 복잡한 수식 없이 미적분학을 나들이한다고 생각하며 작가가 어떤 시야로 수학에 접근하는지 한껏 즐겨보면 좋겠습니다.

아울러 수학을 인문학적 관점으로 비유하는 것, 즉 스토리, 시, 철학적 사고로 연결하는 수업 활동에서 영감을 얻을 수 있습니다. 저자가 여러 문학 작품 속 이야기와 미적분의 개념을 연결 지어 사고한 것처럼 수학 개념을 생활, 문학, 철학 등 다른 학문의 언어로 비유해 보는 것은 매우 흥미로운 탐구가 될 것입니다.

이 책을 생기부 후속 활동으로 확장하는 법

바이어슈트라스 함수와 미적분학의 발전 과정 탐구하기

📖 **관련 단원:** 수학Ⅱ(다항함수의 미분, 다항함수의 적분), 미적분(미분법, 적분법)

● 들어가기 전에 '실수 전체에서 연속인 함수'는 일부분을 제외하고는 모든 곳에서 미분 가능할지, 모든 점에서 미분 불가능할 수 있을지 생각해 본다. 로버트 브라운Robert Brown이 발견한 입자의 브라운 운동(무차별적인 움직임)을 통해 미분 불가능한 움직임에 대해 생각해 본다.

● 바이어슈트라스 함수Weierstrass function, 즉 '모든 점에서 연속이지만 모든 점에서 미분 불가능한 함수'를 단계별로 추적한다. 지오지브라를 통해 다음 함수의 그래프를 그려보면 어떻게 바이어슈트라스 함수가 그려지는지를 이해할 수 있다. 해당 그래프를 통해서 모든 점에서의 연속성과 미분 가능성을 탐구해 본다. 또한 바이어슈트라스 함수가 등장한 이후 수학은 어떻게 발전했는지 조사한다.

① $f(x)=\cos\pi x$

② $f(x)=\cos\pi x+\cos\dfrac{21\pi x}{3}$

③ $f(x)=\sum_{n=0}^{\infty}\dfrac{\cos(21^{n}\pi x)}{3^{n}}$

적분의 시작인 아르키메데스 이론 탐구하기

📖 **관련 단원**: 수학Ⅱ(다항함수의 적분), 미적분(적분법)

●이 책에는 아르키메데스가 오늘날 카발리에리의 원리라고 불리는 방법을 사용해 원기둥에서 구의 부피를 구하는 방법이 소개된다. 원기둥에서 반구를 제외한 부피가 원뿔의 부피와 같게 되는 이유를 카발리에리의 원리를 통해 탐구하자. 이를 통해 '원뿔 부피:구의 부피:원기둥 부피=1:2:3'이 됨을 알아보자. 카발리에리의 원리를 이용한 다양한 도형의 넓이와 부피를 구하는 과정도 탐구해 본다.

●아르키메데스가 포물선과 직선으로 둘러싸인 도형의 넓이를 소진법[The method exhaustion]으로 구하였는데, 구적법의 발상과 유사하다. 포물선의 넓이가 삼각형 넓이의 $\frac{4}{3}$가 됨을 탐구해 본다.

현대의 적분, 리만과 르베그 탐구하기

📖 **관련 단원**: 수학Ⅱ(다항함수의 적분), 미적분(적분법)

●수학자 베른하르트 리만[Bernhard Riemann]은 구분구적법과 유사한 방법으로 적분에 대해 엄밀하게 정의를 내렸는데, 이는 적분을 상합과 하합을 이용한 리만합의 극한값으로 정의한 것이다. 거의 모든 점에서 연속인 함수에 대해서는 리만 적분이 가능하지만, 모든 점에서 불연속인 디리클레 함수[Dirichlet function]는 리만 적분을 사용해서는 적분값을 구할 수 없었다. 이에 르베그[Henri Léon Lebesgue]는 르베그 측도 개념을 사용하여 리만 적분이 불가능한 함

수들에 대해 적분이 가능하도록 적분의 개념을 확장했다.

▶도움이 되는 인터넷 자료

-모든 점이 미분 불가능한 연속함수
(유튜브, 이상엽Math)

-카발리에리 원리에 의한 다양한 도형의 넓이 및 부피(네이버 블로그, 수학사랑)

-아르키메데스의 소진법-포물선과 직선으로 둘러싸인 넓이(티스토리, 수학과 사는 이야기)

-리만 적분과 디리클레 함수
(네이버 블로그, 존이)

-르베그 적분과 리만 적분의 차이점 이해하기
(유튜브, Ray 수학)

관련 학과: 수학, 과학 관련 계열

같이 읽으면 좋은 책

《이상한 수학책》(벤 올린 | 북라이프 | 2020. 03.)

BOOK
7

《수학이 좋아지는 수학》

알렉스 벨로스 Alex Bellos | 해나무 | 2016. 08.

유쾌한 입담으로 풀어내는 수학 이야기

옥스퍼드 대학교에서 수학과 철학을 전공하고 〈가디언〉 특파원 등을 역임한 저자는 수학계에서 꽤 알려진 대중적 작가입니다. 이 책 역시 왕립학회 과학서적상 최종 후보에 오르며 높은 평가를 받은 바 있습니다. 저자의 장기는 난해한 수학을 유머와 지적 탐구를 통해 매우 흥미롭게 접근하게 만들어 주는 것입니다.

저자는 특유의 유머와 대중적인 필치, 타고난 이야기꾼 자질을 이 책에서 유감 없이 발휘합니다. 따라서 독자는 수학에 대한 이해나 지식이 거의 없어도 이 책을 아주 재미있게 읽어나갈 수 있습니다. 역사를 거슬러 올라가기도 하고 지구 곳곳을 오가며 수많은 사례와 이야기들로 꾸며진 이 책은 잘 차려진 수학의 성찬이라고도 할 수 있을 듯합니다.

수학은 잘 짜인 스탠딩 개그와 같다고 저자는 말합니다. 개그에는 짜임새가 있고 웃음을 가져오는 한 방이 있습니다. 관객이 충분히 공감할 수 있도록 밑자락을 깐 후에 결정적일 때 유효타를 먹여 웃음을 끌어냅니다. 수학도 개그와 마찬가지로 짜임새를 통해 결정타에 도달하는데, 짜릿한 쾌감과 함께 지적 만족감이 밀려들면서 지금까지의 고생을 모두 잊고 비로소 미소를 지을 수 있게 됩니다.

재미있는 예를 들어볼까요? 저자는 '홀수 효과odd effect'를 소개합니다. 이상하게도 동양에서는 홀수에 대한 선호도가 높게 나타납니다. 일례로 일본에서는 부조금을 낼 때 3만, 5만, 10만 엔 기준으로 냅니다. 2만 엔을 낼 때도 1만 엔권 한 장과 5천 엔권 두 장을 합해 세 장으로 내곤 합니다. 실제로 우리 뇌는 짝수를 처리할 때보다 홀수를 처리할 때 시간이 더 오래 걸린다고 합니다. 페이스 대학교 심리학자 테런스 하인스Terence Hines는 이러한 현상을 홀수 효과라고 명명했습니다. 흥미롭게도 성별을 구별하기 힘든 똑같은 아기 사진을 짝수 숫자와 함께 보여 주었을 때는 홀수 숫자와 함께 보여 주었을 때보다 약 10% 높은 확률로 아기의 성별이 '남성'이라고 추측했다고 합니다. 은연중에 우리 무의식에는 짝수는 남성, 홀수는 여성이라는 인식이 들어 있는 것입니다. 게다가 홀수는 무언가 더 복잡하고 매혹적인 것으로 받아들여집니다. 배스킨라빈스의 아이스크림 숫자가 31인 것이나 KFC의 비밀 향신료 재료가 11가지인 것은 바로 이러한 본능을 활용한 마케팅이라고 합니다.

이야기나 개념이 서로 긴밀하게 연결되는 주제를 각 장으로 묶어 소개하고 있는데, 책을 다 읽고 나면 주제들끼리 어떻게 연결되고 관련이 있는지 비로소 알게 됩니다. 또한 주제별로 자세하게 다루고 있어서 이미 알고 있던 개념에 대해서 더욱 넓고 깊게 알 수 있습니다. 하지만 책은 수식이나 정리 없이 글로만 표현되기 때문에, 관련 내용을 검색해서 수학 개념으로 다시 재해석해서 이해하는 기회를 마련하기를 바랍니다. 이 책을 읽고 수학이 조금이라도 더 좋아지는 경험을 하게 되리라 기대합니다.

이 책을 생기부 후속 활동으로 확장하는 법

이차곡선 실험 후 후속 탐구하기

🕮 **관련 단원**: 기하(이차곡선)

●타원의 빛 반사 성질을 이용한 타원 당구대, 타원체 건축물(그림 5)의 소리 성질 등을 조사하고 수학적으로 탐구한다. 타원체 조명을 만들어 다른 초점에 빛이 모이는지 실험한다.

●포물선의 빛 반사 성질을 이용한 손전등, 태양열 조리기 등을 조사하고 수학적으로 탐구해 본다. 거울 시트지를 이용해서 포물면 태양열 조리기를 만들어 보고 실제로도 음식이 조리되는지 실험해 본다.

오일러 공식 심화 탐구하기

📖 **관련 단원**: 미적분(수열의 극한)

●오일러 공식 $e^{i\pi}+1=0$은 수학에서 중요한 수 다섯 개가 연결된 공식이다. e, i, π는 다른 탐구 분야에서 유래했지만, 오일러 등식에서 완벽하게 결합한다. 각각의 유래를 조사해 보자.

●테일러 급수[Taylor series]로 e^x, $\sin x$, $\cos x$를 표현하여 오일러 공식을 유도하고 복소평면으로 확장하여 오일러 공식의 의미를 파악해 보자. 또한 i^i과 같은 값을 탐구한다.

사이클로이드와 현수선의 의미 탐구하기

📖 **관련 단원**: 미적분(적분법)

●갈릴레오는 구르는 바퀴의 가장자리에 찍은 한 점이 그리는 궤적을 사이클로이드[cycloid]라고 명명했다. 사이클로이드는 17세기 수학자들의 열렬한 관심을 받으며 연구되었는데, 곡선이 이렇듯 열광적인 관심의 대상이 된 일은 수학사를 통틀어 전무후무하다고 한다. 이 곡선의 정의와 길이, x축과 둘러싸인 부분의 넓이, 등시곡선 성질과 이 성질을 이용한 진자에 대해서도 탐구해 본다.

●두 점 사이에 매달린 끈의 모양을 현수선[懸垂線, Catenary]이라고 한다(그림 6). 현수선의 방정식은 $y=\frac{e^{ax}+e^{-ax}}{2}$로 지수적 성장과 지수적 붕괴의 평균값을 가진다. 우리 주변에서 쉽게 발견할 수 있는 빨랫줄이나 거미줄 등에도 자연상수 e가 숨어 있는 셈이다. 현수선에서의 힘의 작용과 그에 따른 역학적 속성을 탐구해 보

고, 현수선을 사용한 건축물에는 어떤 것이 있는지 조사해 본다.

[그림 5] 현수선 기법을 이용한 가우디의 사그라다 파밀리에

[그림 6] 현수선을 활용한 현수교

▶도움이 되는 인터넷 자료

-포물선과 타원의 빛 반사 성질

(네이버 블로그, 수학저장소)

-멀어도 잘 들리는 신비한 타원

(유튜브, 박경미TV)

-태양열 조리기 만들기(네이버 블로그, 모름이)

-오일러 공식(유튜브, DMT PARK)

-테일러 급수와 오일러 공식을 활용한 i^i의 값 탐구(유튜브, 이상엽Math)

-사이클로이드 곡선의 정의와 성질(나무위키)

-사이클로이드 곡선의 최속 강하, 등시곡선, 사이클로이드 진자(나무위키)

-현수선에서의 힘의 작용
(블로그스팟, 전파거북이)

-가장 안전한 곡선 현수선
(네이버 블로그, 웨이버)

관련 학과: 수학과, 건축학과, 천문학, 물리학, 통계학과

같이 읽으면 좋은 책

《수학의 이유》(이언 스튜어트 | 반니 | 2022. 05.)

BOOK **8**

《고교수학의 아름다운 이야기》

마스오 | 수학사랑 | 2019. 03.

간결한 증명과 신기한 공식을 얻을 수 있는 보물지도

손바닥만 한 작은 책으로, 일본의 수학 웹사이트(http://mathtrain.jp)에 게재된 내용 중에서 가장 인기가 있는 주제 60편을 발췌해 소개하고 있습니다. 일반적인 교양 수학 도서들이 내용을 글로 풀어내고 있는 데 반해, 이 책은 수식 계산과 증명이 나와 있어서 언뜻 보면 문제집처럼 보이기도 합니다. 중학교나 고등학교 교과 과정에서 다루는 공식의 증명 과정도 제공합니다. 각각의 주제가 35페이지 분량으로 독립된 내용으로 되어 있어 순차적으로 읽지 않아도 되도록 구성되었습니다.

이 책이 특별한 이유가 있습니다. 헤론의 공식Heron's formula, 이중근호 분리 방법과 분리 가능성, 삼각형의 넓이와 사면체의 부피 구하는 공식 등 기존에 우리가 잘 알지 못했던 신기하면서 유용한 공식들이 다수 실려 있기 때문입니다. 또한 $\sqrt{2}$는 무리수다,

tan1°는 무리수다, 점과 직선 사이의 거리 공식의 세 가지 증명법 등 접근 방법이 매우 신선하거나 간결한 여러 증명 방식이 소개되어 있어서 증명에 대한 논리력을 키울 수 있습니다.

체바의 정리Ceva's theorem, 프톨레마이오스의 정리Ptolemy's theorem 등 유명한 정리와 공식들도 다양하게 소개해 줍니다. 고등학교 교과서에서 배운 개념이지만 그것이 전부가 아니라는 것을 알 수 있고, 학교에서는 배우지 않지만 유용하고 재미있는 내용도 다수 소개하고 있습니다.

가위바위보 놀이의 최적 전략이나 텐트 사상과 성질을 이용한 도쿄대학교 기출문제 등도 수록되어 있어 심화 탐구 과제나 논술 시험 등에 대한 정보도 얻을 수 있습니다. 새로운 수학 교재를 접한다고 생각하면서, 편안한 마음으로 문제를 풀고 증명을 살펴보는 방식으로 활용해 보면 좋겠습니다. 수학에 관심 있는 학생이라면 충분히 즐겁게 읽으며 다양한 수학 지식까지 얻을 수 있을 것입니다.

이 책을 생기부 후속 활동으로 확장하는 법

교과서 밖 유용한 공식들을 친구들에게 소개하기

● sin15° 값, 변의 길이가 무리수인 헤론의 공식, 외접원의 반지름으로 삼각형 넓이 구하는 공식, 좌표를 알 때 삼각형의 넓이 및 사면체의 부피 공식 등 교과서에서는 다루지 않지만 암기하

면 유용한 공식을 예제 문제와 함께 친구들에게 소개해 본다.

가위바위보 놀이에 대한 분석 탐구하기

📖 **관련 단원**: 확률과 통계(확률)

● n명의 사람이 가위바위보에서 무승부일 확률: 여사건을 이용한 유도 방법과 전사의 개수 공식을 이용하여 무승부일 확률이 $p_n=1-\frac{2^n-2}{3^{n-1}}$임을 보이자. 사람 숫자($n$)이 커질수록 무승부일 확률이 얼마나 커지는지 확인하여 몇 명으로 그룹을 나눠서 게임을 하면 좋을지 탐구해 본다.

● 가위바위보 놀이의 최적 전략: 바위로 이기면 3점, 가위는 5점, 보는 6점을 얻는 규칙에서 상대방이 가위, 바위, 보를 $\left(\frac{1}{3}, \frac{1}{3}, \frac{1}{3}\right)$ 비율로 내는 전략을 취할 때, 득실점수 기댓값이 최대가 되게 하는 나의 전략 (p, q, r)(단, $p+q+r=1$)은 무엇일지 탐구해 본다.

-상대방의 전략이 임의의 비율 (a, b, c)일 때, 나의 최적 전략(득실점수 차의 기댓값이 음수가 나오지는 않는다는 뜻으로 적어도 지지는 않는다)은 무엇일지 탐구해 본다.

물체를 던졌을 때 최대 비거리를 위한 각도 구하기

📖 **관련 단원**: 미적분(미분법, 적분법), 기하(벡터)

● 물체를 던졌을 때 날아가는 물체에 적용되는 힘의 작용을 알아본다. 이를 통해 물체 속도의 x성분과 y성분을 구하고, 적분하여 물체의 위치를 구한다. 물체 위치에 대한 자취의 방정식을 구해서 포물선 궤적이 나옴을 이해하고, 물체를 가장 멀리 던지기 위해서는 얼마의 각도(θ)로 던져야 할지 탐구해 보자. 이 탐구를 토대로 홈런을 치려고 하는 타자에게 어떤 조언을 해줄지 생각해 본다. 물리와 융합된 주제로 물리Ⅱ의 기출 문제들도 함께 풀어본다.

삼각형의 페르마 점 탐구하기

📖 **관련 단원**: 수학(도형의 방정식). 기하(이차곡선)

● 삼각형의 페르마 점 정의를 이해하고 페르마 점의 성질을 증명해 보자.

● 경제적 비용 최소화 관점에서 페르마 점의 의미를 생각해 보고 실생활에 적용할 수 있는 사례를 조사해 본다. 비누 거품에서 페르마 점이 관찰되는 이유를 표면장력과 페르마 점을 통해 탐구한다.

삼각형 ABC의 페르마 점이 $\angle APB = \angle BPC = \angle CPA = 120^\circ$를 만족하는 증명법을 탐구한다. 그 중 초등 기하학을 이용한 유명한 방법 외에, 타원의 정의와 성질을 이용한 증명 방법은 간결하면서도 쉽다.

▶**도움이 되는 인터넷 자료**

-비스듬히 던진 물체의 운동

(네이버 블로그, 타키온의 최강물리)

-평면 상의 물체 운동, 물리Ⅱ 기출문제

(네이버 블로그, 사이언스토리텔러 물리쌤)

-세상을 바꾼 비눗방울(유튜브, YTN사이언스)

관련 학과: 수학, 과학 관련 계열

같이 읽으면 좋은 책

《일상의 무기가 되는 수학 초능력-수학의 정리 편》(고미야마 히로히토 | 북라이프 | 2019. 07.)

《일상의 무기가 되는 수학 초능력-미적분 편》(오오가미 타케히코 | 북라이프 | 2019. 07.)

《일상의 무기가 되는 수학 초능력-확률 편》(노구치 데쓰노리 | 북라이프 | 2019. 07)

BOOK
9

《수학대백과사전》

구라모토 다카후미藏本貴文 | 동양북스 | 2020. 12.

시험, 실생활, 상식으로 두루 쓸 수 있는 기초 교양 수학

중학교, 고등학교, 대학교 수학까지 연결되는 다양한 수학적 개념에 대해 사전처럼 찾아보고 익힐 수 있는 책입니다. 수학 학문으로부터 멀어진 일반인들에게는 교양서의 개념이지만, 입시를 준비하는 중학생이나 고등학생에게는 '수학을 개념적으로 파악할 수 있는 지도와도 같은 책'이라서 생기부 필독서로 선정했습니다. 단원마다 익혀가다 보면 자칫 내가 수학의 어느 대목을 공부하고 있는지 헷갈릴 수도 있는데, 그럴 때 전체적인 조감도이자 내비게이션이 되어줄 만한 책이라고도 할 수 있지요.

예를 들어 이차함수와 그래프 단락은 이렇게 설명되어 있습니다. 상단에는 해당 개념이 교양, 실용, 시험 면에서 얼마나 중요한지 중요도를 별 다섯 개 기준으로 표시합니다. 제목 밑에는 두세 줄의 짧은 문장으로 해당 개념의 핵심 내용을 요약해 주고요. 포인트 부분에서는 해당 개념의 수학적 정의(도표, 공식)를 요약하고 이어서 개념을 풀어서 설명해 줍니다. 마지막으로 '비즈니스' 단락에서는 해당 개념이 실생활에서 어떻게 활용되는지를 알려줍니다.

책에서는 127가지 수학 개념을 알려줍니다. 중학교 수학 과정에 해당하는 양수와 음수, 무리수와 루트, 문자식, 곱셈과 인수분해, 1차 방정식, 연립 방정식, 비례와 반비례, 도형, 증명, 피타고라스의 정리 등이 1장에 먼저 정리되어 있습니다. 2장에서는 일차함수와 이차함수, 방정식과 부등식의 개념이 심화되어 설명되며, 3장에서는 지수와 로그 개념을, 4장에서는 삼각함수의 개념을 설명합니다. 5, 6, 7장에서는 미적분과 고급 미적분, 이은 장들에서는 수열, 도형과 방정식, 벡터, 행렬, 복소수, 확률, 통계 등이 순서대로 소개됩니다.

이 책에서 다루려고 하는 감각은 특히 '특정한 수학 개념을 실생활의 문제 해결과 연결 짓는 능력'입니다. 즉 특정 개념을 어떤 상황에 사용할지 판단하는 감각이지요. 이 책의 '비즈니스' 단락이 유용한 이유가 여기에 있습니다. 또한 현재의 수학 교육과정은 각각의 개념을 상세히 설명하는 데 초점이 맞춰져 있지 개념과 개념 간의 관계와 흐름을 파악하는 데는 부족한 감이 있습니다. 그런데 이 책은 개념 간의 관계를 유기적으로 설명합니다. 이 책 전체를 다 읽은 후에 '아! 이래서 수학을 공부해야 하는구나!' 하는 자각이 생겨나는 이유입니다.

피타고라스의 정리가 무엇인지는 고등학생이라면 잘 알고 있을 것입니다. 이는 길이를 계산하는 공식이자 삼각함수의 기본 개념입니다. 그런데 이 개념을 공간도형에 활용하면 무엇이 될까요? 바로 벡터의 절댓값이나 표준편차 등을 계산할 때 활용되는 기본 개념이 됩니다. 비즈니스에 적용한다면 어떤 개념이 될까요? TV 화면 크기를 말할 때 보통 '몇 인치'라고 합니다. 이때 인치의 기준이 화면 가로와 세로를 잇는 대각선의 길이가 됩니다. 피타고라스의 정리가 이용되는 것이지요.

개별적인 수학 개념을 잘 아는 것도 중요하지만, 해당 개념이 왜 등장했으며 다른 개념들과는 어떤 관계인지 제대로 이해하지 않으면 흩어진 지식 알갱이에 불과합니다. 책에서는 중요한 개념과 공식들의 핵심을 간략히 살펴보되, 고등학교 교육과정을 기본으로 이전 중학교 과정을 복습하거나 고등학생이 알면 도움이 될 만한 대학교 과정을 예습할 수 있도록 백과사전처럼 구성됩니다. 대학교 과정의 경우 완전히 이해하기 어렵더라도 아이디어에 따른 흐름 정도를 미리 파악해 두면 입시 준비에도 도움이 될 수 있습니다. 교육과정 밖의 내용이 등장할 때마다 해당 부분을 찾아서 살펴보기 좋습니다. 다양한 지식을 폭넓게 다루고 있어서 개별 설명이 깊지는 않으므로, 관심 있는 주제가 있다면 추가로 찾아보고 탐색을 확장해 나갈 것을 권합니다.

이 책을 생기부 후속 활동으로 확장하는 법

수치 데이터로 근사 다항함수 찾기

📖 **관련 단원:** 수학Ⅱ(미분), 미적분(미분법)

● 물체의 위치 측정과 같은 실험에서 얻은 데이터 자료를 엑셀로 정리한다. 엑셀에는 데이터를 만족시키는 근사 다항함수와 오차의 정도를 의미하는 결정계수를 찾아주는 기능이 있는데, 이를 이용해서 다음 데이터값을 예측해 본다(그림 7).

● 미분가능 함수의 근사 다항함수를 구하는 것이 테일러 급수다. 이는 대학 과정에서 배우는 내용이지만 직관적으로 이해하기 좋고 활용도가 높다. 엑셀로 도출한 것과 테일러 급수를 통한 예측값을 비교해 본 다음 세특에 녹여보자.

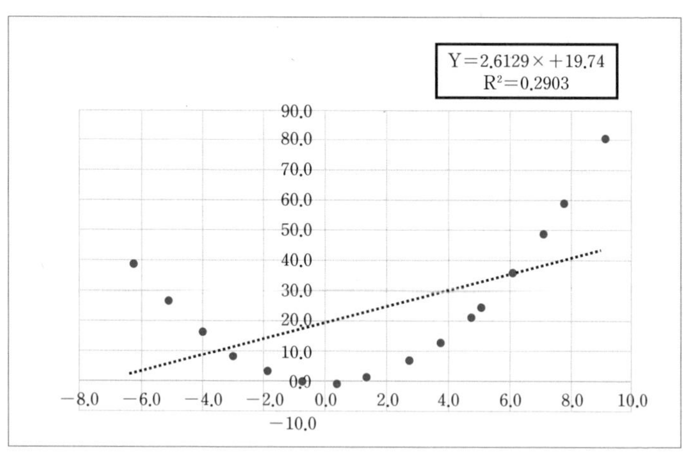

[그림 7] 엑셀 결정계수

로그를 이용한 큰 수의 계산 탐구하기

📖 **관련 단원**: 수학 I (지수와 로그)

● 존 네이피어John Napier가 로그를 만든 이후 천문학자들의 수명이 두 배가 되었다는 말이 있을 정도로, 로그의 발명 덕분에 큰 수의 계산이 편해졌다. 로그를 활용해서 $255434 \times 2578690 \div 34766$와 같은 큰 수의 계산을 직접 해 보자. 단, 상용로그표에는 소수점 아래 두 자리까지에 해당하는 로그값만이 나와 있으므로 반올림을 해야 한다. 이 과정에서 오차가 더 발생하게 되는데, 오차를 줄이기 위한 비례 부분의 법칙을 탐구해 오차를 줄여보자.

호프만 계수와 라이프니츠 계수 심화 탐구하기

📖 **관련 단원**: 수학 I (수열)

● 일실이익이란 '사고가 없었다고 가정한다면 피해자가 장래에 얻을 수 있으리라 예측되는 이익'을 말한다. 사고로 장애를 입거나 사망하면 일식이익을 기준으로 보험금 및 보상액을 산정하는데 중간이자를 공제해야 하는 이유에 대해 생각해 보자. 보험사는 라이프니츠 계수Leibniz method, 단리법, 법원은 호프만 계수Hoffmann method, 복리법를 사용하는데, 계산 결과를 통해 왜 양 기관의 산정법이 다른지 유추해 보자. 추가로 다음의 보험금 관련 법원 판례를 대입해 보험 소비자가 법률의 도움을 받아야 하는 상황을 탐구한다(그림 8).

판시사항

손해금 산정에 있어 "호프만식 계산법"과 "라이프니츠식 계산법"

판결요지

타인의 불법행위로 인하여 장래 얻을 수 있는 수입을 못 얻게 되는 것을 이유로 그 손해금을 일시에 청구하는 경우에는 은행거래 또는 일반 금전거래의 경우와는 달라서 채권자가 그 채권을 복리로 이식할 것을 생각할 필요는 없는 것이어서 호프만식 계산법에 의하여 중간이식을 공제한 원심조치는 정당하다 할 것이다.

[그림 8] 손해금 산정법 관련 판례

▶도움이 되는 인터넷 자료

-엑셀 추세선, 초간단 회귀분석

(네이버 블로그, 플래워드)

-비례 부분의 법칙

(네이버 블로그, 소망 김기사)

-사고 합의금 중간이자 공제

(네이버 블로그, 손해배상법률사무소)

관련 학과: 수학과, 물리학과, 천문학과, 법학과

같이 읽으면 좋은 책

《처음 배우는 딥러닝 수학》(와쿠이 사다미 외 | 한빛미디어 | 2018. 02.)

수학보다 간단하며 보편적인 언어는 있을 수 없다. 수학은 실수와 혼동이
가장 적은 언어로, 만물의 일정한 관계를 표현하기에 훌륭하다.
There cannot be a language more universal and more simple,
more free from errors and obscurities,
more worthy to express the invariable relations of all natural things.

— 조셉 푸리에(Joseph Fourier)

독서로 챙기는 생기부 사례

활용 도서 :《수학은 실험이다》

교과 연계: 수학 실험을 통한 개념 확인 및 발전

책상 끝에서 길이가 $\frac{1}{n}$인 종이 카드를 겹쳐 쌓아서, 떨어트리지 않고 무한히 길게 나아갈 수 있을지에 대한 실험이 책에 소개되어 있다. 핵심은 무게중심으로 무게중심 값에 관한 일반항을 탐구한다. 실험 결과에 대한 추가 정리로 $\sum_{n=1}^{\infty}\frac{1}{n}$은 무한히 발산함을 수학적으로 증명하고, $\sum_{n=1}^{\infty}\frac{1}{n^2}$은 수렴함을 수학적으로 증명한다. 이 주제를 발전시켜 바젤 문제 $\sum_{n=1}^{\infty}\frac{1}{n^2}=\frac{\pi^2}{6}$로 이어나가 리만 가설에 대한 내용까지도 탐구할 수 있다.

보고서 작성 예시

1. 수학 개념 및 실험 소개

미적분 '수열의 극한' 단원에서 "명제 $\sum_{n=1}^{\infty}a_n$이 수렴하면 $\lim_{n\to\infty}a_n=0$다."라는 내용이 등장한다. 하지만 명제의 역은 성립하지 않는다. a_n이 0에 가까워지더라도 충분히 빠르게 0에 가까워지지 않으면

$\sum_{n=1}^{\infty} a_n$은 수렴하지 않는다. 대표적인 예가 $a_n=\frac{1}{n}$로, $\lim_{n\to\infty}\frac{1}{n}=0$이지만 $\sum_{n=1}^{\infty}\frac{1}{n}$은 발산한다. $\sum_{n=1}^{\infty}\frac{1}{n}$이 무한대로 발산함을 카드 쌓기 실험을 통해 탐구해 본다.

2. 실험 및 관찰

같은 길이의 카드 4장을 준비한다. 카드 길이의 $\frac{1}{2}$, $\frac{1}{4}$, $\frac{1}{6}$, $\frac{1}{8}$ 지점에 선을 긋는다.

① $\frac{1}{8}$ 지점에 선이 그어진 카드를 선과 책상 끝이 일치하게 놓는다.

② $\frac{1}{6}$ 지점에 선이 그어진 카드를 선과 아래 카드의 끝부분이 일치하게 놓는다.

③ $\frac{1}{4}$, $\frac{1}{2}$ 지점에 선이 그어진 카드도 선과 아래 카드의 끝부분이 일치하게 놓는다.

④ $\frac{1}{2}$ 지점에 선이 그어진 카드가 어디에 위치하는지 확인한다.

3. 실험 결과 및 추론

① 마지막 $\frac{1}{2}$ 지점에 선이 그어진 카드는 완전히 책상 밖에 있었고, 그런데도 떨어지지 않았다.

② 이런 식으로 카드를 쌓아 점점 길이를 늘여가도 떨어지지 않는 것이 가능해 보인다.

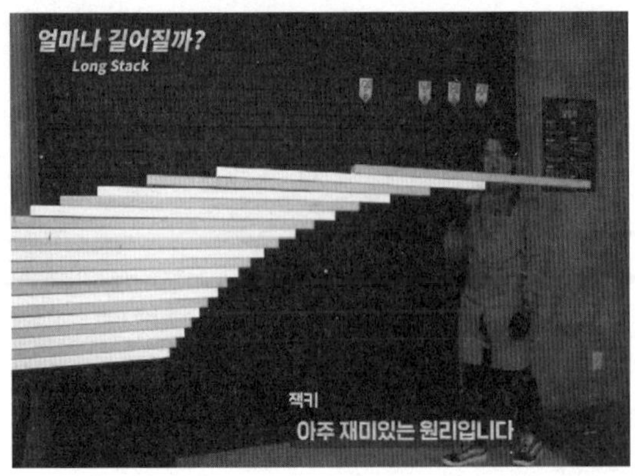

얼마나 길어질까?
Long Stack
잭키
아주 재미있는 원리입니다

※ 사진은 유튜브 긱블@Geekblekr 실험에서 캡처

4. 수학적 원리 탐구

① 수학 모델링하기

앞의 실험을 그림으로 나타내보자. n개의 카드 중 가장 위에 있는 카드의 오른쪽 끝점을 원점으로 하고, 왼쪽을 양의 방향으로 하여 뻗어나가는 수직선을 생각하자. 그리고 카드의 길이를 1이라 하고, 거꾸로 위에서부터 k번째 카드까지의 무게중심을 G_k라고 하자. 떨어지지 않으면서 최대한 길게 카드를 쌓으려면, (핵심) n보다 작은 모든 자연수 k에 대하여, G_k가 $(n-k)$번째 카드의 끝에 위치하고, G_n이 책상 위에 있어야 한다(그림 9).

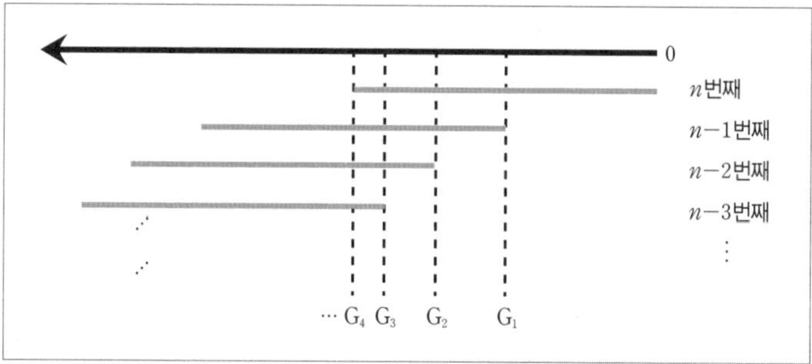

[그림 9] 카드 쌓기 모델링

①-1. G_1은 n번째 카드의 중점이다. $G_1=\frac{1}{2}$

①-2. G_2는 G_1과 $(n-1)$번째 카드 무게중심의 중점이다.

$$G_2=\frac{1+\frac{1}{2}}{2}=\frac{1}{2}+\frac{1}{4}$$

①-3. G_3는 G_2와 $(n-2)$번째 카드 무게중심의 가중 평균점이다.

$$G_3=\frac{2G_2+1\left(G_2+\frac{1}{2}\right)}{2+1}=G_2+\frac{1}{6}=\frac{1}{2}+\frac{1}{4}+\frac{1}{6}$$

①-4. G_4는 G_3와 $(n-3)$번째 카드 무게중심의 가중 평균점이다.

$$G_4=\frac{3G_3+1\left(G_3+\frac{1}{2}\right)}{3+1}=G_3+\frac{1}{8}=\frac{1}{2}+\frac{1}{4}+\frac{1}{6}+\frac{1}{8}\fallingdotseq 1.0417>1$$

실험과 같이 4개의 카드를 책상 위에 쌓았을 때, 가장 위의 카드는 책상 밖에 위치함을 알 수 있다.

② 무게중심 G_n의 일반항 구하기

위에서 구한 G_1, G_2, G_3, …를 일반화하면 G_n과 G_{n+1} 사이에 다음과 같은 점화식이 성립함을 알 수 있다.

$$G_n=\frac{nG_n+1\left(G_n+\frac{1}{2}\right)}{n+1}=G_n\frac{1}{2(n+1)}$$

따라서 $G_n=\frac{1}{2}+\frac{1}{4}+\frac{1}{6}+\frac{1}{8}+\cdots=2\sum_{n=1}^{\infty}\frac{1}{n}$이다.

③ $\sum_{n=1}^{\infty}\frac{1}{n}$ 발산 증명

$$\sum_{n=1}^{\infty}\frac{1}{n}=1+\frac{1}{2}+\frac{1}{3}+\frac{1}{4}+\frac{1}{5}+\frac{1}{6}+\frac{1}{7}+\frac{1}{8}+\cdots$$

$$=(1)+\left(\frac{1}{2}\right)+\left(\frac{1}{3}+\frac{1}{4}\right)+\left(\frac{1}{5}+\frac{1}{6}+\frac{1}{7}+\frac{1}{8}\right)+\cdots$$

$$\geq\left(\frac{1}{2}+\frac{1}{2}\right)+\left(\frac{1}{2}\right)+\left(\frac{1}{4}+\frac{1}{4}\right)+\left(\frac{1}{8}+\frac{1}{8}+\frac{1}{8}+\frac{1}{8}\right)+\cdots$$

$$=\left(\frac{1}{2}+\frac{1}{2}\right)+\left(\frac{1}{2}\right)+\left(\frac{1}{2}\right)+\left(\frac{1}{2}\right)+\left(\frac{1}{2}\right)+\ \cdots$$

$$=\sum_{n=1}^{\infty}\frac{1}{2}=\infty$$

따라서 $\sum_{n=1}^{\infty}\frac{1}{n}$은 발산한다.

④ 결론

실험과 같이 $\frac{1}{2}, \frac{1}{4}, \frac{1}{6}, \frac{1}{8}, \cdots$ 지점에 카드를 계속 쌓아나가면 n보다 작은 모든 자연수 k에 대하여, G_n이 $(n-k)$번째 카드의 끝에 위치하고, G_n이 책상 위에 있기 때문에 수학적으로 떨어트리지 않으면서 무한히 카드를 쌓아나갈 수 있다.

⑤ 발전

⑤-1. $\sum_{n=1}^{\infty}\frac{1}{n}$은 발산하지만, 일반항 a_n이 0에 더 빠르게 다가가면 수렴할까? $\sum_{n=1}^{\infty}\frac{1}{n^2}$의 수렴 여부를 탐구해 보자.

$$\sum_{n=1}^{\infty}\frac{1}{n^2}=1+\frac{1}{2^2}+\frac{1}{3^2}+\frac{1}{4^2}+\frac{1}{5^2}+\cdots$$

$$\leq=(1)+\left(\frac{1}{1\cdot 2}\right)+\left(\frac{1}{2\cdot 4}\right)+\left(\frac{1}{3\cdot 4}\right)+\left(\frac{1}{4\cdot 5}\right)+\cdots$$

$$=1+\sum_{n=1}^{\infty}\frac{1}{n(n+1)}=1+\sum_{n=1}^{\infty}\left(\frac{1}{1\cdot 2}\right)$$

$$=1+\lim_{n\to\infty}\left\{\left(1-\frac{1}{2}\right)+\left(\frac{1}{2}-\frac{1}{3}\right)+\left(\frac{1}{3}-\frac{1}{4}\right)+\cdots+\left(\frac{1}{n}-\frac{1}{n+1}\right)\right\}$$

$$=1+\lim_{n\to\infty}\left(1-\frac{1}{n+1}\right)+=2$$ 이다.

따라서 $\sum_{n=1}^{\infty}\frac{1}{n^2}$은 수렴한다.

⑤-2. 바젤 문제라 불리는 $\sum_{n=1}^{\infty}\frac{1}{n^2}=\frac{\pi^2}{6}$의 오일러 증명법 소개

⑤-3. $\sum_{n=1}^{\infty}\frac{1}{n^2}$을 소수만으로 이루어진 식으로 변형이 가능함을 소개

$$\sum_{n=1}^{\infty}\frac{1}{n^2}=\cdots\text{생략}\cdots=\left(\frac{2^2}{2^2-1}\right)\left(\frac{3^2}{3^2-1}\right)\left(\frac{5^2}{5^2-1}\right)\left(\frac{7^2}{7^2-1}\right)\left(\frac{11^2}{11^2-1}\right)\cdots=\frac{\pi^2}{6}$$

결과적으로 바젤 문제는 소수만으로 이루어진 식이 원주율이 된 것에서 소수 규칙성의 존재 가능성을 엿보았다고 할 수 있다. 소수 규칙성에 대한 리만 가설은 암호학, 양자역학, 복잡계 이론 등 다양한 분야와 연결되어 있어, 이 문제가 해결되면 인류 전체의 발전으로 이어질 수 있는 중요한 문제다.

'무한히 카드 쌓기 실험' 과세특 예시

'$\frac{1}{n}$의 무한합이 발산'하는지에 대한 실험 탐구로 무한히 카드 쌓기 실험을 설계하여 진행함. 카드를 많이 쌓아도 떨어지지 않았는데, 실험을 수학적으로 모델링 함으로써 '가중평균과 점화식을 사용해서 구한 G_k가 $(n-k)$번째 카드 위에 있다면 카드는 떨어지지 않는다.'라는 핵심 아이디어를 이해함. 실험에서 추상적 탐구로 전환한 과정이 인상적임. $\frac{1}{n}$이 발산함을 증명하며 무한히 길게 카드를 쌓을 수 있음을 논리적으로 밝힘. 유사하게 생긴 바젤 문제라 불리는 $\frac{1}{n^2}$의 무한합은 수렴함, 그리고 그 값이 $\frac{\pi^2}{6}$임을 보이는 오일러 증명법을 탐구하였고 소수만으로 이루어진 식으로 표현할 수 있음을 이해하며 소수의 규칙성과 관련된 리만 가설로 이어짐을 이해함. 연속적인 탐구의 확장으로 리만 가설까지 도달한 끈질긴 탐구 집착력과 이를 이해하는 수학적 논리력이 매우 뛰어남을 확인함.

PART 3

인류를 진보시킨 위대한 수학적 여정을 탐험한다

MUST-READ FOR

MATHEMATICS AND LOGICAL THINKING

BOOK
10

《달력으로 보는 수학》

박구연 | 지브레인 | 2021. 02.

수학의 핵심 개념의 탄생과 경과를 한눈에 본다

달력의 월별로 수학의 역사를 바꾼 유명한 이론이나 개념의 탄생 과정을 들려줍니다. 엄밀히 말하면 이 책의 구성이 연대기 순이라고 볼 수는 없습니다. 또한 탄생 시기가 언제인지 알 수 없는 이론의 경우는 다루지 않았습니다.

1월부터 12월까지 해당 월에 발표된 다양한 수학적 발견과 주제를 소개하고 있는데요. 근세에서 현대로 오면서 논문이나 출판을 통해 명확히 발표 시기가 명시된 것 위주로 소개하되 해당 이론이 등장하기까지의 '간략한 역사와 해당 수학 개념에 대한 설명'이 담겨 있습니다.

해당 수학자에 대한 소개와 흥미로운 일화도 등장하고 수학 주제의 의미를 풀어서 설명하되 그로 인해 파생된 영향력과 이후 발전 과정도 간략히 알려줍니다. 특정 개념의 현재까지의 발전 과정을 축약한 '지식 업' 코너, 해당 이론이 실제 산업 현장 등에서 어떻게 활용되고 있는지를 알려주는 '지식 충전' 코너가 덧붙여져 있어서 비단 이론만이 아닌 실용 과학으로서 수학의 역할도 조명해 줍니다.

예를 들어볼까요? 9개 블록이 동일 컬러의 한 면으로 이루어진 정육면체 퍼즐 교구인 루빅스 큐브Rubik's cube는 1980년 1월 29일 세상에 첫선을 보였습니다. 블록의 수가 27개에 불과하지만, 배열의 가짓수가 무려 4,300경 개가 넘는 이 신기한 큐브는 처음 선보인 이래 매년 대회까지 개최되어 기록을 경신하고 있습니다. 그리고 MIT에서는 이 큐브를 0.35초 안에 맞출 수 있는 인공지능을 개발하기에 이릅니다. 책은 확률과 행렬의 논리를 이용한 루빅스 큐브 이야기에서 시작해 인공지능의 바탕이 된 퍼지 이론으로 이야기를 확장해 나갑니다. 그러고는 행렬을 이용해 신종 바이러스 검사에서 효율성을 높인 취합검사법을 소개합니다. 취합검사법은 9개 검체를 각기 검사하는 대신 3×3 행렬로 검체를 만들어 검사함으로써 시간과 비용을 절감하게 한 최신의 검사법입니다. 코로나19로 전 세계적 유행병이 창궐할 때 이 방법을 통해 빠르게 검사를 해낼 수 있었다고 합니다. 이렇듯 이론으로 시작해 활용으로까지 나아가는 이 책의 구성 덕에 수학의 개념을 이해하는 것뿐 아니라 다른 학문과의 융합적 사고를 기르는 데 유용합니다.

다만 아쉬운 점은 하나의 주제에 많은 내용을 담으려다 보니 수학 역사 자체나 수학자에 대한 심도 있는 설명이 부족한 감이 있으며 수학 주제에 대한 설명에서도 이 책만으로는 이해하기 어려운 면이 있다는 것입니다. 하지만 해당 주제에 대한 핵심적인 사건과 스토리가 잘 소개되어 있어 전체적인 조감을 하는 데 도움이 되고 무엇을 꼭 알아야 하는지 쉽게 파악할 수 있다는 점은 이 책의 큰 장점입니다. 그러므로 이 책에서 설명이 미진한 부분은 추가 검색이나 탐구를 통해 채워나가기를 권장합니다. 다양한 수학 및 융합 주제들을 소개하고 있으므로 흥미 있는 수학 소재를 찾고자 하는 학생이라면 도움을 받을 수 있습니다.

책을 전체적으로 읽고 흥미가 생기는 주제를 선정해 보세요. 이 책을 통해 알게 된 굵직한 뼈대에 덧붙여 세부적으로 추가 조사한 내용을 더불어 공부하고 이해하면 좋습니다. 특히 고등학교에서 배우는 수학으로 해결이 가능한 주제에 대해서는 더욱 깊이 있는 탐구를 하고 학급 게시판에 월별로 '이달의 수학' 주제를 게시하는 활동을 할 수도 있습니다.

이 책을 생기부 후속 활동으로 확장하는 법

프랙탈 개념 탐구하기

📖 **관련 단원**: 수학 I (수열), 미적분(수열의 극한)

● 프랙탈[fractal]은 수학자 브누아 망델브로[Benoit Mandelbrot]의 논문에서 처음 나온 용어로 자기 닮음의 연속체를 반복한 형태를 갖추

고 있다. 망델브로는 카오스 이론을 연구하다가 프랙탈을 발견하게 되었는데, 동적 시스템에서 나타날 수 있는 복잡하고 예측할 수 없는 패턴을 설명하는 데 도움이 된다. 시어핀스키 삼각형Sierpiński triangle 카드 만들기를 직접 해 보면서 프랙탈을 체험해 보자.

●시어핀스키 삼각형과 코흐 눈송이Koch snowflake의 둘레 길이와 넓이에 대한 일반항을 각각 구해 본다. 넓이는 수렴하지만 둘레는 무한히 발산하게 되는데 이를 통해 '해안선의 역설'의 의미를 이해할 수 있다. 프랙털 도형을 창작해 만들어 보고 둘레와 넓이의 극한값을 구해 본다.

●하우스도르프-클라인 차원Hausdorff-Klein dimension 개념을 탐구하고 시어핀스키 삼각형, 코흐 곡선, 창작한 프랙털 도형의 차원값을 구해 본다.

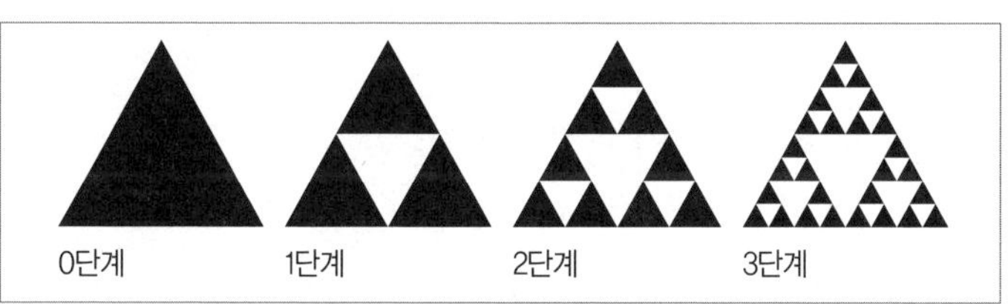

[그림 10] 시어핀스키 삼각형

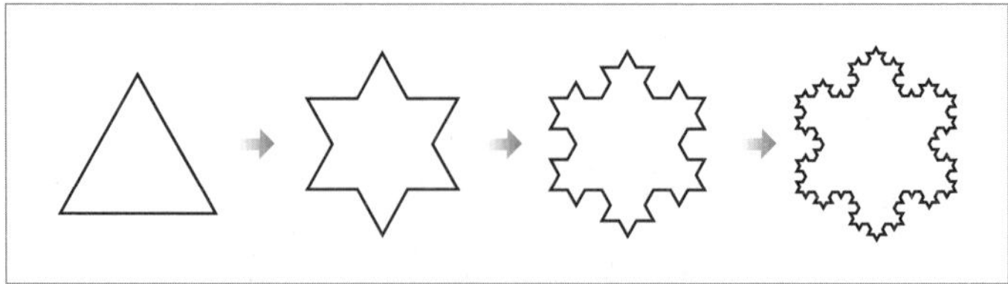

[그림 11] 코흐 눈송이

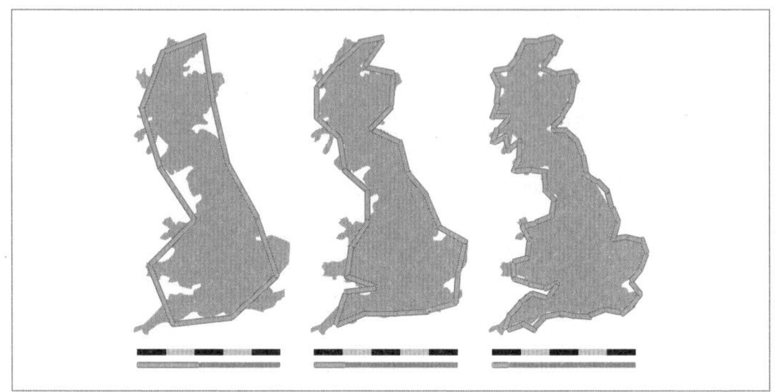

[그림 12] 해안선의 역설

카탈랑 수 탐구하기

📖 **관련 단원**: 확률과 통계(경우의 수)

● 카탈랑 수 Catalan number 는 벨기에 수학자인 카탈랑이 증명한 수열로 $C_n = \sum_{i=0}^{n} C_i C_{(n-i-1)} = \frac{1}{n+1}\binom{2n}{n}$과 같은 점화식과 일반항을 갖는다. 조합론 책《열거 조합론 Enumerative Combinatorics》에서는 66가지 상황에서 카탈랑 수가 나타남을 설명했는데, 그만큼 조합론의 많은 상황에서 사용되기 때문에 수학적으로 중요하다. 그중 유명한 몇 가지를 조사하여 일반항과 점화식을 구해 보고 카탈랑 수

가 나옴을 확인해 본다.

●X:n개와 Y:n개를 모두 나열하려고 한다. 이때 처음부터 X와 Y를 세었을 때 항상 X가 Y보다 많거나 같도록 정렬하는 경우의 수를 도출해 보자.

●$(0, 0)$에서 (n, n)까지 격자점을 따라 이동할 때, 직선 $y=x$를 기준 좌상단으로 넘어가지 않는 최단거리 경로의 경우의 수를 파악해 보자.

●$n+2$각형을 n개의 삼각형으로 분할하는 방법의 수의 알아보자.

●2023학년도 대학수학능력시험 확률과 통계 30번 문항의 풀이 과정에서 일부 카탈랑 수를 적용해 값을 구할 수도 있다. 이처럼 수학사에서 유명한 문제 상황은 수능, 논술, 면접 등의 기출문제로 출제되는 경우가 있으므로 유의해서 준비해 둘 필요가 있다(그림 13).

30. 집합 $X=\{x \mid x$는 10 이하의 자연수$\}$에 대하여 다음 조건을 만족시키는 함수 $f: X \to X$의 개수를 구하시오. [4점]

(가) 9 이하의 모든 자연수 x에 대하여
$f(x) \le f(x+1)$이다.

(나) $1 \le x \le 5$일 때 $f(x) \le x$이고,
$6 \le x \le 10$일 때 $f(x) \ge x$이다.

(다) $f(6)=f(5)+6$

[그림 13] 2023학년도 수능 확률과 통계 30번 문항

러셀의 역설 탐구하기

교과 연계: 수학과 논리의 연계 탐구

● "스스로 이발을 하지 않는 사람은 내가 이발을 해주겠다. 스스로 이발을 하는 사람은 이발을 해주지 않겠다." 이발사의 역설로도 불리는 러셀의 역설[Russell's paradox]로 이발사의 머리카락은 누가 잘라줘야 할지에 관한 문제가 생긴다. 이를 수학의 집합으로 표현하면 $X=\{x \mid x \notin x\}$와 같고 역시 X는 X의 원소가 될 수 있지 아닐지에 관한 문제가 생긴다. 러셀의 역설은 집합을 공리적으로 구성하는 집합론으로 발전시켰고, 이는 다시 괴델의 불완전성 정리[Gödel's incompleteness theorems], 앨런 튜링[Alan Turing]의 컴퓨터 정지문제로 이어졌다. 컴퓨터가 모든 문제를 해결할 수 없다는 유명한 정지문제에 관한 증명 두 가지가 있다. 게오르그 칸토어[Georg Cantor]가 실수의 개수 문제의 증명에서 사용했던 대각선 논법을 사용한 증

명과 귀류법을 사용한 증명을 모두 탐구해 보면서 논리력을 키워가자.

▶**도움이 되는 인터넷 자료**

-시어핀스키 삼각형 카드 만들기

(유튜브, 동화 같은 수학 이야기)

-시어핀스키 삼각형 둘레와 넓이, 하우스도르프 차원(유튜브, mathT야나수)

-카탈랑 수 (위키피디아 / 한글 번역)

-카탈랑 수 실생활 예, 일반항, 점화식

(티스토리, 더플러스수학)

-카탈랑 수(유튜브, KMO)

-러셀의 역설(나무위키)

-앨런 튜링의 정지문제 대각선 논법 증명

(고등과학원)

-앨런 튜링의 정지문제 귀류법 증명

(유튜브, udiprod / 한글자막)

관련 학과: 모든 학과

같이 읽으면 좋은 책

《대한수학회 수학달력 2024》(박부성 | 지오북스 | 2023. 10)

BOOK 11

《수학을 낳은 위대한 질문들》

토니 크릴리Tony Crilly | 휴먼사이언스 | 2013. 04.

수학의 다채로운 역사를 꿰는 스무 개의 빅 퀘스천

오늘날 수학이 더욱 강한 생명력을 가지고 발전하게 된 원동력은 무엇일까요? 바로 빅 퀘스천big question, 즉 위대한 질문 덕분입니다. 이 책은 역사적으로 가장 위대한 질문 스무 가지를 엄선했습니다. 이 중에서는 아직 해결되지 않은 질문도 다수입니다. 아직 해결되지 않았다고 하니 엄청나게 난해할 것 같지만 그렇진 않습니다. 저자는 우리가 꼭 알아야 할 수학의 기초 주제에 바탕을 두고 스무 가지 질문을 도출했기 때문입니다.

이 책이 뽑은 스무 가지 질문 중 몇 가지를 소개하면 이렇습니다. 가장 이상한 수는 무엇인가, 우주를 지배하는 수학은 무엇인가, 수학을 이용하면 부자가 될 수 있는가, 해독 불가능한 암호는 과연 존재하는가, 수학은 미래를 예측할 수 있는가, 수학은 진리일까. 어때요, 흥미가 일지 않나요?

수학은 매우 느리게 발전하는 것처럼 보이지만 엄밀한 증명과 일반화를 통해 서서히 앞으로 나아갑니다. 그러므로 한 번 태어난 수학 이론은 사장되지 않으며 더 포괄적인 일반화를 위한 자료로 쓰이면서 영원히 남게 됩니다. 수학이 가진 이런 생명력의 원천은 '위대한 질문'에 있습니다. 책은 스무 가지 질문을 해결해 나가는 과정을 통해서 과거부터 수학이 어떻게 발전해 왔고 현재에는 어디쯤 와 있으며 미래에는 어디를 향해 나아가게 될지를 조망합니다.

마냥 쉬운 책은 아니지만 수학의 개념이 발전해 온 역사를 전체적인 틀에서 가늠할 수 있고, 학교에서 배우는 수학이 그 중 어디에 해당하는지를 알 수 있으므로 학생들도 찬찬히 읽어보았으면 합니다. 각각의 흐름을 마인드맵으로 정리하거나 스토리텔링으로 만들어서 발표하기에도 좋습니다. 소수의 발전 과정, 수의 확장 과정, 무한대의 크기 발전 과정, 행성과 물체의 변화를 탐구하기 위한 미적분학 및 미분방정식의 발전 과정, 만능 공식의 발전 과정, 초기값 민감도가 높은 비선형 방정식에서 카오스 이론으로의 발전 과정 등 자신이 원하는 세부 주제를 뽑아내서 더욱 자세히 탐구해 볼 것을 추천합니다.

이 책을 생기부 후속 활동으로 확장하는 법

독서 마인드맵, 스토리텔링 등으로 후속 탐구하기

●소수의 발전 과정: 모든 정수는 소수들의 곱으로 유일하게 표현할 수 있기에 소수는 모든 수의 기본 단위로 간주한다. 우리가 알고 있는 기본적인 소수 판별법에서부터 최신 AKS 소수 판별법Agrawal-Kayal-Saxena primality test까지 조사해 보자. 또한 소수의 무한성, 형태, 빈도 등에 관한 연구는 리만 가설로까지 이어지게 되었는데, 그 과정을 정리해서 이해하자. 암호론이 발전하면서 매우 커다란 소수를 이용한 공개키 암호가 등장했는데 양자 컴퓨터의 등장과 리만 가설이 해결되면 암호에도 커다란 변화가 올 수도 있다. 이러한 발전 과정을 마인드맵이나 스토리텔링으로 정리해 보자.

●공식의 발전 과정: 만능 공식은 존재할까? 1차 · 2차 방정식의 해 공식에서 3차 · 4차 방정식의 해를 구하고, 스털링 공식, 오일러 공식 등 다양한 공식이 개발되었다. 4색 문제를 컴퓨터로 증명하기도 했으며, 5차 방정식의 일반해는 존재하지 않음을 증명할 수 있었다. 모든 문제를 해결할 수 있을 것이라는 예측도 있었으나 괴델의 불완전성 정리를 통해 증명될 수 없는 문제, 풀 수 없는 문제가 존재함을 알게 되었다. 이 과정을 마인드맵이나 스토리텔링으로 정리해 보자.

수학 연극, 수학 소설 등 문화 기획 후속 활동하기

📖 **관련 단원**: 기하(공간 도형)

● 책에서 추천한 하버드 대학교와 예일 대학교 필독 교양서인 기하학 판타지《플랫랜드》를 읽고 2차원에서 살아가는 주민들의 삶을 상상하며 기하학을 재미있게 이해하자. 우리도 3차원의 삶에 갇힌 채 살아가는 것은 아닌지, 4차원에서 우리 삶을 바라보면 어떨지에 대해 연극 대본을 짜보거나 단편소설을 써보는 등 다양한 후속 활동을 이어갈 수 있다.

원주율 π와 자연상수 e가 무리수임을 증명하기

📖 **관련 단원**: 미적분(미분법, 적분법)

● π(약 3.14)가 무리수임을 보이는 여러 증명 중 아이반 니븐 Ivan Niven의 증명은 간단하면서 고등학교 교육과정 수준에서 다뤄져 유명하다. 논문을 검색해서 어떤 방법으로 증명이 이뤄졌는지 탐구해 보자. 미적분에서 처음 등장하는 자연상수 e 역시 원주율 못지않게 수학에서 중요한 수다. 참고 블로그를 읽고 증명 과정을 탐구해 보자.

▶도움이 되는 인터넷 자료

-플랫랜드 정보(나무위키)

-플랫랜드 애니메이션1(유튜브)

-플랫랜드 애니메이션2(유튜브)

-4차원에서 우리는 어떤 모습일까
(유튜브, 밝은 면)

-원주율 π 무리수 증명
(네이버 블로그, 행복한 윤쌤의 생각하는 수학)

-원주율 π 무리수 증명(유튜브, 이상엽Math)

-자연상수 e 무리수 증명
(네이버 블로그, 닥터파이낸스)

관련 학과: 수학과, 물리학과

같이 읽으면 좋은 책

《플랫랜드》(에드윈 A. 애보트 | 늘봄출판사 | 2009. 09.)

《이런 수학은 처음이야 3》(최영기 | 21세기북스 | 2022. 07.)

BOOK
12

《수학의 밀레니엄 문제들 7》

전대호 | 까치 | 2004. 02.

100만 달러 현상금이 걸린 일곱 개의 수학 난제

역사를 거슬러 올라가 1900년 다비트 힐베르트[David Hilbert]는 프랑스 파리에서 열린 세계 수학자대회에서 20세기에 풀어야 할 중요한 문제 스물세 개를 제안한 바 있습니다. 그는 이 대회에서 열 개 문제를 공개했고 나머지 역시 차례로 출판해 세상에 알렸습니다. 오늘날까지 이 중에서 네 개 정도를 제외하고 거의 모든 문제가 해결된 바 있습니다.

그런데 21세기의 초입에 다시 수학자들에게 큰 도전정신을 품게 한 밀레니엄 문제가 등장했습니다. 밀레니엄 문제란 2000년 5월 24일, 미국의 억만장자 랜던 클레이[Landon T. Clay]가 세운 클레이 수학연구소(CMI)가 21세기 사회에 크게 공헌할 수 있지만 아직 풀리지 않은 최고의 수학 난제를 선정해 해결 방법을 공모한 것입니다. CMI는 각 문제를 처음으로 해결한 사람에게 100만 달러를 주겠다고 밝혔고, 이는 이론적으로 한 사람이 모든 문제를 풀어서 700만 달러를 받는 일도 가능하다는 말이 됩니다. 즉 힐베르트 문제에 이어 수학자들에게 새로운 도전 과제가 생겨난 것입니다.

소수들의 노래 '리만 가설', 우리 자신을 이루는 장들 '양-밀스 이론과 질량 간극 가설', 컴퓨터도 힘을 쓰지 못하는 'P 대 NP 문제P versus NP problem', 물결을 일으키는 '내비어-스톡스 방정식Navier-Stokes equations', 부드러운 행동의 수학 '푸앵카레 추측Poincaré conjecture', 방정식을 풀 수 없을 때를 아는 '버치와 스위너톤-다이어 추측Birch and Swinnerton-Dyer conjecture', 그림 없는 기하학 '호지 추측Hodge conjecture'이 바로 일곱 가지 밀레니엄 문제입니다.

이 중 푸앵카레 추측은 러시아의 수학자 그리고리 페렐만Grigori Perelman이 증명해 냈고 CMI 역시 최초로 풀린 밀레니엄 문제라고 평가했습니다. 그러나 페렐만은 CMI가 수여한 100만 달러를 거부했고 2006년에는 필즈상까지도 수상을 거부해 은둔하는 수학자로 불리기도 합니다.

책에서는 일곱 가지 수학의 난제들이 어떤 배경을 가지고 어떤 의문으로 생겨났는지, 이 문제들이 왜 그토록 어렵고 수학자들이 중시하는지를 차근차근 알려줍니다. 이를 통해서 인류가 매우 오래전부터 연구해 온 수학과 과학 분야의 첨단에서 무슨 일이 일어나고 있는지 살펴볼 수 있습니다. 조금 어려운 책이지만 엄청난 속도로 발전하는 과학에서 수학은 어떤 역할을 하는지,

수학자들의 도전은 얼마나 가치 있는지를 새삼 느낄 수 있을 것입니다.

영화 '이상한 나라의 수학자'에 배우 최민식이 연기한 리학성은 리만 가설을 증명한 천재 수학자로 나옵니다. 학생에게 수학을 가르쳐주면서 수학사 리반이 $\sqrt{2}$를 일일이 손으로 계산한 이유에 대해 "친해지려고 그러는 거야."라고 말하는 명대사가 나옵니다. 후속 활동에 나오는 바젤 문제의 증명은 매우 복잡하지만 오래도록 탐구하면 끝끝내 이해할 수 있습니다. 불가능해 보이는 것에 도전하는 용기, 어려움을 이겨내며 자신과 싸워 헌신하는 끈기, 마침내 성취를 향해 나아가는 열정. 바로 이런 것이야말로 우리가 수학을 공부하며 얻으려 하는 덕목이 아닐까 생각합니다. 책을 통해 그런 덕목을 배울 수 있기에 이 책을 추천합니다. 이 책이 수학과 더욱 친해질 수 있는 계기가 되었으면 좋겠습니다.

이 책을 생기부 후속 활동으로 확장하는 법

수학 공부에 대한 감상문 작성하기

●아래 내용은 책에서 '밀레니엄 문제에 대한 수학자의 도전과 노력을 에베레스트산을 오르는 등산가'와 비유한 대목이다. 이처럼 수학이 나에게 어떤 특별한 의미가 있으며, 수학 공부에서 느끼는 어려움과 성취감은 무엇인지 자신만의 비유나 소감문을 적어보자.

"밀레니엄 문제에 도전하려면 삶을 바쳐 수학을 연구해야 한다. 많은 수학자가 삶을 바쳐 도전했지만 이름조차 떨치지 못하고 실패했다. 그럼에도 왜 계속 도전하는 걸까? 밀레니엄 문제는 수학의 에베레스트산이며 수학자들은 이 산을 오르는 산악인과 같다. 산의 정상을 향해서 길을 찾는데, 그곳에는 덤불과 나무가 아주 빽빽해서 주위를 확인하기도 어렵고 어느 방향을 선택해야 할지도 모를 절망감에 빠지기도 한다. 얼마 동안 정신없이 헤맨 후에, 당신은 나무들 사이로 하늘에 닿을 듯이 높이 솟은 산봉우리를 얼핏 보게 된다. 이를 반복하면서 결국 산 정상에 이르면, 당신이 얻은 성취감은 실로 거대하고 황홀할 것이다. 정상에서 바라본 광경은 숨 막힐 듯 아름다울 것이며, 이제껏 보지 못했던 다른 산봉우리들도 내려다볼 수 있게 될지 모른다."

P 대 NP 문제 심화 탐구하기

📖 **관련 단원**: 확률과 통계(경우의 수)

● P(다항시간) 문제는 복잡하더라도 다항시간 내에 계산이 가능한 문제를 뜻한다. 하지만 어떤 문제의 경우 빠르게 답을 찾는 방법은 알려지지 않았지만, 답이 제공되었을 때 빠르게 검산하는 것은 가능하다. 이렇듯 다항시간 안에 답을 검산할 수 있는 문제들을 NP 문제라고 한다. 예를 들어 공인인증서 같은 RSA[Rivest, Shamir, Adleman] 암호, 지뢰 찾기 게임 등도 여기에 해당하는데, 만약 $NP=P$라면 RSA 암호도 컴퓨터로 해결할 수 있으므로 안전하

다고 볼 수 없다. $NP \neq P$라면 모든 경우를 따져 완벽한 답을 구하는 연구를 포기하고 근사적으로 정답에 가까운 방법을 연구해야 할 것이다.

-NP 문제 중 유명한 것이 해밀턴 경로Hamiltonian path다. 오일러 경로(한붓그리기)와 해밀턴 경로의 차이점을 알아보고 해밀턴 경로 문제는 왜 NP 문제인지 탐구하자.

리만 가설의 시작인 바젤 문제 탐구하기

📖 **관련 단원**: 미적분(수열의 극한)

● 베르누이Daniel Bernoulli가 제기하고 오일러가 해결한 바젤 문제 $\sum_{n=1}^{\infty} \frac{1}{n^2} = \frac{\pi^2}{6}$를 탐구해 보자. 먼저 오일러의 증명법을 알아보는데, 테일러 급수라는 대학교 과정의 지식이 필요하지만 사인함수의 해를 통해 다항함수로 나타낸 아이디어가 신선하다. 요제프 호프바우어Josef Hofbauer는 사인의 배각 공식을 사용하여 고등학교 지식만 사용해 증명하기도 했다. 마지막으로 바젤 문제가 리만 가설의 시작인 이유, 즉 소수만으로 이루어진 식이 원주율을 표현할 수 있음을 밝혀보자.

▶도움이 되는 인터넷 자료

-P대 NP 문제(나무위키)

-오일러 경로(경향신문)

-해밀턴 경로(네이버 블로그, 닥터파이낸스)

-바젤 문제의 오일러 증명법

(티스토리, 컬러체인지)

-바젤 문제의 요제프 호프바우어 증명

(유튜브, 진우영)

-바젤 문제가 리만 가설의 시작인 이유

(유튜브, mathlab수학력발전소, 3분 40초부터)

관련 학과: 수학과, 물리학과, 컴퓨터공학과

같이 읽으면 좋은 책

《세계를 바꾼 17가지 방정식》(이언 스튜어트 | 사이언스북스 | 2016. 02.)

BOOK 13

《오일러가 사랑한 수 e》

엘리 마오Eli Maor | 경문사 | 2020. 08.

네이피어와 오일러가 발전시킨 위대한 수 e 이야기

이 책은 프린스턴 대학교에서 출판된 수학의 클래식이라 할 수 있습니다. 저자인 엘리 마오는 대학교에서 수학을 가르치면서 여러 저서를 프린스턴에서 출간한 바 있습니다. 그런데 단 하나의 수를 가지고 한 권의 책을 쓴다는 게 가능할까요? 이미 원주율(π, 이하 파이)을 다룬 책이 있기는 합니다. 파이의 역사는 2000년을 거슬러 올라가기 때문에 오랜 세월에 걸쳐 쌓인 자료가 많아 그럴 수 있었으리라 판단합니다.

그런데 e는 어떨까요? 수학을 모르는 사람이라면 알파벳의 하나로 읽을지 모르겠습니다. 그런데 e는 파이보다 작은 수로 수학적으로 파이보다 쓰임새도 다양하고 중요도도 높다고 할 수 있습니다. 수학의 역사에서 17세기는 황금기로 불리는데 그 이유는 로그의 발견, 수학의 기호화, 해석 기하학과 확률론의 도입과 정착 등이 이루어졌기 때문입니다. 17세기 말에 이르면 미적분학이 발견되어 새로운 수학 영역이 다양하게 개척되기에 이릅니다. e는 바로 이런 시기에 등장했습니다.

e는 고등학교 과정에서도 미적분에 처음 등장합니다. 그러므로 이 책에서 설명하는 e의 이야기가 많은 이들에게는 난해할 수밖에 없습니다. 필연적으로 로그logarithm와 관련이 있기 때문에 그에서부터 설명해 나가게 되는 것이 당연합니다.

존 네이피어John Napier는 수없이 많은 반복적인 거듭제곱 지수를 표현하기 위해 로그라는 개념을 발명했습니다. 당시 유럽 국가들이 세계를 발견해 나가면서 수없이 쌓이는 엄청난 양의 데이터를 계산해 내야 할 필요성이 대두되었습니다. 오늘날이라면 컴퓨터로 뚝딱 해낼 수 있는 계산도 당시에는 모두 종이에 펜으로 해야만 했기에 어려움이 이만저만이 아니었습니다. 결국 비율 수ratio number라는 로그의 개념이 필연적이었던 것입니다. 그리고 바로 여기에서 자연상수 e가 탄생되기에 이릅니다. e는 오늘날 수없이 많은 영역에서 활용되는 개념으로 이 책은 그렇게 되기까지의 수학적 발전 과정을 샅샅이 탐구합니다.

자연상수 혹은 오일러 수Euler's numebr라고 불리는 e는 무리수로 2.718…의 값을 가집니다. 자연상수라고 불리는 이유는 자연계의 현상을 잘 설명하기 때문입니다. e를 밑수로 하는 로그 역시 자연로그라고 합니다. e는 자연의 연속적인 성장을 표현하기 위해 고안된 상수라고 할 수 있습니다.

수학에서 공식, 정의, 정리, 증명은 우리를 작아지게 만드는 경향이 있습니다. 교과서에서 극한값으로 등장하는 무리수인 오일러 상수 e가 탄생하게 된 배경 역시 단순하지 않습니다. 그런데 e의 역사적 진화 과정에 대해서는 수업 시간에 거의 언급하지 않습니다. 그래서인지 십계명처럼 어떤 신성한 곳에서 뚝 떨어진 존재라는 인상을 주기도 합니다. 이 책은 무리수 e의 역사적 배경을 상세히 소개함으로써 그런 막연한 거리감을 해소해 줍니다. e의 역사에서 중요한 역할을 담당한 수많은 인물에 관한 삶의 기록 역시 이 책에서 확인할 수 있습니다.

현대 수학의 각 분야는 e를 절대적으로 요구했고, 이에 따라 e는 현대 수학의 역사를 한 걸음씩 함께 써내려 왔습니다. 현대 수학에서 하나의 수가 얼마나 중요한 역할을 했는지 새삼 깨닫게 됩니다. e의 개념에 대한 근본적인 내용과 더불어 오일러 상수의 위대함을 알 수 있는 책입니다. 오늘날 수학의 위대한 역사를 만든 사람들의 이야기, 우리가 교과과정에서 배우는 공식이나 정리와 관련된 인물의 일화를 소개하면서 수학의 개념을 설명하기 때문에 자칫 딱딱하게 여기기 쉬운 수학적 원리에 접근할 수 있고 그를 통해 수학에 흥미를 느낄 수 있기에 추천합니다. 부록의 내용을 정독하면서 본문의 내용을 보충해 간다면 더 깊이 있게 이해할 수 있을 것입니다.

이 책을 생기부 후속 활동으로 확장하는 법

원리합계 활용하기

📖 **관련 단원:** 수학 I (수열)

● 원리합계란 원금에 이자를 포함한 금액을 말한다. 원금 a원을 연이율 r로 예금할 때, n년 후의 원리합계 S는 단리법의 경우 $S=a(1+nr)$, 복리법의 경우 $S=a(1+r)^n$이 된다. 이 공식은 은행 예금, 대출금, 저당, 연금 등을 포함한 거의 모든 금융 계산의 기초다. 1년에 t번 복리로 계산한다고 가정했을 때 원리합계 S는 어떻게 되는지 구해 보자. 이 원리합계 S에서 원금 $a=1$원, 연이율 $r=1$, 기간 $n=1$년이라고 가정하자. 엑셀 프로그램을 이용해 t값이 커짐에 따라 S의 값이 어떻게 변하는지 분석하는 수학적 추론 과정을 탐구해 본다.

네이피어 로그 탐구하기

📖 **관련 단원:** 수학 I (지수함수와 로그함수), 미적분(수열의 극한)

● 네이피어는 사후인 1619년 출판된 책 《놀라운 로그 법칙 구성Mirifici logarhmorum canonis description》에서 당대의 수학 문제를 해결하는 통상적인 접근 방법인 기하학-역학 모형을 이용해서 로그를 발견한 과정을 상세히 설명했다. 이를 그림으로 설명해 보자. 그리고 이를 바탕으로 원시적인 로그표를 작성해 보자. 미분을 이용해 네이피어 로그는 실제로 밑이 $\frac{1}{e}$인 로그임을 탐구해 본다.

미적분학의 기본 정리 탐구하기

📖 **관련 단원:** 수학Ⅱ(다항함수의 미분법)

● A를 x의 고정된 값, 이를테면 $x=a$(적분 아래끝)부터 변수값(적분 위끝)까지 함수 $y=f(x)$의 그래프 아래의 넓이라고 하자. 적분 위끝을 t라고 하고, 함수 $f(x)$의 독립 변수를 눈자 x만으로 나타내자. 그러면 넓이 A는 적분 위끝에 관한 함수가 되므로, $A=A(t)$로 쓰게 된다. 이제 $\frac{dA}{dt}=f(t)$, 즉 t에 대한 넓이 함수 $A(t)$의 변화율은 $x=t$에서 $f(x)$의 값과 같음을 탐구해 본다(그림 14).

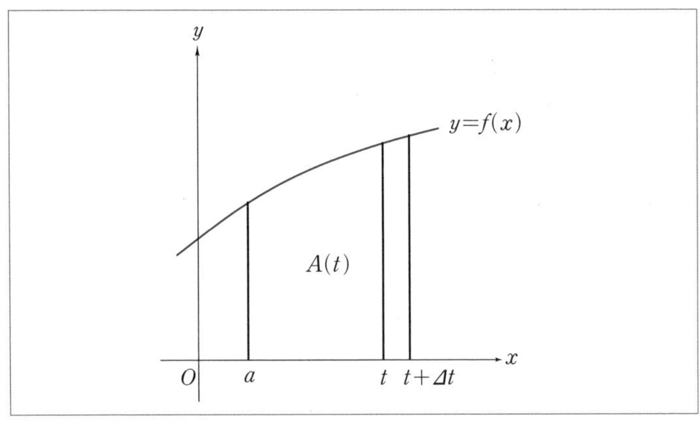

[그림 14] 미적분학의 기본 원리 그래프

몬모루 문제와 알지오매스 블록코딩으로 탐구하기

관련 단원: 확률과 통계(확률), 수학 I(수열), 미적분(수열의 극한)

● 몬모루 문제(네 사람에게 편지를 쓰고 봉투 네 장에 받는 사람 이름을 썼다. 네 통의 편지를 무작위로 한 통씩 봉투에 넣을 때, 모든 편지가 보낼 곳과 다른 봉투에 넣어질 확률을 구하시오)를 다양한 해결 전략을 통해서 해결한다. 무리수 e를 발견하여 유도하는 과정을 연구하고 분석해 발표한다. 알지오매스 블록코딩을 이용한 실험을 통해 무리수 e의 값을 추정해 보는 과정을 탐구해 본다(142페이지 '독서로 챙기는 생기부 사례' 참조).

관련 학과: 공학계열, 통계학과, 경제학과, 경영학과

같이 읽으면 좋은 책

《파이의 역사》(페트르 베크만 | 경문사 | 2021. 11.)

BOOK
14

《페르마의 마지막 정리》

사이먼 싱Simon Singh | 영림카디널 | 2022. 07.

350년간 전 세계 수학자를 사로잡은 단 하나의 정리

책은 1993년 6월 23일 케임브리지 대학교의 한 강의실 풍경을 묘사하는 것으로 시작합니다. 칠판에 빼곡히 적힌 수식을 이해하는지 아닌지, 200여 명의 학생이 강의실을 가득 메우고 있습니다. 이미 학교 안팎에 소문이 파다했기 때문입니다. 오늘 여기서 저 유명한 '페르마의 마지막 정리'가 드디어 증명된다고 말입니다.

페르마Pierre de Fermat가 피타고라스의 정리에서 파생된 문제를 던진 이래, 무려 350년의 세월이 흘렀습니다. 그동안에 수없이 많은 수학자가 도전했으나 풀지 못한 증명입니다. 오늘 문제를 풀어낼 주인공인 앤드루 와일즈Andrew John Wiles는 영국 태생으로 1980년대에 미국으로 이민 와서 프린스턴 대학교 교수가 되었고 당대 가장 뛰어난 수학자라는 명성을 얻었습니다. 그는 이미 10세 때 페르마의 마지막 정리를 접했다고 합니다. 이날은 그의 명성이 계속될지 아니면 파탄 나게 될지 결정되는 순간이기도 합니다.

책은 그날의 풍경과 앤드루 와일즈의 삶 이야기를 스케치하듯 묘사한 다음, 고대 그리스의 수학자인 피타고라스의 이야기로 흘러 넘어갑니다. 기원전 6세기 사람인 피타고라스는 전 세계를 방랑하며 수학적 능력을 쌓아갔는데 특히 이집트와 바빌로니아로부터 많은 것을 배웠다고 알려져 있습니다. 지구를 측정한다는 개념의 '기하학[geometry]'은 그로부터 발현되었습니다. 시간이 흘러 17세기에 이르러 프랑스의 아마추어 수학자였던 페르마가 역사적 과제를 내었고, 이후 350년 동안 수많은 수학자가 그 문제로 인해 번뇌하고 좌절했습니다. 책은 그 장구한 도전의 역사를 소설처럼 생생하게 펼쳐 보여 줍니다.

케임브리지 대학교에서 입자물리학 박사학위를 받은 과학자이자 영국 BBC 방송국 프로듀서였던 저자는 이 책과 같은 주제의 다큐멘터리 프로그램으로 여러 권위 있는 상을 받았고 그 내용을 이 책으로 엮었습니다. 다큐멘터리의 자료이다 보니 내용 구성과 문장이 수려하고 흡인력 있어 읽고 활용하는 데 매우 유용한 책입니다. 페르마의 마지막 정리뿐 아니라 역사상 위대한 수학자들의 삶과 도전, 실패와 좌절의 이야기를 심금 울리는 필치로 써 내려가고 있습니다.

저자는 페르마의 마지막 정리와 관련한 수학적 개념을 설명할 때 되도록 방정식을 쓰지 않으려 노력했다고 합니다. 어쩔 수 없이 수식을 써야 할 때는 문외한도 쉽게 이해할 수 있을 정도로 충분히 설명을 곁들였습니다. 페르마의 마지막 정리가 증명된 사건은 당장 눈앞에 보이는 결과물만으로 무언가의 가치를 판단하려고 하는 우리의 성급한 마음에 잠시나마 제동을 걸고 순수과학의 존재 이유를 다시 한번 되돌아보게 합니다.

수학의 개념들은 서로 유기적으로 연결되어 있습니다. 하나의 수학적 개념을 증명하기 위해서는 여러 가지 수학 개념을 적용해야 하는 경우가 많습니다. 페르마의 마지막 정리에 답을 얻기 위해 수많은 수학자가 쏟았던 350년이라는 시간과 열정에 대해 생각해 보는 시간이 되었으면 합니다. 수학을 향한 이러한 열정을 간접 체험할 수 있기에 이 책을 추천합니다. 책의 내용을 완전히 이해하기에는 어려움이 있겠지만 증명의 과정을 전체적인 흐름으로 이해하고 그 과정에서 내용을 추가적인 자료를 탐구하여 최대한 사고를 확장해 간다면, 수학적 만족감을 만끽할 수 있을 것입니다.

이 책을 생기부 후속 활동으로 확장하는 법

타원 방정식 심화 탐구하기

관련 단원: 기하(이차곡선)

● 앤드루 와일즈의 전공 분야는 타원 곡선이었다. 이것은 와일즈의 수학 경력에 일대 전환점이 되었으며, 훗날 그가 새로운 수학을 도입해 '페르마의 마지막 정리'를 증명하는 데 지대한 공

헌을 하게 된다. 타원 곡선 분야에서 주로 연구하는 대상은 다음과 같은 방정식으로 타원 방정식이라고 한다.

$y^2 = x^3 + ax^2 + bx + c$(단, a, b, c는 임의의 정수)

●타원 방정식 $x^3 - x^2 = y^2 + y$의 모든 정수해를 구하는 것은 어렵다. 그래서 수학자들은 한정된 범위 안에서 정수해를 구하는 차선책을 찾았는데, 그것이 바로 시계 대수학clock arithmetic이다. 5시 대수학의 연산법에 따라서 모든 가능한 정수해를 찾아보자. 더 나아가 타원 방정식의 L-급수를 구하는 과정을 탐구해 보자.

갈루아의 군 탐구하기

관련 단원: 수학(집합과 명제)

●갈루아의 군Galois group을 이루는 원소는 모두 5차 방정식의 해였다. 그로부터 150여 년이 지난 뒤 앤드루 와일즈는 '다니야마-시무라-베유 추론Taniyama-Shimura-Weil conjecture'을 증명하는 데 갈루아의 군 개념을 도입했다. 자세히 살펴보면 갈루아의 계산에 도입된 주요 개념은 군group론으로, 해를 구할 수 없다고 알려져 있던 5차 방정식을 풀기 위해 도입한 아이디어였다. 군이란 덧셈이나 뺄셈 등의 연산을 사용해 한데 묶을 수 있는 요소들의 집단으로 각각의 군은 특정한 수학적 성질을 만족한다. 군이 만족해야 하는 성질 중 특히 중요한 것은 군을 이루는 임의의 원소 두 개를 추출하여 어떤 특정한 연산을 가했을 때, 그 결과 역시 군을 이루는 제3의 원소가 되어야 한다는 점이다. 이러한 군의 성질을 가

리켜 수학자들은 폐쇄성[closed]이라고 표현한다. 이에 대해 예를 들어 자세히 탐구해 본다.

페르마의 마지막 정리 도식화하기

관련 단원: 수학(다항식)

● 페르마의 마지막 정리 공식은 다음과 같다.

'$x^n+y^n=z^n$(단, n은 3 이상의 정수)을 만족하는 정수해 x, y, z는 존재하지 않는다.'

이 페르마의 마지막 정리를 가장 엄밀하게 표현하는 과정과 방법을 탐구해 본다. 와일즈의 증명법은 수백 가지 계산이 수천 개의 논리로 거미줄처럼 얽혀 있어 엄청나게 방대하고 복잡하다. 이를 이해할 수 있는 수학자는 전 세계적으로 상당히 드물다. 그러니 와일즈의 증명법을 간단히 목차만으로라도 정리해 보는 것은 의미가 있는 활동이다. 페르마의 마지막 정리를 증명하는 과정을 중요한 논리의 제목만 써서 한두 페이지에 도식화해 나타내 본다.

관련 학과: 공학계열

같이 읽으면 좋은 책

《수학의 천재들》(윌리엄 던햄 | 경문사 | 2022. 12.)

수학이야말로 인류가 우리에게 남긴 지식 중 가장 강력한 도구다.

Mathematics is a more powerful instrument of knowledge than
any other that has been bequeathed to us by human agency.

- 르네 데카르트(Rene Descartes)

독서로 챙기는 생기부 사례

활용 도서 : 《오일러가 사랑한 수 e》

교과 연계: 확률과 통계와 수학 Ⅰ, 미적분의 연계 탐구

몬모루 문제(네 사람에게 편지를 쓰고 봉투 네 장에 받는 사람 이름을 썼다. 네 통의 편지를 무작위로 한 통씩 봉투에 넣을 때, 모든 편지가 보낼 곳과 다른 봉투에 넣어질 확률을 구하시오.)를 다양한 해결 전략을 통해서 해결한다. 무리수 e를 발견하여 유도하는 과정을 연구하고 분석해 발표한다. 알지오매스 블록코딩을 이용한 실험을 통해 무리수 e의 값을 추정해 보는 과정을 탐구해 본다.

탐구물 작성 예시

–몬모루 문제의 해결 전략

1. 해결 전략 1

표나 수형도를 이용하여 풀면 다음과 같다.

봉투	1	2	3	4
다른 봉투에 넣어질 편지의 배열	2	1	4	3
	2	3	4	1
	2	4	1	3
	3	1	4	2
	3	4	1	2
	3	4	2	1
	4	1	2	3
	4	3	1	2
	4	3	2	1

구하는 경우의 수는 9가지이므로 수학적 확률은 $\frac{9}{4!}=\frac{9}{24}=\frac{3}{8}=0.375$이다. 이 해결 전략으로는 간단히 수학적 확률을 계산할 수 있지만, 이를 n통의 편지로 계속 확장하면 계산이 쉽지 않다. 그리고 무한히 반복하면 어떻게 될지 예측하기도 어렵다.

2. 해결 전략 2(수학 I 으로 확장)

점화식을 이용하여 해결하면 다음과 같다.

D_n을 n개의 편지가 다른 봉투에 넣어질 경우의 수라고 하자. $D_1=0$, $D_2=1$

3개의 편지가 다른 봉투에 넣어질 경우의 수는

① 1번 편지가 2번 봉투에 넣어지고, 2번 편지가 1번 봉투에 넣어질 경우 $D_1=0$

② 1번 편지가 2번 봉투에 넣어지고, 2번 편지가 1번 봉투에 넣어지지 않는 경우 $D_2=1$

1번 편지가 2번 봉투가 아닌 다른 봉투에 들어가는 경우의 수는 $3-1=2$, $D_3=(3-1)(D_2+D_1)=2(1+0)=2$

마찬가지 방법으로 $D_4=(4-1)(D_3+D_2)=3(2+1)=9$이어서 구하는 경우의 수는 9가지이므로 수학적 확률은 $\frac{9}{4!}=\frac{9}{24}=\frac{3}{8}=0.375$이다.

3. 해결 전략 3

포함배제의 원리(유한집합의 원소의 개수)를 확장하여 생각하면 다음과 같다.

$$n(A\cup B)=n(A)+n(B)-n(A\cap B)$$

$$\begin{aligned}n(A\cup B\cup C)=&\,n(A)+n(B)+n(C)\\&-n(A\cap B)-n(B\cap C)-n(C\cap A)\\&+n(A\cap B\cap C)\end{aligned}$$

$$\begin{aligned}n(A\cup B\cup C\cup D)=&\,n(A)+n(B)+n(C)+n(D)\\&-n(A\cap B)-n(A\cap C)-n(A\cap D)\\&-n(B\cap C)-n(B\cap D)-n(C\cap D)\\&+n(A\cap B\cap C)+n(A\cap B\cap D)\\&+n(A\cap C\cap D)+n(B\cap C\cap D)\\&-n(A\cap B\cap C\cap D)\end{aligned}$$

포함배제의 원리를 이용하여 해결하면 다음과 같다.

1번, 2번, 3번, 4번 편지가 같은 봉투에 넣어질 경우를 각각 사건 A, B, C, D라 하자.

구하는 경우의 수는

$n(A^c \cap B^c \cap C^c \cap D^c) = n((A \cup B \cup C \cup D)^c)$

$= 4! - n(A \cup B \cup C \cup D)$

$= 4! - n(A) - n(B) - n(C) - n(D)$

$+ n(A \cap B) + n(A \cap C) + n(A \cap D)$

$+ n(B \cap C) + n(B \cap D) + n(C \cap D)$

$- n(A \cap B \cap C) - n(A \cap B \cap D)$

$- n(A \cap C \cap D) - n(B \cap C \cap D)$

$+ n(A \cap B \cap C \cap D)$

1개의 편지가 같은 봉투에 넣어질 경우의 수는 ${}_4C_1 \times (4-1)!$

2개의 편지가 같은 봉투에 넣어질 경우의 수는 ${}_4C_2 \times (4-2)!$

3개의 편지가 같은 봉투에 넣어질 경우의 수는 ${}_4C_3 \times (4-3)!$

4개의 편지가 같은 봉투에 넣어질 경우의 수는 ${}_4C_4 \times (4-4)!$

$4! - {}_4C_1 \times (4-1)! + {}_4C_2 \times (4-2)! - {}_4C_3 \times (4-3)!$

$+ {}_4C_4 \times (4-4)! = 24 - 4 \times 6 + 6 \times 2 - 4 \times 1 + 1 \times 1$

$= 24 - 24 + 12 - 4 + 1 = 9$ 구하는 경우의 수는 9가지이므로 수학적 확률은 $\frac{9}{4!} = \frac{9}{24} = \frac{3}{8} = 0.375$이다.

–무리수 e의 발견(미적분으로 확장)

n통의 편지로 확장하면 구하는 경우의 수는 $n! - {}_nC_1 \times (n-1)! + {}_nC_2 \times (n-2)! - {}_nC_3 \times (n-3)! + \cdots + (-1)^n {}_nC_n \times (n-n)!$이므로 전체 경우의 수 $n!$으로 나누면 확률은 $1 - \frac{1}{1!} + \frac{1}{2!} - \frac{1}{3!} + \cdots + (-1)^n \frac{1}{n!}$이다.

테일러 급수 전개식에 의하면 $e^x = 1 + \frac{x}{1!} + \frac{x^2}{2!} + \frac{x^3}{3!} + \cdots$, $\frac{1}{e} = 1 - \frac{1}{1!} + \frac{1}{2!} - \frac{1}{3!} + \cdots$, $\lim_{n \to \infty} \left\{1 - \frac{1}{1!} + \frac{1}{2!} - \frac{1}{3!} + \cdots + \frac{(-1)^n}{n!}\right\} = \frac{1}{e} \fallingdotseq 0.368$가 도출된다.

그러므로 $e \fallingdotseq \frac{1}{0.368} \fallingdotseq 2.718$이다.

–심화 연구 활동

알지오매스 블록코딩을 통해 통계적 확률이 수학적 확률에 접근해 가는 과정을 실험해 보고, 이를 통해 무리수 e의 값을 추정해 보면 다음과 같다.

실행 버튼을 누르고 실험 횟수를 입력하면 1부터 10까지 임의의 수를 배열하는 실험이 입력한 횟수만큼 시행됨을 확인할 수 있다. 손으로 직접 실험하는 것보다 훨씬 빨리 원하는 횟수만큼의 실험을 할 수 있다. 전체적인 알고리즘은 다음과 같다. ① 시행 횟수를 입력하면 확률실험을 시행한다. ② 1부터 10까지 중복되지 않은 임의의 수의 배열을 만든다. ③ 그 배열이 1부터 10까지의 순서와 일치하는 것이 있는지 없는지 확인한다. ④ 일치하지 않는 것이 하나도 없을 경우의 수를 센다. ⑤ 확률을 구한다. $\frac{1}{e} \fallingdotseq 0.368$

따라서 $e \fallingdotseq \frac{1}{0.368} \fallingdotseq 2.718$이다.

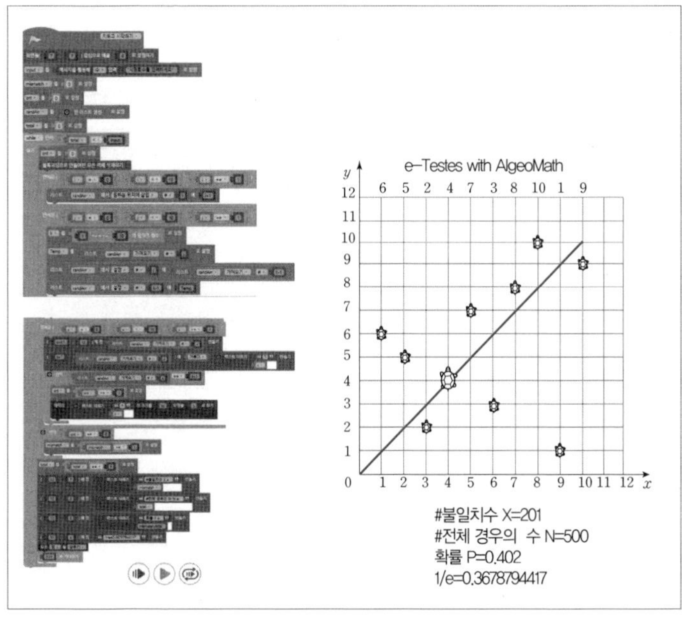

[그림 15] 알지오매스 블록코딩

'몬모루 문제와 알지오매스 블록코딩 과세특 예시'

'오일러가 사랑한 수 e(엘리 마오)'를 읽고 몬모루 문제를 이해하고 다양한 해결 전략에 대해 탐구할 필요성을 가짐. 이를 위해 먼저 표를 이용해 문제를 해결함. n개의 편지로 확장하면 계산이 쉽지 않다는 것을 생각하였고 이에 어려움을 느꼈지만 포함배제의 원리를 이용해 일반화하여 구함. 급우들 앞에서 포함배제의 원리와 테일러급수의 개념을 이용해 몬모루 문제의 '확률의 역수'가 무리수 e와 같아짐을 발표하여 선생님의 칭찬을 받음. 이에 자신감을 얻었고 수학적 아이디어의 중요성을 인식하게 됨. 또한 수학적 지식을 통해 문제를 해결하는 탁월한 능력을 보여줌. 더 나아가 알지오매스 블록코딩을 통해 통계적 확률이 수학적 확률에 접근해 가는 과정을 실험해 보고, 이를 통해 무리수 e의 값 추정을 연구하는 심화 활동까지 수행하여 교과 통합적 사고를 보여 주었으며 창의 융합 역량이 향상됨.

누군가 수학이 단순하다는 것을 믿지 않는다면,
그것은 삶이 얼마나 복잡한지 깨닫지 못해서이다.
If people do not believe that mathematics is simple,
it is only because they do not realize how complicated life is.

- 존 폰 노이만(John von Neumann)

PART 4

수학과 실생활

일상의 모든 것을 수학적으로 재해석하는 흥미로운 시간

MUST-READ FOR

MATHEMATICS AND LOGICAL THINKING

BOOK
15

《수학은 어떻게 문명을 만들었는가》

마이클 브룩스 Michael Brooks | 브론스테인 | 2022. 09.

위대한 문명을 일군 수학의 힘에 관한 역사 교양서

이 책은 수학이 진보한 인류 문명의 언어이자 강력한 힘이 되었음을 검증하는 수많은 이야기(사례, 인물, 사건)로 가득 차 있습니다. 타지마할만큼이나 경이로운 뉴턴의 미적분, 바빌로니아 공중정원만큼이나 아름다운 그들의 대수학, 이스탄불의 성소피아 대성당의 장엄함을 만들어 낸 수학의 위대한 힘을 깨달을 수 있다면 이 책을 읽는 보람이 있다고 할 수 있겠습니다.

신대륙을 발견한 콜럼버스의 여정에는 '삼각형의 속성을 이해하는 힘'이 있었고 현대적 기업은 '숫자를 파악하는 능력'에서 탄생했습니다. 수학은 르네상스 조각들과 군사적 맹주를 탄생시킨 탄약을 만들어 냈으며, 언어가 통하지 않는 국가가 무역을 할 수 있게 해 줬고 20세기 초 세상을 '전기'로 뒤덮도록 만들었습니다.

예를 들어볼까요? 독일의 천문학자 케플러Johannes Kepler는 미적분학의 '무한소' 개념을 혁신적으로 이용했습니다. 별을 관찰하기 위해서였을까요? 그게 아니라 놀랍게도 결혼식 비용을 절감하기 위해서였다고 합니다. 1613년에 그는 두 번째 결혼식을 올렸는데 그곳에서 마실 포도주를 준비해야 했습니다. 그런데 포도주 상인의 계산법은 어이가 없었습니다. 포도주 통 입구에 막대를 집어넣고 막대가 젖은 길이를 재서 가격을 책정한 것입니다. 케플러는 이미 행성의 궤도 모양을 계산해 냈고 다양한 광학 현상을 설명하고 구체 부피를 구하는 가장 효율적인 방법 또한 알고 있었습니다. 그는 포도주 상인과 벌인 언쟁을 바탕으로 1615년 《포도주 통의 신입체 기하학》이라는 책을 출판하기에 이릅니다.

책은 이렇듯 골치 아픈 공식이나 이론 설명 대신 흥미로운 일화와 사건들로 인류 문명과 수학의 상관관계를 풀어갑니다. 오늘날 우리가 살아가는 주거, 의료, 정치, 비즈니스 등 거의 모든 측면은 수학적 바탕 위에 세워진 것입니다. 인류는 수학을 통해 더 나은 경험을 누리고 세상을 삶에 도움이 되는 쪽으로 재구성해 왔습니다. 그렇듯 인간의 뇌가 수학에 적응하고 수학적 사고를 통해 작업해 옴에 따라서 인류는 꾸준히 혜택을 입었습니다.

이 책은 인류의 조상이 수학을 배우고 체계화하여 오늘날의 눈부신 문명을 이루기까지의 역사를 다룹니다. 고대 이집트의 사제들과 중세 건축가들, 르네상스 시대 화가들을 거쳐 제2차 세계대전의 순간과 현대의 온라인 세상 인프라가 구축되기까지 수학이 어떻게 인류 문명과 역사에 관여했는지 흥미롭게 서술합니다.

수학자란 '플라톤식 풍경에서 발견을 해내는 탐험가'라기보다 '특정 주제를 창조하는 예술가'로 보아야 한다는 저자의 이야기를 곱씹어 본다면 좋겠습니다. 수학이 세상을 이해하는 데 터무니없이 효과적일 뿐만 아니라 그 자체로도 헤아릴 수 없이 훌륭하다는 사실을 보여 주기에 이 책을 추천합니다. 산술, 기하학, 내수학, 미적분학, 로그, 허수, 통계, 정보이론을 주제로 하는 각 장은 수업 시간에 교과서로 배운 딱딱한 내용 대신 재미있는 소설처럼 기술되어 있습니다. 책은 술술 읽힐뿐더러 다채로운 정보를 풍성하게 담고 있어서, 수학의 위대함을 배우는 동시에 활용할 만한 여러 주제를 도출해 낼 수 있습니다.

이 책을 생기부 후속 활동으로 확장하는 법

지오지브라로 동서남북을 찾는 기하학적 방법 탐구하기

📖 **관련 단원:** 수학(도형의 방정식)

●탈레스[Thales]는 피라미드의 그림자 끝에 놓인 막대기 높이로 피라미드 높이를 계산해 이집트 왕 아마시스 2세[Amasis II]를 놀라게 했다. 피라미드 그림자 길이 P와 막대기 그림자 길이 S의 비율은 피라미드 높이 H와 막대기 길이 L의 비율과 같다. 이 관계를 식으로 표현해 본다. 이 계산은 결국 비례식으로 알려진 중세 항법의 중심축이 된다. 더 나아가 지오지브라를 사용해서 원을 이용해 동서남북을 찾는 기하학적 방법도 탐구해 본다.

바빌로니아인의 방법 탐구하기

📖 **관련 단원:** 수학(방정식과 부등식)

● '직사각형의 넓이는 60이고 세로 길이는 가로 길이보다 7만큼 길다. 가로 길이와 세로 길이는 얼마인가?' 바빌로니아인은 대수학과 기하학 사이의 밀접한 관계를 나타내는 일련의 단계를 통해 이런 문제를 해결했다. 이 과정을 '완전제곱식 만들기'라 한다. 완전제곱식 만들기로 2차 방정식 $x^2+bx=c$를 푸는 바빌로니아인의 방법을 그림으로 표현해 보고, 이 식을 정리해 공식화하는 과정을 탐구해 본다. 더 나아가 2차 방정식 $ax^2+bx+c=0$을 근의 공식으로 일반화하는 과정을 탐구해 본다.

아르키메데스의 공리 탐구하기

📖 **관련 단원:** 수학Ⅱ(다항함수의 적분법)

● '비를 갖는 두 양(어느 쪽도 0이 아님)이 있을 때, 어느 한쪽을 정수배하여 다른 쪽보다 크게 할 수 있다.'라는 유클리드 원론 명제 1은 오늘날 아르키메데스의 공리로 알려져 있다. 그 예로 고대 그리스의 수학자 아르키메데스는 저서 《포물선의 구적quadrature of parabola》에서 포물선과 직선으로 둘러싸인 도형의 넓이를 이렇게 설명한다.

'포물선과 직선으로 둘러싸인 도형의 넓이는 그 직선과 포물선이 만나는 두 점과 그 직선에 평행한 포물선 접선의 접점을 잇는 삼각형의 넓이의 k배와 같다.' k값을 구하는 과정을 탐구해 본다(186페이지 '독서로 챙기는 생기부 사례' 참조).

관련 학과: 공학계열, 통계학과, 경제학과, 경영학과

같이 읽으면 좋은 책

《세상은 수학이다》(고지마 히로유키 | 해나무 | 2008. 08)

BOOK 16

《진짜 생활 속의 수학》

이승훈 | 경문사 | 2023.07.

생활 속에서 찾을 수 있는 다양한 수학 주제 탐구

이 책은 생활 가까이에서 수학을 사용하여 문제를 해결하는 다양한 주제를 소개하고 있습니다. 저자는 수학적 역량의 가장 중요한 요소로 수학 지식을 알고 계산을 잘하는 것을 넘어서 '문제를 생각하고 질문하여 발상의 전환을 통해 사고의 수준을 높여 나가려고 노력하는 태도'를 습득하는 것이라고 설명합니다. 이런 태도는 비단 수학에서만 요구되는 게 아니지요. 대학 전공 등 학업을 지속하거나 사회생활을 할 때도 이런 태도는 매우 중요합니다. 어찌 보면 '창의적으로 일하는 것'의 핵심이 바로 이런 태도에서 나오는 것일지 모릅니다.

일상에서도 내가 지금 하는 방식이 최선인지, 더 좋은 방법은 없는지, 발상의 전환을 통해 개선할 부분은 없는지, 더 높은 차원으로 혁신적으로 개선할 것은 없는지 살펴보고 방법을 찾으려고 애쓰는 태도를 갖춰야 합니다. 이것이 바로 수학적 태도를 제대로 활용하는 것이며, 수학을 통해 자신의 삶을 개선하는 것이라고 저자는 꾸준히 강조합니다.

간단한 단위 환산 방법, 영화관 명당자리 찾기, 병에 진짜로 걸렸을 확률, 도박 안에서의 수학, 사회 현상에서 발견할 수 있는 법칙들, 방사성 연대 측정법, 코로나 감염자 수 예측 등 실제 생활 속에서 수학이 어떻게 사용되는지를 다양하게 소개합니다. 궁극적으로는 각 주제에서 발상의 전환을 도입해 더 높은 차원으로 살펴보도록 안내하며, 개선점을 끈기 있게 찾아나가며 노력하는 태도를 배울 수 있습니다. 이 책을 읽고 우리 역시 각자의 삶에서 사고 수준을 높여야 할 영역이 어디인지 발견하고 개선할 만한 문제는 어떤 것이 있을지 생각해 볼 수 있을 것입니다.

책 제목처럼 '진짜 생활 속의 수학'에 대해 소개함으로써 친숙하고 재미있으면서도 너무 쉬운 초등 산술적 방법을 택하지 않고 좀 더 수학의 본질에 가까이 접근하는 자세를 보여 줍니다. 말하자면 생활 속 수학이라는 쉬운 입구로 들어가지만, 그 안에는 더 넓고 다채로운 공간이 나온다고 할까요? 소개된 주제 항목이 적은 대신 별도의 보조자료 검색 등의 노력이 없이도 수학의 본질까지 나아갈 수 있는 점이 가장 좋았습니다. '영화관 명당자리 찾기'의 경우 과거 서울대 특기자 전형 면접 문제로 출제된 바 있습니다. 최근 학종에서 면접 변별력을 높이는 추세이므로 이런 유형의 주제들을 미리 다양하게 습득해 두는 것이 좋습니다.

실생활 속 수학 적용 사례를 조사하는 수행평가에서도 도움받기 좋은 책입니다. 무리하게 진로와 연관 지어 조사하다 보면 자칫 고등수학을 벗어나는 난도 높은 수준의 주제를 다루게 되기 쉬워서 수학의 본질을 설명하기는커녕 소개만 하고 끝나는 용두사미의 보고서를 많이 보게 됩니다. 진로와 관련되지 않더라도 수학의 본질까지 깊이 접근한 주제를 선택하는 것이 바람직합니다. 물론 진로와 연결된 주제라면 더욱 좋겠지요. 역사나 지구과학 진로 희망자라면 유물의 연대 측정법, 컴퓨터 프로그램 관련 진로 희망자라면 셔플 알고리즘shuffle algorism이나 인공지능 수학, 사회학 관련 진로 희망자라면 사회 현상을 설명하는 벤포드 법칙 등의 주제를 선택해서 수학의 본질까지 다다른 충실한 보고서를 작성할 것을 추천합니다.

이 책을 생기부 후속 활동으로 확장하는 법

영화관 명당자리 찾기 주제 탐구하기

📖 **관련 단원:** 수학(집합과 명제), 수학Ⅱ(다항함수의 미분법), 미적분(미분법)

● 광화문에서 이순신 장군 동상이 가장 잘 보이는 위치 구하기(그림 16), 영화관 명당 좌석 찾기, 토성의 고리가 가장 넓게 보이는 위도 구하기 등의 문제는 모두 레기오몬타누스Regiomontanus의 최대각 문제와 유사하다. 이 문제는 고대 이래 수학사에서 처음으로 등장하는 최댓값 문제로 주목을 받아 왔고, 고등학교 수

학 수준으로 해결할 수 있다. 2010년 서울대학교 특기자 전형 면접 수학 문제로 출제되었는데, 제시문에 세 가지 해결 방법(미분의 극값을 이용, 분모의 산술기하 평균, 원주각을 이용)이 제시되어 있다. 이를 완전히 해결하고 축구에서 최대 슈팅각이 나오는 최적의 슈팅 위치를 찾는 문제까지 나아가 본다.

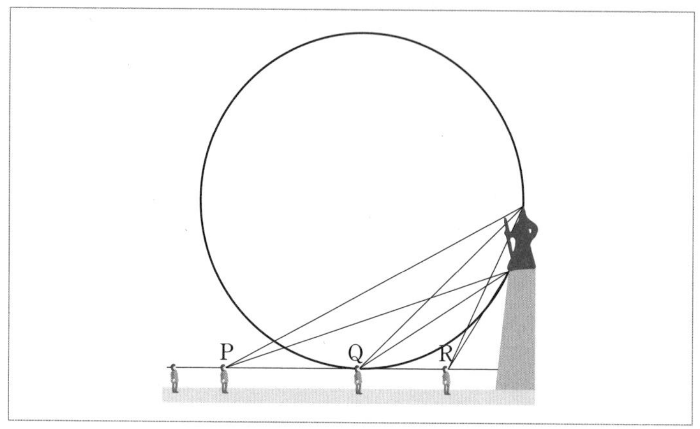

[그림 16] 이순신 장군 동상이 가장 잘 보이는 위치

질병 진단 시 실제 병이 없을 확률 탐구하기

관련 단원: 확률과 통계(확률)

● 병원에서 병에 걸렸다고 진단을 받았다면, 100% 실제 병에 걸린 것일까? 특정 질병에 걸릴 확률과 해당 질병 진단 검사의 정확도 같은 정보가 있다면, 조건부 확률 $P(A|B)=\dfrac{P(A\cap B)}{P(B)}$을 통해 확률값을 구할 수 있다. 나아가 질병에 걸릴 확률, 검사의 정확도 확률에 대한 조건을 바꿔보며 어떤 조건이 구하려는 목

표에 더 큰 영향을 미치는지 알아본다. 다른 연구에서도 자료 수치를 바꾸거나 변수로 두고 결과가 어떻게 변하는지 살펴본다면, 어떤 원리로 현상이 나타났는지 알 수 있다.

조건 1) 병에 걸릴 확률 P(D)		0.5%	1%	5%	10%
검사도구의 정확도	조건 2) 병이 있을 때 병이 있다고 판정할 확률 P(P|D)	95%			
	조건 3) 병이 없을 때 병이 없다고 판정할 확률 $P(N\|D^C)$	99%			
검사 결과	병에 걸렸다고 판정받았을 때, 실제로 병에 걸렸을 확률 P(D|P)	32.3%	49.0%	83.3%	91.4%

조건 1) 병에 걸릴 확률 P(D)=0.5%		
검사도구의 정확도	조건 2) 병이 있을 때 병이 있다고 판정할 확률 P(P|D)	95%
	조건 3) 병이 없을 때 병이 없다고 판정할 확률 $P(N\|D^C)$	**99% ⇨ 99.9%**
검사 결과	병에 걸렸다고 판정받았을 때, 실제로 병에 걸렸을 확률 P(D|P)	**32.3% ⇨ 82.7%**

[그림 17] 질병과 검사 결과 관련 확률표

벤포드 법칙 등 사회학 주제 탐구하기

🕮 **관련 단원:** 확률과 통계

●자연현상은 수학이나 과학의 법칙으로 설명할 수 있는 경우가 많지만, 사회 현상에서는 주체인 사람이 각각 자유 의지에 따라 개별 행동하기 때문에 특정 법칙을 적용하기 어려워 보인다. 그런데 놀랍게도 파레토 법칙[Pareto principle], 지프의 법칙[Zipf's law], 벤포드 법칙 등은 모두 경험적인 법칙으로 재산 분포, 인구수, 자주 사용하는 단어, 회계 장부상 숫자 등 사회 현상을 잘 설명해 준다. 이런 숨겨진 규칙을 발견하는 것은 학자들만의 전유물이 아니므로, 사회 현상을 유심히 관찰하고 생활 주변에서 접하는 다양한

데이터에서 규칙과 패턴을 찾고 예측하고 검증해 보는 시도는 유의미하다 할 수 있다. 각각의 법칙이 무엇인지 탐구하고 스스로 생활 주변의 데이터를 가지고 예측과 검증을 시도해 보자.

탄소 연대 측정법과 SIR 모델 탐구하기

📖 **교과 연계:** 수학과 공학의 연계 탐구

●수학은 과학 · 공학 기술 연구개발의 필수적인 기본 도구다. 이 책에는 오래된 유물의 연대를 측정하는 방사성 탄소 연대 측정법이 원리와 함께 상세하게 소개되어 있어 이해하기 쉽다. 방사성 탄소 연대 측정법에서는 '방사성 원소의 감소율은 남아 있는 방사성 원소의 양에 비례한다.'라는 사실을 토대로 미분방정식 $f'(t)=k \cdot f(t)$를 만족하게 된다. 적분을 통해 $f(t)=C \cdot e^{kt}$를 얻게 되는데 어떻게 미분방정식을 푼 것인지 살펴보고 공학에서 자주 등장하는 다른 미분방정식의 풀이도 알아두자.

●코로나19 등 감염병의 전파 과정을 설명하는 SIR[Susceptible-Infected-Removed] 모델 또한 책에 자세히 설명되어 있다. 잠재감염군(S), 감염군(I), 회복군(R) 사이의 이동 관계를 세 가지 미분방정식으로 표현할 수 있는데 이 방법은 직관적이고 간편하다. 새로운 현상을 이처럼 단순화하여 구조를 설명하는 수학 모델을 만들어 보자.

▶**도움이 되는 인터넷 자료**

-레기오몬타누스 최대각 문제 서울대 특기자 전형 면접 문제(한국경제)

-레기오몬타누스 최대각 문제, 슈팅각 문제 (네이버 블로그, 수학사랑)

-탄소연대 측정법(티스토리, 수학의 본질)

-다양한 미분방정식 소개(네이버 블로그, 똘스)

관련 학과: 의학계열, 인문계열, 통계학과, 공학계열

같이 읽으면 좋은 책

《생명의 수학》 (이언 스튜어트 | 사이언스북스 | 2015. 07.)

BOOK
17

《모든 것의 수다》

고계원 외 | 반니 | 2019. 07.

한국을 대표하는 수학 권위자 열 명의 고급 수학 특강

2018년 봄, 카오스 재단은 '수학은 어떤 것인가?'라는 주제로 '모든 것의 수다'라는 고급 수학 특강을 진행했습니다. 여기서 '수다'는 수다를 떤다는 의미로도 읽히지만 비트의 세계를 다룬 영화 '매트릭스'에서 나온 '모든 것은 수다All Is Number!'라는 캐치프레이즈에서 따온 것이기도 합니다. 피타고라스도 일찍이 세상만사를 넘어 온 우주가 '수'라고 역설한 바 있습니다.

이 책은 고계원(고등과학원 난제연구센터 연구교수), 하승열(서울대학교 수리과학부 교수), 기하서(연세대학교 수학과 교수), 장원철(서울대학교 통계학과 교수), 황준묵(고등과학원 수학부 교수), 한순구(연세대학교 경제학과 교수), 김재경(카이스트 수리과학과 교수), 이준엽(이화여자대학교 수학과 교수), 신석우(버클리 대학교 수학과 교수), 이광근(서울대학교 컴퓨터공학과 교수) 등 대한민국을 대표하는 수학자 열 명이 실제 강연에서 발표한 내용에다 패널 토의와 참가자들의 질의응답까지 현장감 넘치게 담은 책입니다.

이들이 어떤 수학 이론에 매료되었고 어떤 연구를 해왔는지 보여 줌으로써 '수'라는 관점을 통해 세상을 들여다보고자 합니다. 수학자들은 자연현상을 미분방정식으로 모델링하고, 역사와 문학 작품을 데이터 과학을 통해 해석하며, 인간의 행동을 게임이론을 통해 예측하기도 하고, 생물학을 수리생물학으로 분석하여 전염병을 예상해 내기도 합니다. 책에서는 블록체인과 인공지능, 랭글랜즈langlands의 대통일 이론Grand Unified Theory, GUT 등 순수수학만이 아닌 다른 다양한 분야의 연구에서 수학이 어떻게 쓰이는지도 소개합니다.

카오스 이론, 복잡계 시스템과 불확실성의 정량화, 리만 가설, 데이터 과학, 유클리드 기하학과 비유클리드 기하학, 게임이론과 인간 행동 예측, 미분방정식과 생물학, 알고리즘와 새로운 수학, 컴퓨터 과학의 원천인 튜링 기계와 인간 튜링 등 일반적으로 접하기 힘든 고급 수학의 세계를 한 권의 책으로 만날 수 있다는 점이 무엇보다 이 책을 추천하는 이유입니다. 수학을 좋아하고 이공계 전공을 희망하는 학생이라면 이 책을 통해 수학을 넘어 융합 과학의 세계로까지 자신의 꿈을 위한 지평을 확장시켜 나갈 수 있을 것입니다. 또한 장차 학종 심사와 면접에서 만나게 될 교수들이 어떤 생각을 하고 얼마나 다양한 주제와 철학에 발을 담고 있는지 직접 확인할 수 있다는 점도 입시생에게 이 책이 필독서인 이유입니다.

경제, 공학, 생물학, 인문학 등의 다양한 분야에서 수학 없이는 연구가 이뤄지기 어렵다는 사실을 확인하면서, 수학의 쓰임은 우리 생각보다 훨씬 넓다는 것을 알게 됩니다. 무엇보다 한국 교수님들이 청중에게 직접 전하는 이야기라 더 친밀하게 느껴집니다. 특히 생활기록부 진로 활동 특기사항에 기록할 만한 내용이 많이 수록되어 있습니다. 다른 분야에서 활용되는 수학의 연구 방법과 흐름, 미래 전망을 참고한다면 진로를 고민할 때 좋은 조언이 될 것입니다. 입시에서 수학은 가장 중요한 과목이지만 진로 선택에서는 학생들이 기피하는 경향이 있는데, 이 책을 통해 진로로서의 수학 또한 매력적임을 알게 되었으면 좋겠습니다. 후속 활동으로 확장하기 위해서 강연 영상 원본 링크가 소개되어 있으니, 강연으로 함께 들어보는 것도 추천합니다.

이 책을 생기부 후속 활동으로 확장하는 법

데이터 과학 활용 방안 탐구하기

교과 연계: 수학과 컴퓨터과학의 연계 탐구

● 현재는 다양한 문학, 역사, 그림 등을 디지털 형태로 변환하여 데이터 과학으로 분석할 수 있게 되었다. 특정 문학 작품이 진짜 셰익스피어 것인지, '미인도' 같은 미술 작품의 진위를 가릴 때에도 활용된다. 작가의 기존 작품 데이터를 통해서 새롭게 발

견된 작품의 진위를 가릴 수 있기 때문이다.

텍스트 마이닝을 이용해 왕이 사용한 단어의 빈도수를 분석하여 왕의 통치 스타일을 연구하거나, 예송 논쟁에서 서인과 남인의 중심인물 및 당파 관계도를 작성하는가 하면, 국회의원들의 공동발의 법안을 연구하여 네트워크 관계 분석 등을 할 수도 있다. 이처럼 자신이 원하는 진로 영역에서 데이터 과학으로 분석할 수 있는 주제를 선정해 탐구해 본다.

아인슈타인 이론과 기하학 비교하기

🕮 **교과 연계**: 수학과 물리의 연계 탐구

●아인슈타인의 이론을 구조적으로 바라보자. 특수상대성이론은 자명한 두 가지 가정을 기반으로 물리적 결과를 유도하는데, 이것이 유클리드 기하학과는 어떤 점에서 유사한지 탐구한다.

●아인슈타인은 일반상대성이론을 발표하면서 '비유클리드 기하학을 몰랐다면 결코 상대성이론을 완성하지 못했을 것이다.'라고 말하며 기하학의 중요성을 인정했다고 한다. 일반상대성이론과 비유클리드 기하학의 접점을 탐구한다. 이 책의 원본이 되는 해당 부분의 강의를 들어보고 탐구를 이어가자.

▶**도움이 되는 인터넷 자료**

-빅데이터 분석기법을 활용한 조선시대 사송 연구 논문

-예송논쟁(나무위키)

-국회의원 공동발의 법안 검색(의안정보시스템)

-2018 봄 카오스 강연 '모든 것의 수다' 4강, 디지털 인문학과 데이터 과학(장원철 교수)

-유클리드 기하학, 비유클리드 기하학(유튜브, 이상엽Math)

-2018 봄 카오스 강연 '모든 것의 수다' 5강, 비유클리드 기하학으로의 초대(황준묵 교수)

관련 학과: 수학과, 경영 · 경제학과, 통계학과, 도시공학과, 컴퓨터공학과, 스포츠학과, 생물학과

같이 읽으면 좋은 책

《박경미의 수학N》(박경미 | 동아시아 | 2016. 02.)

BOOK 18

《미적분으로 바라본 하루》

오스카 E. 페르난데스Oscar E. Fernandez | 프리렉 | 2015. 01.

일상에서 최적의 방도를 찾는 기특한 미적분의 세계

수업 시간에 배운 내용을 이해하고 있다면 어렵지 않게 읽을 수 있는 책입니다. 수학자인 저자는 일상에서 세상을 형성하는 수학, 그중에서도 미적분이 적용되는 영역을 하나하나 찾아냅니다. 그리고 우리가 흔히 지루하고 추상적인 방정식을 떠올리며 난해하다고 느낄 만한 내용을 실제 생활에서의 사례를 이용하면 얼마나 이해하기 쉬우며 또 얼마나 우리 일상 여러 곳에서 발견할 수 있는지 친근하게 알려줍니다.

학생들은 '미분은 부분의 변화 상태를 분석하는 수학적 도구이며, 적분은 미분의 역연산 과정'이라고 배웁니다. 이런 정의를 언뜻 듣기에는 미적분이 과연 우리 일상과 통하는 부분이 있을까 싶지만, 저자에 의하면 그렇지 않습니다. 저자는 '변하는 모든 것에 미분이 있고, 더하는 모든 것에 적분이 있다.'라고 아주 간명하게 미적분에 대해 정의 내립니다. '가장 효과적인 수면 시간', '연료를 아끼는 법', '영화관에서 가장 좋은 좌석 찾는 법' 등 미적분을 활용하는 다양한 사례들을 읽다 보면 절묘한 관점에 감탄하게 됩니다.

아침에 일어나서 함수의 냄새를 맡아보자거나 뉴턴의 집에서 아침 식사를 해 보자거나 미적분을 한잔 마시면 조금 나아질 것이라거나 적분과 탄두리 치킨을 연관시키는 대목을 보면 저자와 함께 수학의 세계로 빠져드는 것이 조금도 부담스럽지 않게 여겨질 정도입니다. 미적분학을 통해서 사람의 혈관이 특정한 각도를 유지하면서 나뉘는 이유, 공중으로 던진 모든 물체가 포물선을 그리는 이유, 시간 여행이 이론적으로 가능한 이유, 우주가 팽창하고 있다는 것의 증명, 우리가 알고 있는 시공간에 대한 새로운 접근법 등 다채로운 영역에서 상상력을 확장할 수 있습니다.

덧붙여 부록에는 공식과 그래프 등으로 수학 개념을 설명해 놓아서 책의 내용을 깊이 있게 이해하는 데 도움이 되며, 책에서 다룬 내용을 다시 한번 되짚어 볼 수 있습니다. 미적분에 대해 어렵게 생각했던 사람이라면 책의 설명으로 진입장벽을 낮추고 더 깊이 들어가 부록을 활용해 실제 학습과 연결 지어 활용할 수 있습니다. 또한 입시생은 미적분 관련 실생활 탐구를 과세특 등에 활용할 수 있으므로 활용도가 높은 책입니다.

주변 세상을 향해 눈을 크게 뜨고 자세히 보면 어디에서나 수학을 발견할 수 있습니다. 생각지 못한 곳에서 수학이 다양한 현상들을 깊고 아름다운 방식으로 연결하고 있다는 것을 알게 됩니다. 이것이 바로 수학의 재미일 것입니다. 수학적 문제 해결 능력과 사고력을 자극하고, 독창적인 수학적 아이디어까지 얻을 수 있는 책입니다. 수학의 꽃인 미적분의 진수를 알 수 있기에 꼭 추천합니다. 미적분 과목을 학습할 때 식과 그래프를 통해 접근하고 이해하는 연습을 충분히 하면 책을 더 잘 이해할 수 있을 것입니다.

이 책을 생기부 후속 활동으로 확장하는 법

혈관 분기점의 최적화된 각도 구하기

📖 **관련 단원:** 수학 I (삼각함수), 미적분(미분법)

● 푸아죄유 공식[Poiseuille equation] 연구에서 길이 l과 반지름 r을 가진 파이프로 흐르는 유체의 저항 R에 관한 공식인 $R=c\frac{l}{r^4}$을 발견했다. c는 유체의 점성에 의존하는 매개변수다. 우리 몸이 피를 보내는 데 쓰이는 에너지를 최소화하려면, 피가 혈관에 들어올 때 피의 저항 R을 최소화해야 한다. 특히나 혈관이 두 개의 분기점으로 나뉠 때, 길이 L과 반지름 r_1을 가진 큰 혈관이 각도 θ를 이루면서 반지름 r_2의 작은 혈관으로 나뉘게 되며, 이 분기점에서 역시 저항 R을 최소화해야 한다. 분기점의 최적화된 각도는 몇 도인지 탐구해 본다.

로지스틱 방정식 탐구하기

📖 **관련 단원:** 미적분(미분법, 적분법)

● 생태계에서 생명체의 생존은 중요한 과제다. 연구를 위해 생명체 개체수 증가에 대한 이론이 필요한데, 그중 하나가 생명체의 개체 증가율, 현재 개체수, 생태계의 안전성을 고려한 로지스틱 방정식logistic equation ($p'(t)=r\left(1-\frac{p(t)}{K}\right)p(t), r>0, K>0$)이다.

로지스틱 방정식의 그래프가 생명과학 시간에 배운 개체성장곡선과 동일하다는 사실을 설명한다. 감기 감염 속도가 세균 개체의 성장곡선과 상관관계가 있다는 것에 착안해서 로지스틱 방정식을 활용해 환절기 5일간 감기에 걸린 학급 친구들 수를 조사한 다음, 로지스틱 방정식과 로그 적분법을 이용해 시간당 감염자 수를 나타내는 수식을 계산해 보자. 조사한 값과 책에 제시된 함숫값이 실제로 일치하는지 확인한다. 적분한 식으로 지오지브라를 이용해서 그래프 개형을 파악하고 변곡점, 점근선 등이 어떠한 정보를 알려주는지 탐구해 본다. 탐구한 내용을 동영상으로 제작하여 발표해 본다.

지오지브라로 구분구적법 탐구하기

📖 **관련 단원:** 미적분(적분법)

● 구분구적법에서 각각의 작은 구간에서 함수의 최댓값을 높이로 하는 직사각형의 넓이의 합을 상합, 최솟값을 높이로 하는 직사각형의 넓이의 합을 하합이라고 한다. 컴퓨터 프로그램

인 지오지브라를 이용해서 닫힌구간 $[-2, 1]$에서 곡선 $y=x^2+2x+1$과 x축으로 둘러싸인 도형 넓이의 어림값을 구하고, 정적분 $\int_{-2}^{1}(x^2+2x+1)dx$의 값과 비교해 보자. 다음과 같은 단계에 따라서 실험해 보고, 분할을 한없이 세분화했을 때, 부분합의 극한인 급수와 정적분의 관계 등에 대해 깊이 있게 탐구해 본다.

① 메뉴에서 '슬라이더'를 클릭한 다음 기하창을 클릭하고 슬라이더 창이 나타나면 이름을 n, 최솟값을 0, 최댓값을 100, 증가를 1로 설정한다.

② 입력창에 'x^2+2x+1'을 입력한 후 Enter를 누르면 $f(x)$의 그래프가 나타난다.

③ 입력창에 '상합(f, -2, 1, n)'을 입력한 후 Enter를 누르고, '하합(f, -2, 1, n)'을 입력하고 Enter를 누르면 닫힌구간 $[-2, 1]$을 n등분한 직사각형과 그 넓이의 합이 각각 나타난다. 슬라이더를 움직여 n의 값으로 상합과 하합의 분할 수를 조절할 수 있다. 이때 상합은 a, 하합은 b로 나타난다.

④ 입력창에 '적분(f, -2, 1)'을 입력한 후 Enter를 누르면 정적분 $\int_{-2}^{1}(x^2+2x+1)dx$의 값 c가 나타난다. 이때 n의 값을 크게 하면 닫힌구간 $[-2, 1]$이 잘게 분할되어 상합과 하합이 모두 정적분 $\int_{-2}^{1}(x^2+2x+1)dx$의 값에 가까워짐을 확인할 수 있다.

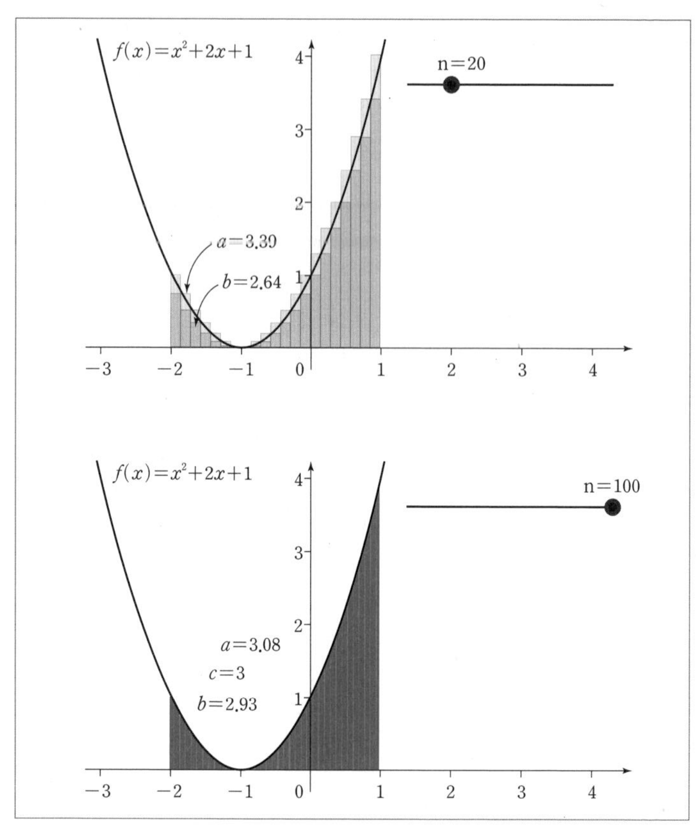

[그림 18] 지오지브라를 활용한 구분구적법 구현

관련 학과: 공학계열, 경제학과, 경영학과

같이 읽으면 좋은 책

《미적분학 갤러리》(윌리엄 던햄 | 한승 | 2011. 05.)

BOOK 19

《다시, 수학이 필요한 순간》

김민형 | 인플루엔셜 | 2020. 08.

옥스퍼드 수학 교수와 함께하는 교양 수학 세미나

한국인 최초 옥스퍼드 대학교 수학과 교수인 김민형 교수가 수학을 사랑하는 독자들과 함께한 아홉 번의 특별한 세미나의 내용을 그대로 옮긴 책입니다. 수학을 통해 인간의 사고능력과 자연에 관해 탐구하는 이 책은 어느 정도 난이도가 있는 편입니다. 학생들이 배우지 않았거나 이해할 수 없는 개념과 수식들이 툭툭 튀어나와 당혹스러울 수도 있습니다. 하지만 수식과 도형으로 된 낯선 수학의 언어들을 차근차근 훈련하다 보면 결국 어려운 수학의 개념들을 파고드는 지적 즐거움을 누리게 됩니다.

'우주의 모양을 찾는 방정식'이라는 강의를 예로 들면 매우 흥미롭습니다. 김민형 교수와 같은 옥스퍼드 대학교 수학과 명예교수인 로저 펜로즈Roger Penrose는 펜로즈 삼각형이라는 도형으로 유명합니다. 평소 그림을 그리며 시각적 사고를 연습하던 펜로즈 교수는 네덜런드 화가인 에셔Maurs Cornelis Escher의 '상대성'이라는 그림을 보고 큰 영감을 받습니다. 중력이 여러 방향에서 작용하는 그림 속 건축물은 물리적으로는 건축 불가하지만, 기하학적으로는 실현이 가능합니다. 그래서 펜로즈는 실물처럼 그릴 수 있으면서도 기하학적으로는 불가능한 모양이 있을까 고심합니다. 그 결과 펜로즈 삼각형과 무한 계단 등 여러 불가능한 모양을 고안해 냅니다.

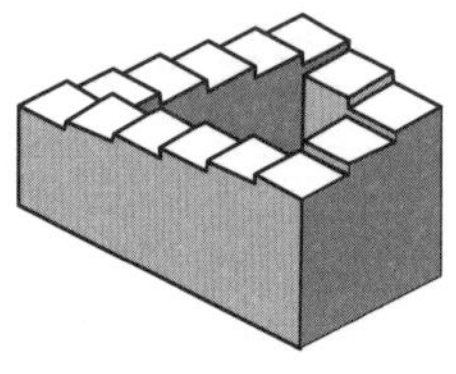

[그림 19] 펜로즈 삼각형, 에셔의 '상대성', 무한 계단(왼쪽부터)

그는 여기서 그치지 않고 불가능성을 분류하는 수학적 이론 체계를 만들고 이를 논문 〈불가능한 모양의 코호몰로지On the Cohomology of Impossible Figures〉로 엮어 발표하기도 합니다. 코호몰로지는 상당히 어려운 위상수학으로 산술 기하 분야에서도 가장 중요한 개념으로 꼽힙니다. 그리고 여기서 블랙홀 이론이 연결되기도 합니다. 펜로즈는 이렇듯 수리 물리학자 중 처음으로 시공간의 위상적인 구조를 철저하게 고려함으로써 아인슈타인 방정식과 블랙홀에 대한 독창적인 이론으로 일반상대성이론의 발전에 이바지하게 됩니다. 책은 이렇듯 흥미로운 수학 최첨단의 이야기들과 사례로 독자들이 혹여 갖기 쉬운 기존의 갇힌 사고방식을 뒤흔드는 경험을 제공합니다.

책의 1부 '수학의 토대'는 수학의 일반론을 중심으로 하며, 2부 '수학의 모험'에서는 수학 공식이 많이 등장합니다. 갈릴레오의 말대로 우주는 수학의 언어로 쓰여 있는데, 수학을 피하면서 자연을 묘사하는 것은 불가능에 가까울 것입니다. 이 책에서 수학을 다양한 영역으로 확장하는 과정을 통해, 수학적 탐구에 대한 열정이 읽는 이들의 마음에 자리 잡았으면 합니다.

수학과 물리학은 내용으로나 역사적으로나 밀접한 관계를 맺으며 발전해 왔기 때문에 서로의 영역이 구분되지 않을 때가 많습니다. 세상을 탐구하는 개념적 체계는 분야를 막론하고 서로 다른 점보다는 비슷한 점이 많은 듯합니다. 물론 공부하는 대상이 다르고 체계의 보편성에 차이가 있기도 하지만, 수학이 세상을 공부하는 데 가장 보편적인 체계라고 생각하기에 이 책을 추천합니다. 스스로 수학에 대해서 가지고 있는 관념이 각 주제와 어떻게 연결되는지 계속 생각하면서 책을 읽으면 수학에 대한 이해를 더욱 깊이 있게 할 수 있습니다.

이 책을 생기부 후속 활동으로 확장하는 법

슈뢰딩거의 고양이 내용 탐구하기

📖 관련 단원: 수학(함수)

●'상자 안에 고양이가 살아 있을까? 죽어 있을까?' 슈뢰딩거의 고양이는 산 상태와 죽은 상태가 공존한다. 양자역학의 기본 틀에서 보면 사실 두 상태의 '덧셈'이 존재한다는 것이 요점이다. 엄밀한 의미에서 보면 슈뢰딩거의 고양이는 산 상태와 죽은 상태의 합이다. 여기서 '합'이란 무슨 의미인지 탐구해 보자. 슈뢰딩거의 고양이 중첩 상태는 알기 어렵지만 실험실에서도 쉽게 만들 수 있는 중첩 상태인 빛의 중첩 사례를 들어 설명해 본다. '우주 안에 들어 있는 것은 전부 수'라는 입장에 대해 피타고라스와 아인슈타인 사이에 일종의 대립 관계가 존재함도 설명해 본다.

실수의 파운데이션 탐구하기

📖 관련 단원: 수학Ⅱ(수열의 극한)

●실수 체계에는 다음과 같은 기본 성질이 있다.

'무한개의 양수 b_0, b_1, b_2, b_3, …가 주어지고 모든 n에 대해서 $b_0+b_1+b_2+b_3+\cdots+b_n$이 상한선을 가지면 급수 $b_0+b_1+b_2+b_3+\cdots$는 유한 실숫값을 갖는다.'

여기서 상한선을 갖는다는 것은 특정수 M이 있어서 $b_0+b_1+b_2+b_3+\cdots+b_n$이 항상 M보다 작다는 것을 뜻한다. 항을 계속 더해나갈 때 점점 커지면서도 한계가 있으면 무한개 항의 합 $b_0+b_1+b_2+b_3+\cdots$도 유한하다는 뜻이다. 이러한 실수 체계의 성질을 바탕으로 실수 집합이 직선임을 설명하는 과정을 탐구해 본다.

삼각함수의 덧셈정리 탐구하기

📖 **관련 단원**: 미적분(미분법)

●아래 그림을 보면 삼각함수의 덧셈정리가 성립함을 확인할 수 있다. 그림처럼 두 변의 길이가 a와 b이고 그 끼인각의 크기가 $\alpha+\beta$인 삼각형의 높이를 y라 할 때, 삼각형의 넓이를 이용하여 사인함수의 덧셈정리($\sin(\alpha+\beta)=\sin\alpha\cos\beta+\cos\alpha\sin\beta$)를 확인해 본다. 삼각함수 이론은 우리가 잘 알고 있듯이 바다에 떠 있는 배까지의 거리를 추정하거나, 높은 산의 고도 등을 측량하는 데 응용하기 위해 고안한 것이 그 시작이었다고 전해진다. 이에 대해 탐구해 보자.

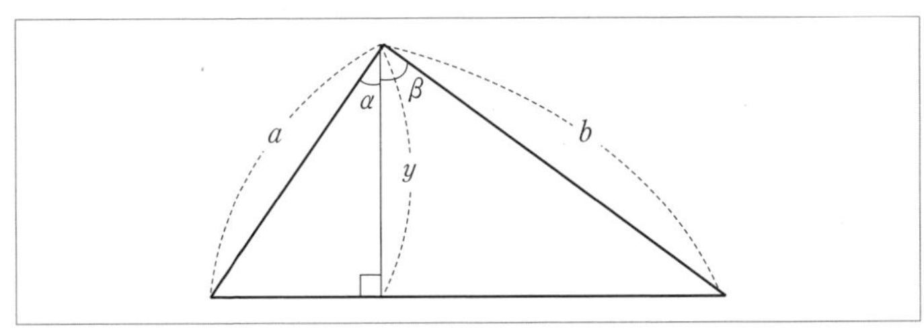

[그림 20] 삼각함수의 덧셈정리

관련 학과: 공학계열, 경제학과, 경영학과

같이 읽으면 좋은 책

《수학의 기쁨 혹은 가능성》(김민형 | 김영사 | 2022. 10.)

BOOK 20

《수학의 쓸모》

닉 폴슨 Nick Polson **외** | 더퀘스트 | 2020. 04.

인공지능 시대 수학이 더욱 간절히 필요해지는 이유

인공지능이 사람을 대신하는 시대에 수학은 여전히 쓸모가 있을까요? 이 책의 저자들은 단연코 '그렇다!'라고 말합니다. 새로운 시대일수록 수학은 경제적 안목을 높여주며 데이터의 홍수 속에서 살아남는 법을 알려주고 미래를 예측할 수 있도록 도와주며 현재를 움직이고 미래를 만들어 가는 핵심 원리로 작동합니다. 수학을 이해한다는 것은 곧 '사회'를 이해하는 일이며 그만큼 수학적 사고를 하는 것의 중요성은 더욱 커진다는 것이 저자들의 설명입니다.

오늘날 세계를 호령하는 콘텐츠 제국이 된 넷플릭스나 온라인 세계를 지배하는 구글이나 마이크로소프트 등의 빅테크 기업, 로봇공학이나 자율주행, 경제 흐름을 예측하는 금융투자의 최첨단에는 '수학'이 있습니다. 이 책은 우리가 일상에서 늘 맞닥뜨리는 수학적 문제들, 그리고 수학으로 문제를 해결한 역사적인 인물들에 관한 이야기를 통해 우리에게 '수학의 쓸모'를 역설합니다.

인공지능^{AI} 시대로 향해가는 사회 속에서 사람들은 말합니다. "인간은 기계처럼 정확한 판단과 의사결정을 하지 못하므로 이제 기계가 인간의 역할을 대신하게 될 것"이라고. 그런 이유로 수학 무용론도 늘 등장합니다. 우리는 자동차가 어떻게 자기 혼자 힘으로 운전을 하는지, 아마존 알렉사나 애플 시리가 어떻게 내가 하는 말을 이해하는지, 페이스북이 어떻게 내가 올린 친구 사진의 얼굴을 인식하는지, 스포티파이가 어떻게 나한테 딱 맞는 곡을 추천해 주는지 알지 못합니다. 그러나 그들 뒤에는 수학을 원하는 대로 다루는 기술 변화의 주체들이 있습니다. 지금의 세상을 만들어 가는 이들은 '수학에 정통한 이들'이라 해도 과언이 아닙니다.

세상을 바꾸는 AI 뒤에는 수학이 있습니다. AI 개발자의 역할은 알고리즘에 무엇을 할지 지시하는 데 그치지 않습니다. 통계와 확률의 규칙을 이용해, 무엇을 할지 스스로 배우는 방법을 가르쳐주어야 합니다. 그것이 바로 인간을 오늘날의 수준으로 이끈 수학적 아이디어입니다. 이렇게 기술적 요인과 하나의 중요한 아이디어가 결합하여 현재의 초신성과 같은 폭발이 일어났음을 책은 설명합니다. 그러므로 '똑똑한 기계'에는 반드시 '똑똑한 사람'이 필요하다는 사실을 강조합니다.

지성과 기술이 결합할 때 인간이 얼마나 위대해질 수 있는지,

그런 의미에서 수학은 여전히 얼마나 쓸모 있는지를 학생들도 이 책을 통해 느낄 수 있다면 좋겠습니다. 바탕이 되는 수학을 약간만 이해하고 활용할 줄 안다면, 급변하는 이 세상이 덜 어렵게 다가올 것이기에 이 책을 추천합니다. 본문에 등장하는 수학은 난도가 높지 않아 충분히 따라갈 수 있으므로 장차 AI 시대를 선도하는 인재가 되고 싶은 학생이라면 이 책에서 제시하는 개념들을 익히고 이를 활용해 볼 수 있을 것입니다.

이 책을 생기부 후속 활동으로 확장하는 법

넷플릭스 시스템 탐구하기

🕮 **관련 단원:** 확률과 통계(확률)

●넷플릭스 데이터베이스라는 방대한 데이터 자원을 활용해 어떤 고객이 어떤 영상물을 좋아하는지 시스템이 자동으로 추천할 수 있도록 하려고 한다. 핵심 관건은 문제를 조건부 확률의 관점에서 바라보는 것이다. 예를 들어 영화 A와 B가 있다. P(임의의 가입자가 영화 A를 좋아하고 영화 B도 좋아한다)가 80퍼센트 정도로 매우 높다고 가정하자. 그렇다면 영화 B를 좋아하지만 영화 A는 아직 보지 않은 사람에게 영화 A를 추천하면 적중할 확률이 80퍼센트나 된다. 만약 P(가입자가 '라이언 일병 구하기'를 좋아하고 '밴드 오브 브라더스'도 좋아한다) 수치를 어떻게 파악할 수 있을지 탐구해 보자. 한편 이 책에 의하면 넷플릭스가 당면한 문제는 세 가

지다. 각각의 문제에 대해 서술하고 이 세 가지 문제를 전부 풀 해법은 '모형화'라는 것을 설명해 본다.

의료 진단과 베이즈 정리 탐구하기

📖 **관련 단원**: 확률과 통계(확률)

●특정한 환자에게 유방조영술에서 양성 결과가 나왔을 때 진짜로 유방암에 걸렸을 확률에 관해 생각해 보자. 다음은 관련된 몇 가지 사실들이다.

① 특정한 환자가 유방암에 걸릴 확률은 1퍼센트다.

② 이 검사는 유방암 발견율이 80퍼센트다.

③ 이 검사의 거짓 양성률은 10퍼센트다.

사후확률 P(실제 유방암 발병 | 유방조영술 양성 판정)는 얼마인지 구해 본다. 유방조영술의 정확도가 80퍼센트인데 앞의 사후확률과 차이가 나는 이유와 많은 의사가 틀린 답을 낸 이유를 탐구해 본다.

드무아브르의 방정식 탐구하기

📖 **관련 단원**: 확률과 통계(통계)

●통계학에는 제곱근 규칙이라는 매우 중요한 방정식이 있다. 견본화폐 검사에서 이상 여부를 판단하기 위해 허용 범위가 정확히 얼마만큼 촘촘해야 하는지 알려주는 규칙이다. 이 규칙은 스위스의 수학자 아브라함 드무아브르Abraham de Moivre가 1718년에

발견했다. 드무아브르의 방정식은 한 표본 평균의 변동성과 표본 크기의 제곱근 사이에 반비례 관계가 있다는 것을 알려준다. 해당 방정식은 어떤지 구해 본다. 더불어 실제 숫자로 예를 들어 관련 내용을 탐구해 본다.

관련 학과: 공학계열, 통계학과, 경제학과, 경영학과

같이 읽으면 좋은 책

《수학이 일상에서 이렇게 쓸모 있을 줄이야》(클라라 그리마 | 하이픈 | 2018. 12)

독서로 챙기는 생기부 사례

활용 도서 :《수학은 어떻게 문명을 만들었는가》

교과 연계: 수학 II 와 미적분, 기하의 연계 탐구

'비를 갖는 두 양(어느 쪽도 0이 아님)이 있을 때 어느 한쪽을 정수배 하여 다른 쪽보다 크게 할 수 있다.'라는 유클리드 원론 명제 1은 오늘날 아르키메데스의 공리로 알려져 있다. 고대 그리스 수학자 아르키메데스는 저서《포물선의 구적》에서 포물선과 직선으로 둘러싸인 도형의 넓이를 다음과 같이 설명한다.

'포물선과 직선으로 둘러싸인 도형의 넓이는 그 직선과 포물선이 만나는 두 점과 그 직선에 평행한 포물선의 접선의 접점을 잇는 삼각형의 넓이의 k배와 같다.'

k의 값을 구하는 과정을 탐구해 본다.

탐구물 작성 예시

– 아르키메데스의 공리

오른쪽 그림에서 포물선 $y=x^2$위의 두 점 A, D를 지나는 선분 AD의 중점 M에서 포물선의 꼭짓점 E에 이르는 선분을 그으면, 점 A와

점 D에서 선분 ME의 길이가 같고 평행한 선분을 그어 평행사변형 ABCD를 만들 수 있다.

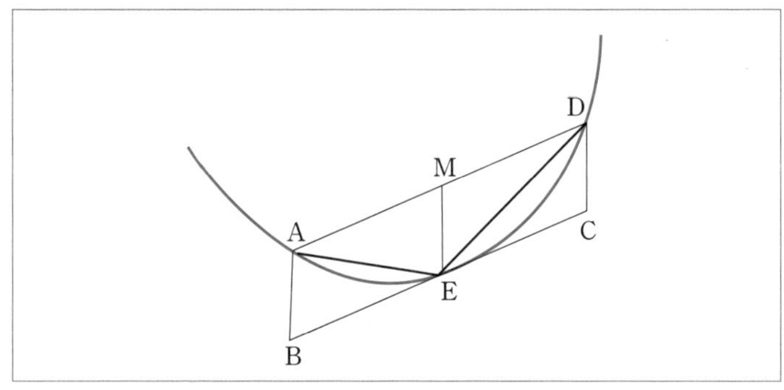

[그림 21] 아르키메데스의 공리

이때 $\triangle ADE=\frac{1}{2}\square ABCD$이며, (포물선 ADE의 넓이)$<\square ABCD$이므로 $\triangle ADE>\frac{1}{2}$(포물선 ADE의 넓이)이 된다.

– 아르키메데스의 실진법 활용(미적분으로 확장)

기원전 370년경 그리스의 탁월한 수학자 에우독소스Eudoxus는 '실진법'을 소개했다. 그는 이 방법을 통해 오늘날의 극한 개념을 이용한 구분구적법과 매우 흡사하게 넓이와 부피 등을 계산했다. 실진법이란 넓이를 구하고자 하는 도형을 삼각형 등 넓이를 알고 있는 도형으로 채워나가 그 넓이를 구하는 방법이다.

앞에서 실진법을 적용하기 위한 근거는 마련되었다. 그렇다면 포물선 ADE에 의해 결정된 도형에서 $\triangle ADE$의 넓이를 제외한 나머지 부분을 생각해 보자. 여기서 포물선 위에 점 F와 점 G를 정하여 이때 결정되는 $\triangle AEF$와 $\triangle EDG$를 다시 제외하는 것이 실진법의 원리다. 처음에 제외된 $\triangle ADE$의 넓이와 두 번째로 제외되는 $\triangle AEF$와 $\triangle EDG$의 넓이의 합을 비교하고 여기서 규칙을 찾아보는 것이 바로 문제 해결의 출발점이다.

아래 그림에서 두 번째로 제외될 $\triangle AEF$와 $\triangle EDG$의 넓이의 합을 구해 보자. 이때 점 F와 점 G는 포물선 위의 점이다.

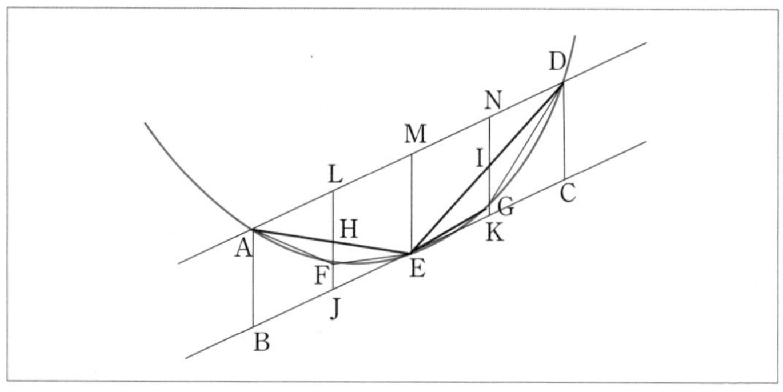

[그림 22] 실진법의 활용 1

이를 위해 $\triangle EDG$를 포함한 평행사변형 부분을 오른쪽 그림과 같이 생각해 볼 수 있다. 이때 점 K는 선분 EC의 중점이고 점 G는 선분 KI의 중점이라고 하자. 점 K에서 선분 CD에 평행하게 그은 선분이 선분 AD와 만나는 점을 N이라 하면 $\triangle EKI \backsim \triangle ECD$이고

$$\frac{\overline{KI}}{\overline{CD}}=\frac{\overline{EK}}{\overline{EC}}=\frac{1}{2}, \overline{KN}=\overline{CD}=2\overline{KI}$$

$$\frac{\overline{KG}}{\overline{KN}}=\frac{1}{4}, \overline{KI}=\frac{1}{2}\overline{CD}=2\overline{KG}$$

$\overline{KN}=\frac{1}{4}, \overline{KI}=\frac{1}{2}CD=2\overline{KG}$

$\overline{KN}/\!/\overline{CD}/\!/\overline{EM}$이므로 $\triangle DNI=2\triangle DIG, \triangle ENI=2\triangle EIG$

$\triangle EDG=\frac{1}{2}\triangle END=\frac{1}{4}\triangle EMD$

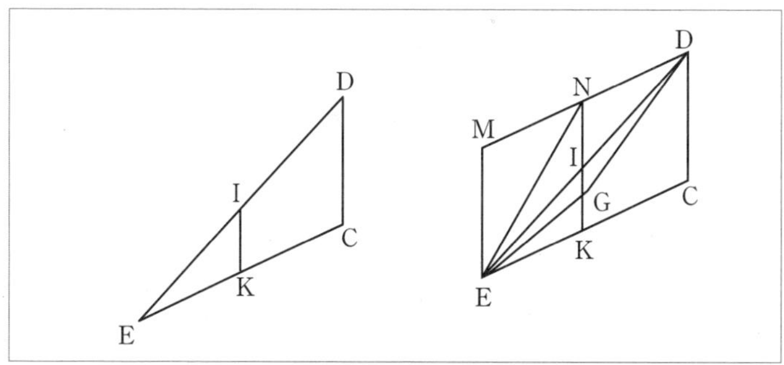

[그림 23] 실진법의 활용 2

위 과정을 [그림 22] 왼쪽 부분에도 적용하면 결국 $\triangle AEF+\triangle EDG=\frac{\triangle ADE}{4}$이 된다.

이제 버려지는 도형 넓이의 합이 포물선의 넓이와 같아질 것이라는 실진법의 원리를 통해 포물선과 직선으로 둘러싸인 도형의 넓이를 구하면 다음과 같을 것이라고 추론할 수 있다. 실진법을 이용하여 포물선과 직선으로 둘러싸인 도형의 넓이를 구한 과정을 살펴보자.

$$\triangle ADE+\frac{\triangle ADE}{4}+\frac{\triangle ADE}{4^2}+\frac{\triangle ADE}{4^3}+\cdots$$

$$=\left(1+\frac{1}{4}+\frac{1}{4^2}\quad+\cdots\right)\triangle ADE$$

$$=\frac{1}{1-\frac{1}{4}}\triangle ADE=\frac{4}{3}\triangle ADE$$

(포물선과 직선으로 둘러싸인 도형의 넓이)$=\frac{4}{3}\triangle ADE$

k의 값은 $\frac{4}{3}$이다.

– 적분 활용

위의 식을 오늘날의 적분을 이용하여 비교해 보자.

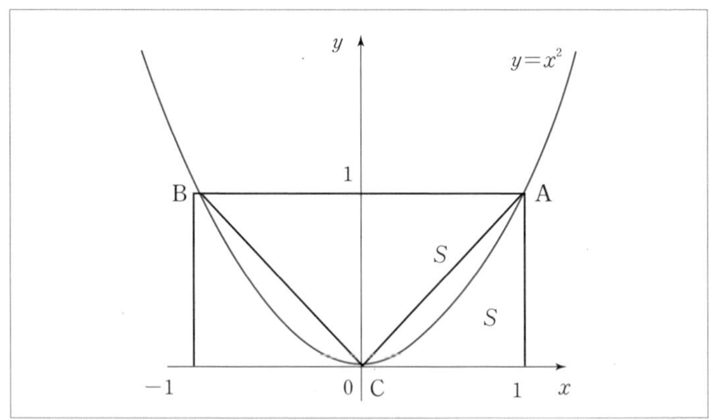

[그림 24] 적분 활용

$y=x^2$이 그리는 포물선의 넓이를 구하려면 y축을 중심으로 양쪽이 대칭임을 이용해 S의 넓이를 구한 뒤 두 배 하면 된다. 먼저 적분

공식을 이용하면

$S'=\int_0^1 x^2=\left[\frac{x^3}{3}\right]_0^1=\frac{1}{3}, S=1-S'=\frac{2}{3}$이므로 포물선의 넓이는 $\frac{4}{3}$이다.

$\triangle BAC$의 넓이가 1이므로 k의 값은 $\frac{4}{3}$이다.

그러나 엄밀하게 말하자면 실진법은 그 정확성이 빈약한 방법이다. 만약 넓이 공식이 알려져 있다면 실진법은 공식을 증명하는 세련된 도구가 될 수 있기는 하지만 실진법만을 이용해 넓이 공식을 발견하기란 매우 어렵기 때문이다. 아르키메데스는 저서 《구와 원기둥에 대하여》에서 나오는 공식을 실진법으로 매우 적절하게 증명했다고 자신의 논문 〈방법론〉에서 설명하고 있다. 아르키메데스는 실진법을 이용해 포물선의 넓이를 찾는 데 성공했지만 타원과 쌍곡선의 경우에는 실패했다고 전해진다.

– 심화 연구 활동(기하로 확장)

오른쪽 그림처럼 포물선 $y=x^2$과 두 점에서 만나는 임의의 선분 AB의 중점 M, 점 M으로부터 아래로 수선을 내려 포물선 위에서 만나는 점을 C라 하여 삼각형 ABC를 만든다. 이때, 삼각형 ABC의 넓이는 선분 AB의 x축 위의 정사영인 선분 EF의 위치와는 무관하게 결정된다

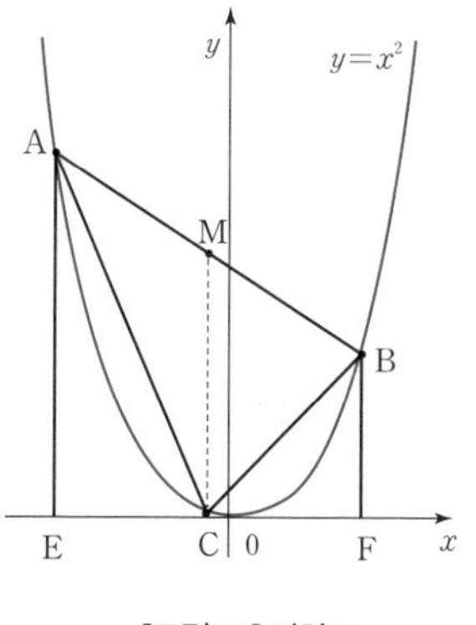

[그림 25] 기하 1

(점 C의 x좌표를 r이라 하면 어떤 양수 h에 대하여 점 A의 x좌표는 $r-h$, 점 B의 x좌표는 $r+h$임을 이용한다).

또한 오른쪽 그림처럼 선분 AC와 선분 CB의 각각의 중점 M_1, M_2에서 아래로 수선을 내려 포물선과 만나는 점을 J, K라 하자. 이때, 삼각형 ACJ와 삼각형 CBK의 넓이의 합은 삼각형 ABC의 넓이의 $\frac{1}{4}$이 된다. 그 이유를 수학적으로 설명하면 다음과 같다.

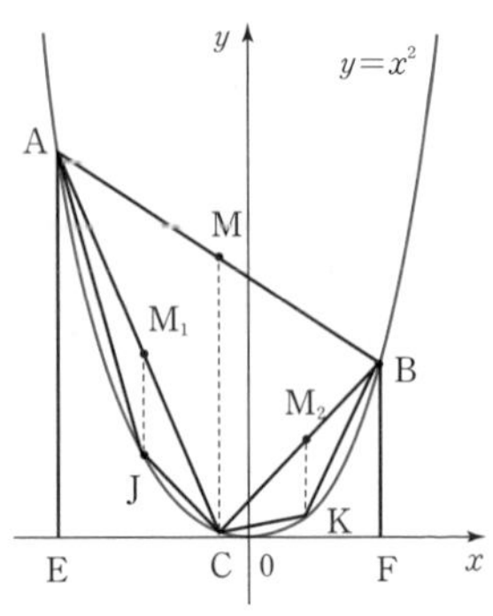

[그림 26] 기하 2

먼저 점 A, B, C의 좌표는 각각 다음과 같이 나타낼 수 있다.

$A(r-h, (r-h)^2), B(r+h, (r+h)^2), C(r, r^2)$

이때 선분 AB의 중점 M의 좌표는 $M(r, r^2+h^2)$으로 구할 수 있으므로 $\triangle ABC$의 넓이는 밑변 CM를 공유하는 $\triangle ACM$과 $\triangle BCM$의 넓이의 합과 같음을 이용하면

$\triangle ABC = \frac{1}{2}h^2h + \frac{1}{2}h^2hh = h^3$이다.

따라서 삼각형 ABC의 넓이가 오직 h에 의해 결정되고 선분 AB의 x축 위의 정사영인 선분 EF의 위치와는 무관하게 결정됨을 보여준다.

이제 위 사실을 이용하면 $\triangle ACJ$와 $\triangle CBK$의 넓이의 합은 $\triangle ABC$의 넓이의 $\frac{1}{4}$이 됨을 설명할 수 있다. $\triangle ACJ$와 $\triangle CBK$의

x축 위로의 정사영은 각각 선분 EF의 절반에 해당한다.

결국 이 두 삼각형의 넓이의 합은 다음과 같다.

$$\triangle ACJ + \triangle CBK = \left(\frac{h}{2}\right)^3 + \left(\frac{h}{2}\right)^3 = \frac{1}{4}h^3 = \frac{1}{4}\triangle ABC$$

따라서 삼각형 ACJ와 삼각형 CBK의 넓이의 합은 삼각형 ABC의 넓이의 $\frac{1}{4}$이 된다.

'아르키메데스의 공리 탐구하기' 과세특 예시

'수학은 어떻게 문명을 만들었는가(마이클 브룩스)'를 읽고 아르키메데스의 공리를 바탕으로 실진법을 이해하고 포물선과 직선으로 둘러싸인 도형의 넓이를 탐구할 필요성을 가짐. 이를 위해 그래프를 이용해서 엄밀하게 공리와 실진법을 이해함. 적분 없이 넓이를 구하는 것에 어려움을 느꼈지만 등비급수의 합을 이용해 넓이를 구함. 급우들 앞에서 적분을 활용하여 넓이를 구하는 것을 비교 발표하여 좋은 호응을 얻음. 이에 만족감을 얻었고 과거 수학적 사실의 중요성을 인식하게 됨. 또한 아이디어를 가지고 문제를 해결하는 능력이 탁월함. 더 나아가 정사영을 응용한 방법을 통해 실진법의 일부를 유도하는 과정을 연구하는 심화 활동까지 수행하여 융합적 사고의 깊이를 더함.

PART
5

제4차 산업혁명 시대 수학의 새로운 점령지를 찾아 나선다!

MUST-READ FOR

MATHEMATICS AND LOGICAL THINKING

BOOK 21

《통계학, 빅데이터를 잡다》

조재근 | 한국문학사 | 2017. 07.

통계학을 통한 융합과 통섭의 지식 콘서트

통계학은 조사나 실험을 통해 얻은 데이터를 바탕으로 우리가 미처 알지 못하는 것에 대해 추론하는 학문입니다. 불확실한 상황에서 의사결정을 내릴 때 과학적인 길잡이 역할을 하는 것이지요. 지난 몇 세기에 걸쳐 통계학은 다양한 분야의 데이터를 분석하는 데 널리 활용되면서 자연과학뿐 아니라 사회과학과 인문학까지 아우르는 매우 융합적인 분야로 성장했습니다.

그런데 이러한 통계학이 극적으로 그 활용도를 넓힌 계기가 있습니다. 바로 빅데이터[big-data]의 등장입니다. 소셜 미디어의 확산과 클라우드 컴퓨팅을 통해 순식간에 엄청난 양의 데이터가 쌓이게 되고 산업은 이를 활용할 방법을 적극적으로 모색하게 되었습니다. 텍스트 분석, 데이터 시각화 등의 목적을 위해 통계학은 이전보다 더욱 광범위한 영역에서 사용되기 시작합니다. 더 나아가 머신러닝machine learning이나 딥러닝을 통한 인공지능이 등장하기 시작하면서 그 역할은 점점 더 중요해지고 있습니다.

통계학은 데이터와 확률론의 결합이라고 할 수 있습니다. 우리는 책에서 통계청을 비롯한 국가기관이 관리하는 사회 · 경제 통계와 더불어 의학, 생물학, 금융 등 여러 분야를 두루 넘나드는 통계학의 다양한 양상을 만날 수 있습니다. 당연히 빅데이터와 인공지능, 머신러닝의 각종 학습법이 서로 어떻게 연결되고 서로 어떻게 다른지도 상세히 살펴봅니다.

여러 세기 동안 수량 데이터가 널리 활용되면서 통계는 한편으로 본래의 역할에서 벗어나 지나친 권위를 갖게 되기도 했습니다. 관료주의와 결합한 통계 수치가 때로는 객관성과 정확성이라는 명목으로 그 뒤에 있는 살아 있는 사람들의 얼굴 따위는 쉽사리 지워버리는 냉혹한 역할까지 종종 떠맡게 됩니다. '융합과 통섭의 지식 콘서트 시리즈' 중 하나인 이 책이 지향하고 있는 융합과 통섭의 근본에는 바로 비판적 사고가 자리 잡고 있습니다.

이 책은 미래를 살아갈 우리 학생들에게도 의미 있는 통찰을 제시합니다. 2020년 세계경제포럼 보고서에 의하면 미래 사회에 가장 중요한 직무역량으로 '복합적인 문제를 해결하는 능력', '비판적 사고', '창의성' 등이 꼽힌다고 합니다. 그런 의미에서 통계학 역시 사람 냄새가 빠진 딱딱한 학문의 틀에서 벗어나 융합과 통섭의 영역으로 확장되어야 합니다. 통계학 전공을 원하는 학생뿐 아니라 제4차 산업혁명 사회를 살아갈 모든 인재에게는 통계라는 도구로 무엇을 어떻게 할 것인가 하는 자기만의 창의성이 필요합니다. 이 책은 그런 창의성과 비판적 사고를 갖게 하는 데 도움을 줍니다.

이 책을 통해 통계학의 멋진 모습을 마주할 것이고, 화려한 빅데이터의 활약에 눈이 번쩍 뜨이는 경험을 할 수도 있습니다. 그리고 그 통계와 빅데이터의 신화 속에 감춰진 우리 시대 통계학의 여러 모습을 비판적인 안목으로 살필 수 있는 통찰력도 가질 수 있기에 추천합니다.

제4차 산업혁명 시대에서 중요한 자리를 차지하는 빅데이터와 인공지능의 근간이 되는 통계학의 실체를 인문학적 시선으로 바라보며 읽으면 좋습니다. 이를 통해 여러 분야를 두루 넘나드는 통계학의 융합적인 면모를 경험할 수 있고 활용할 방법도 찾을 수 있을 것입니다.

이 책을 생기부 후속 활동으로 확장하는 법

마이크로타깃팅 탐구하기

관련 단원: 확률과 통계(확률)

●머신러닝은 기계가 스스로 배워나갈 수 있는 알고리즘을 의미한다. 컴퓨터에서 인터넷, 머신러닝으로의 발전은 피할 수 없는 양상이다. 컴퓨터 덕에 인터넷이 가능했고 인터넷으로 데이터의 홍수와 무제한의 선택 문제가 생겼다. 머신러닝은 무제한의

선택 문제를 해결하고자 홍수같이 쏟아지는 데이터를 처리한다. 미국 대통령 선거에서는 머신러닝 전문가를 고용해 정밀한 유권자 맞춤 전략 시스템인 '마이크로타깃팅microtargeting'을 시도하는 것으로 유명하다. 마이크로타깃팅 방법에 대해 탐구해 보자.

신약의 약효 탐구하기

📖 **관련 단원:** 확률과 통계(통계)

●가설검증으로 신약의 약효를 시험할 수 있다. 제약회사에서 특정 질병을 치료하기 위한 신약을 개발한다. 과연 치료 효과가 있는지 알아보기 위해 100명의 환자를 대상으로 테스트를 해 보기로 했다고 하자. 먼저 100명 가운데 랜덤하게 50명을 골라 신약을 투약하고, 나머지 50명에게는 플라시보 효과를 노린 위약(가짜 약)을 준다. 환자 본인은 자기가 먹는 게 신약인지 위약인지 모른다. 투약 후 일정 시간이 지난 후 살펴보니 신약을 먹은 사람 가운데 40명이 치료되었고 위약을 먹은 사람 중에는 30명이 치료되었다고 하자. 차이는 10명이지만 과연 이 격차가 진짜 약효로 인한 것인지 오차범위인 우연에 의한 것인지 통계학을 적용해 설명하고 관련 내용을 탐구해 보자.

지오지브라로 지니계수 탐구하기

📖 **관련 단원:** 수학Ⅱ(다항함수의 정적분)

●한 나라 국민의 생활 수준을 나타내는 지표로 보통 국내 총

생산[GDP]이나 국민 총소득[GNI]을 사용한다. 그러나 이런 지표는 소득이 사회 각층에 얼마나 골고루 분배되어 있는지는 보여 주지 못한다. 국민의 소득 분배를 나타내는 대표적인 지표로 이탈리아 통계학자 코라도 지니[Corrado Gini]가 고안한 지니계수[Gini coefficient]가 있다. 지니계수는 계층 간 소득 불평등 정도를 나타내는 수치로 로렌츠 곡선[Lorenz curve]을 통해 그 의미를 쉽게 이해할 수 있다.

로렌츠 곡선은 미국의 통계학자 로렌츠[Max O. Lorenz]가 창안한 것으로, 가로축에 인구 누적 비율, 세로축에 소득 누적 비율을 표시해 나타낸 곡선이다. 통계청 사이트에 들어가서 소득에 대한 자료를 찾아 우리나라 소득 인구 전체를 소득이 낮은 사람부터 높은 사람의 순서대로 나열한 후, 20%씩 구분하여 계층별 소득 점유율과 소득 누적 비율을 표로 그려보자. 표를 보고 지오지브라를 이용해 곡선도 그려본다. 로렌츠 곡선 $L(x)=0.9x^2+0.1x$일 때, 지니계수를 구해 보자. 균등 분포선과 로렌츠 곡선 사이의 영역이 넓어질수록 지니계수의 값과 계층 간 소득 격차가 어떻게 변하는지 탐구해 본다(284페이지 '독서로 챙기는 생기부 사례' 참조).

관련 학과: 공학계열, 컴퓨터학과, 경영학과, 경제학과

같이 읽으면 좋은 책

《빅데이터 시대, 성과를 이끌어 내는 데이터 문해력》(카시와기 요시키 | 프리렉 | 2021. 03.)

BOOK
22

《빅데이터와 통계학》

홍종선 | 탐진 | 2021. 01.

확률과 통계를 빅데이터 분석에 본격 적용하는 실무서

통계학은 컴퓨터공학과 동반 개념으로 발전해 나가고 있습니다. 인공지능, 사물인터넷IoT 등과 함께 특히 큰 이슈로 떠오르고 있는 빅데이터의 등장으로 통계학은 비약적으로 발전하고 있습니다. 오늘날 통계학자가 된다는 것은 '빅데이터에 능숙해진다.'라는 것과 거의 동일시되어 이해된다고 해도 과언이 아닙니다.

이 책은 통계학으로 빅데이터를 다루는 사실상 모든 기법에 대해 다루고 있습니다. 컴퓨터 사용에 능숙한 요즘 학생이라면 이 책을 통해 빅데이터 활용법을 익히고 더 나아가 사회의 복지 기능, 기업의 재무 자료 분석, 도시의 사회경제적 현상 분석, 범죄율과 변수 통제, 입시나 입사 시험 설계 등 다양한 실생활 영역에 활용할 수 있는 힌트를 얻을 수 있을 것입니다.

통계학을 활용해서 빅데이터를 분석하기 위해서는 대용량 자료를 한꺼번에 사용하기보다 목적에 따라서 다양한 방식으로 분할하는 법을 먼저 익혀야 합니다. 이 과정에서 논리적 분석력과 창의력이 동원됩니다. 똑같은 빅데이터라고 하더라도 어떤 관점으로 분할하고 가공하느냐에 따라서 얼마든지 서로 다른 목적을 달성할 수 있으며 최적의 결과를 도출해 낼 수 있습니다. 이 과정에서 통계학적 분석과 해석력이 동원되어야 합니다. 얻은 결과 중에서도 유사하게 해석할 수 있는 자료의 성격을 파악해서 분할한 자료들을 통합하면서 빅데이터 자료 분석을 진행해 나가야 하기 때문입니다.

즉 대용량 자료인 빅데이터를 다양하게 잘라서 분석하고 얻은 결과를 해석해야 하고, 유사하게 해석할 수 있는 분할된 자료를 통합하면서 특성을 파악하는 과정을 반복하면 분석을 진행하는 것입니다. 통합과 분절을 하는 방법에 따라 데이터의 가치는 더욱 높아집니다. 그리고 이 과정에서 제일 중요한 것이 통계자료 분석력입니다.

누구나 집에 갖고 있는 평범한 개인용 컴퓨터로 엑셀 같은 편리한 소프트웨어를 사용해서 실제 빅데이터를 통계 분석하는 방법을 쉽게 이해하고 배울 수 있기에 이 책을 추천합니다. 수업 시간에 배운 확률과 통계 개념을 이용하여 엑셀을 활용해 빅데이터 자료를 분석해 보는 과정을 직접 실습해 보기 바랍니다. 추가 분석 과제를 통해 그 과정을 심화 발전시켜 가다 보면 여러 종류의 데이터에 통계학적 분석력을 가지고 접근하는 능력을 향상시킬 수 있습니다.

이 책을 생기부 후속 활동으로 확장하는 법

정규분포로 제품 생산량 산출하기

📖 **관련 단원**: 확률과 통계(통계)

● 정규분포를 이용해 의류의 사이즈별 생산량을 산출해 보자. 엑셀에서 [수식]→[기타함수]→[통계]→[NO.DIST] 기능을 이용한다. 신장별 사이즈 구간을 다음과 같이 구분하고 평균 신장을 172cm, 표준평균이 2.5라고 가정한다. 1천만 벌의 의류를 생산한다고 가정할 때 각 구간 확률과 생산량을 구하는 과정을 탐구해 본다.

사이즈	신장
S	~160 cm
M	160~170 cm
L	170~175 cm
XL	175~180 cm
XXL	180~185 cm
3XL	185 cm~

난수 추출을 활용한 로또 번호 생성하기

📖 **관련 단원**: 확률과 통계(통계)

● 45개의 로또 번호 중 여섯 개를 추출하고자 한다. 통계학적으로 난수를 생성한다. 첫 번째 열에 0부터 1까지의 균일분포를 따르는 난수 45개를 추출하여 정리한다. A2칸에 RAND 함수를

적용해 0보다 크거나 같고 1보다 작은 45개의 난수를 추출한다. 이런 과정을 30회 반복해 30번째 열까지 각각 난수 45개씩을 추출하여 난수표를 만든다. 이를 바탕으로 난수에서 반환된 로또 번호를 구하는 과정을 탐구해 본다.

기업 재무 자료 분석 탐구하기

📖 **관련 단원**: 확률과 통계(통계)

●상관분석과 회귀분석을 이용하여 기업 재무 자료를 분석해 보자. 한국 NICE 신용평가정보에서 제공하는 국내 상위기업 재무 자료를 다운로드 한다. 변수 간 상관분석을 통한 관계 파악을 위해 엑셀의 [데이터]→[데이터분석]→[상관분석]→[확인] 기능을 이용한다. 변수 간 산점도를 통한 관계 파악을 위해 엑셀의 [삽입]→[차트]→[분산형]→[표식만 있는 분산형 차트] 기능을 이용한다. 여기서 구한 표와 그래프를 바탕으로 자료를 분석하는 과정을 탐구해 본다.

관련 학과: 공학계열, 컴퓨터학과, 통계학과

같이 읽으면 좋은 책

《빅데이터를 지배하는 통계의 힘》 (니시우치 히로무 | 비전코리아 | 2023. 05.)

BOOK 23

《세상의 모든 공식》

존 M. 헨쇼John M. Henshaw | 반니 | 2015. 07.

알아두면 쓸모 있는 신비한 수학과 과학 사전

이 책은 수학 세계의 공식들을 재미있는 이야기로 풀어갑니다. 사례도 흥미로울 뿐 아니라 저자의 유머 감각과 어우러져 읽는 게 즐거운 책이기도 합니다.

저자는 다양한 흥미로운 이야기를 통해 우리가 꼭 알아야 하는 52가지 공식을 소개합니다. 해당 내용을 전공한다면 반드시 공식을 사용하여 원하는 값을 도출하는 수준까지 탐구하는 것이 필수적일 것입니다. 그러나 교과과정에서 배우지 않는다고 해서 일반 고등학생이 전혀 몰라도 되는 것은 아닙니다. 각 공식의 배후에는 세상이 돌아가는 이야기가 담겨 있기 때문입니다.

공식은 과학, 공학, 비즈니스, 예술, 레포츠 등 다양한 분야를 망라합니다. 하나의 공식이 여러 이야기를 이어주기도 하고 여러 공식이 하나의 이야기로 귀결되기도 하고 여러 이야기에 여러 공식이 짜여 있기도 합니다.

훌륭한 공식은 훌륭한 이야기와 같기에 공식을 배울 수준이 아직 되지 않았다면 이야기만으로 즐겁게 알아가면 충분합니다. 그렇게 하면 기억에 오래 남게 되고 언젠가 해당 내용을 깊이 배워야 할 상황이 왔을 때, 더 편하게 받아들이며 시작할 수 있을 것입니다.

교양서적을 읽는 것처럼 여러 공식 이야기를 접하길 바랍니다. 혹여 공식은 잊어버리더라도 배후 이야기를 기억한다면 세상을 수학적 · 과학적으로 바라보는 시야를 기를 수 있을 것입니다.

뉴턴의 만유인력 법칙, 표준정규분포, 체질량 지수, 기하급수적 증가, 열역학 제1법칙, 스넬의 법칙Snell's law, 통계적 유의성 검정 등 다양한 진로와 연결되는 52개 방정식이 소개되어 있습니다.

많은 내용을 소개하느라 개별 주제를 깊이 들어가지 않은 것이 아쉽기는 하지만 고등학교나 대학교에서 배우는 다양한 내용이 수록되어 있어 알아두면 도움이 됩니다. 진로와 연결되거나 흥미 있는 주제가 있다면 더 상세히 다룬 다른 책을 읽거나 추가 조사를 해서 깊이 있는 탐구로 이어 나가면 좋겠습니다.

이 책을 생기부 후속 활동으로 확장하는 법

뉴턴 만유인력의 법칙 탐구하기

📖 **교과 연계**: 수학과 물리의 연계 탐구

● 뉴턴은 오늘날 우리가 중력이라 부르는 현상을 숙고하던 중, 떨어지는 사과에서 위대한 통찰을 얻었다. 통찰의 결과가 바로 만유인력의 법칙 $F=G\frac{m_1m_2}{r^2}$ 이다. 뉴턴은 사과를 땅으로 떨어지게 하는 힘으로 행성들의 궤도 운동까지 설명할 수 있다고 생각했고, 이 법칙으로 달의 운행을 포함한 우주의 여러 현상을 정확히 예측해 냈다. 만유인력의 법칙에 대한 결정적인 검증은 뉴턴 사후 한참 후에 이루어졌는데, 천왕성의 공전궤도에서 만유인력의 법칙으로 설명되지 않는 변칙성을 발견하고 미지의 행성이 숨어 있으리라 예측한 것이다. 그리고 다시 시간이 흘러 아인슈타인이 일반상대성이론을 발표했고, 이는 뉴턴의 이론으로는 설명되지 않는 블랙홀, 중성자별, 수성의 공전궤도에 일어나는 변칙적 운동까지 설명하며 더 일반화된 이론으로 자리를 잡았다. 이를 바탕으로 뉴턴 만유인력의 법칙과 아인슈타인 일반상대성이론에 대해 더 탐구해 보자.

쓰나미와 파동의 관계 탐구하기

📖 **교과 연계**: 수학과 물리의 연계 탐구

● 2004년 12월 인도네시아 쓰나미, 2011년 3월 일본 쓰나미

등은 최악의 자연재해로 꼽힌다. 이 쓰나미는 먼바다에서 생성된 높이 30cm 남짓의 낮은 파도가 불러온 일이라고 한다. 그런 작은 파도가 어떻게 해안에서 무시무시한 쓰나미로 변하는지 파동 방정식 $y=a\ \sin\left(\frac{2\pi}{L}(x-ct)\right)$으로 설명할 수 있다. 바람으로 생긴 파동의 파장은 보통 30m 남짓이다. 그러나 지진에 의한 파장은 놀랄 만큼 거대해 높이는 30cm에 불과하더라도 거기 포함되는 물의 양은 어마어마하다. 또한 파도가 해안으로 접근할수록 수심이 얕아져 해파의 속도가 줄면서 물 더미가 더 높이 쌓이며, 후속 해파로 인해 쓰나미의 쇄도가 몇 분이나 지속된다. 책에 소개된 설명에서 쓰나미가 먼바다에서 해안가로 오면 왜 파도가 높아지고 오랫동안 지속하는지, 사인함수 그래프의 주기와 최대 · 최소 개념과 물리적 현상을 함께 탐구해 보자.

푸리에 급수에 대해 탐구하기

📖 **관련 단원:** 수학 I (삼각함수)

● 현대사회는 디지털 세상으로 푸리에[Jean-Baptiste Joseph Fourier]가 영향이 미치지 않는 곳을 찾기가 어렵다. 휴대전화, 카메라, 컴퓨터 등 문명의 이기들은 모두 수학자 푸리에가 개발한 수학적 신호 변환 기법인 푸리에 급수 $f(x)=\sum_{k=0}^{\infty} a_k\cos(kx)+\sum_{k=0}^{\infty} b_k\sin(kx)$와 푸리에 변환에 의지한다. 라디오 주파수, MP3 포맷 등 각 신호를 합성하고 분해하는 방법의 원리에 관해 자세히 탐구해 보자.

▶도움이 되는 인터넷 자료

-만유인력(동아사이언스)

-아인슈타인 상대성이론(유튜브, EBS 다큐)

-쓰나미에 대한 과학적 고찰(나무위키)

-푸리에 급수(깃허브, 공돌이의 수학정리노트)

-푸리에 변환(깃허브, 공돌이의 수학정리노트)

관련 학과: 공학계열, 자연과학계열

같이 읽으면 좋은 책

《세상을 이해하는 52가지 방정식》(존 M. 헨쇼 | 반니 | 2020. 10.)

BOOK 24

《물리가 쉬워지는 미적분》

나가노 히로유키永野裕之 | 비전코리아 | 2018. 06.

미적분과 물리의 연결고리로 두 과목 동시에 잡자

통합 교과적인 물리 · 수학책으로 골치 아픈 물리, 복잡한 미적분을 벗어나 수학으로 물리를 쉽게 이해하게 도와주는 책입니다. 기본 수학 미적분으로 뉴턴 역학을 풀이하는 즐거움을 맛볼 수 있습니다. 누구도 분명히 말해주지 않았던 물리와 수학의 연결고리를 잘 설명해 주면서, 암기가 아닌 '연결'로 공부하면 시너지 효과가 커진다고 저자는 말합니다.

책은 전체 3장으로 구성되어 있습니다. 1장 미분과 2장 적분은 고등학교 수학Ⅱ, 미적분 수준 정도입니다. 3장 미분방정식의 경우 고등학교에서는 배우지 않지만, 대학교 저학년 수준의 난도라서 고등학생들도 맛보기로 미리 경험해 볼 만합니다.

저자는 기본적인 수학 지식이 없어서 물리로까지 눈을 돌리지 못하는 사람, 수학과 물리에 발목 잡혀 꿈을 접은 사람들을 돕기 위해 이 책을 집필했다고 밝히고 있습니다. 수학 개념이 친절히 풀이되어 있고 특히 물리 공부를 위해 필요한 수학의 이해를 돕습니다. 또한 책에서 배운 내용을 바탕으로 기출문제를 풀고 질의응답을 통해 내용을 확장하여 배울 수 있습니다.

융합 수업에 활용될 수 있는 대표적인 책으로 수학을 통해 물리를 깨우치고 그 매력을 맛볼 수 있기에 추천합니다. 교과서에 나오는 물리의 기본적인 내용에 대한 이해가 전제되어야 이 책을 잘 읽을 수 있습니다.

이 책이 꼽은 물리에 필요한 수학은 다음과 같습니다. 순간속도, 위치 · 속도 · 가속도, 등속원운동의 가속도, 운동방정식과 각운동량, 코리올리 힘과 원심력, 등가속도 직선운동, 에너지 보존법칙과 운동량 보존법칙, 단진동, 공기저항과 낙하 운동, 감쇠진동.

코리올리 힘corilis force에 대해 알아볼까요? 자동차가 커브를 돌 때 사람들은 도는 방향과 반대 방향으로 원심력을 느낍니다. 북반구에서 반시계 방향으로 태풍이 소용돌이칠 때 지구 자전에 의해 태풍의 눈에 흘러드는 바람을 코리올리 힘이라고 합니다. 원심력과 코리올리 힘 모두 겉보기 힘으로 실체가 없는 가상의 힘입니다. 고등학교 물리에서는 원심력과 코리올리 힘을 '관성의 법칙을 성립시키기 위한 힘'이라고 설명하는데 이는 부족한 설명입니다. 삼각함수의 미분과 합성함수의 미분을 이해해야 회전하는 좌표계 위에서의 운동방정식을 이해할 수 있고 이를 통해 원심력이나 코리올리 힘의 정체를 확실하게 알 수 있습니다.

우리나라뿐 아니라 일본의 명문대 입시에서도 다양한 융합 관련 문항이 많이 출제되는 것으로 알려져 있습니다. 책에는 그러한 경향을 파악할 수 있는 일본 명문대 기출문제가 다양하게 소개되어 우리 학생들에게도 활용도가 높습니다.

이 책을 생기부 후속 활동으로 확장하는 법

등속원운동의 가속도 탐구하기

📖 **관련 단원**: 수학 I (삼각함수), 미적분(미분법), 기하(평면벡터)

●등속원운동의 가속도는 다음과 같다.

'반지름 r, 속도 v인 등속원운동 하는 물체의 가속도 크기를 a라고 하면, $a=v\omega=r\omega^2=\frac{v^2}{r}$ (단, ω는 각속도)이다. 또한 가속도의 방향은 원의 중심 방향이다.'

등속원운동의 가속도를 수학을 이용해 구하는 과정을 탐구해 본다. 더 나아가 삼각비와 삼각함수의 차이점에 대해서도 탐구해 본다.

등가속도 직선운동 탐구하기

📖 **관련 단원**: 미적분(적분법)

●등가속도 직선운동은 다음과 같다.

'일정한 가속도 a로 직진하는 물체의 시각 t에서의 속도 v와 위치 x는 다음 식으로 주어진다.

$v=v_0+at$

$x=x_0+v_0t+\frac{1}{2}at^2$

단, v_0과 x_0은 각각 $t=0$에서의 처음 속도와 처음 위치다.'

등가속도 직선운동을 수학을 이용해 구하는 과정을 탐구해 본다. 더 나아가 $v-t$ 그래프와 가속도, 이동거리에 대해 탐구해 본다.

에너지 보존법칙과 운동량 보존법칙 탐구하기

📖 **관련 단원**: 미적분(적분법), 기하(평면벡터)

● 에너지 보존법칙과 운동량 보존법칙은 각각 다음과 같다.

① 에너지 보존법칙: 물체에 중력이나 탄성력 이외의 힘이 작용하지 않을 때 운동에너지를 K, 위치에너지를 U라고 하면 $K+U=$일정하다.

② 운동량 보존법칙: 두 물체 사이에 외부로부터의 힘이 작용하지 않고 오로지 상호작용력만이 작용할 때, 운동량의 합은 보존된다. 즉 $m\vec{v_1}+M\vec{V_1}=m\vec{v_2}+M\vec{V_2}$이다.

에너지 보존법칙과 운동량 보존법칙을 각각 수학을 이용해 구하는 과정을 탐구해 본다. 더 나아가 물체에 중력과 탄성력 이외의 힘이 작용하지 않을 때라는 것이 역학적 에너지가 보존되기 위한 조건인데, 중력과 탄성력 이외에 수직항력을 받아도 역학적 에너지는 보존이 되는지에 대해 탐구해 본다.

관련 학과: 공학계열, 소프트웨어학과, 물리학과

같이 읽으면 좋은 책

《수학은 우주로 흐른다》(송용진 | 브라이트 | 2021. 12.)

《지오지브라 무작정 따라하기》(최중오 | 시오북스 | 2020. 05.)

BOOK
25

《생명의 수학》

이언 스튜어트 Ian Stewart | 사이언스북스 | 2015. 07.

학문의 최첨단에서 벌어지는 수학과 생물학의 융합

〈가디언〉이 뽑은 영국에서 가장 뛰어난 수학 저술가로 선정된 저명한 수학자이자 대중 과학 저술가 이언 스튜어트의 책입니다. 이 책에서는 수학과 생물학을 접목합니다. 생물학은 과거에는 단순히 식물, 동물, 곤충을 개별적으로 연구하는 학문에 가까웠습니다. 그러나 5대 혁명이 일어나면서 그 양상이 크게 바뀌었다고 합니다. 현미경, 지구 생명체의 체계적 분류, 진화론, 유전자의 발견, DNA 구조 분석이 바로 5대 혁명입니다. 그리고 저자는 '수학'이 바로 6대 혁명이 될 것이라고 말합니다.

책에서 생물학이 수학을 활용하는 다양한 방법들을 소개합니다. 실제로 지난 10년간 생물 정보학 bioinfomatics, 생물 수학 biomathematics, 수리 생물학 mathematical biology 등이 비약적인 발전을 이뤘습니다.

현대 생물학에서는 인류 진보를 위해 핵심적인 질문이 다수 나오고 있으며, 그중 대부분은 뛰어난 수학 지식이 있어야 답할 수 있는 것들입니다. 생명과학, 특히 생명 과정을 연구하는 분야에서는 여러 수학 기법을 활용하고 있으며, 필요한 경우 완전히 새로운 분야의 수학을 만들어 내기도 합니다. 오늘날 수학자들과 생물학자들은 인류가 마주해 온 가장 어려운 문제들을 풀기 위해 함께 일하고 있는 것이지요. 생명의 기원과 본질도 그와 같은 문제 중 하나입니다.

21세기에는 수학의 지평이 생물학으로 인해 확장되어 가고 있으며 앞으로는 더욱 그럴 것으로 보입니다. 그러기에 수학은 생물학을 알아야 하고 생물학은 수학을 알아야 합니다. 융합이 절실한 이유입니다. 책에서는 인간 유전체 사업, 바이러스와 세포의 구성, 유기체의 생김새와 행동, 생태계와의 상호 작용에 이르기까지 수학과 생물학이 가진 연관성을 풍부하고 다양하게 소개합니다. 또한 진화 중에는 그 기간이 너무 길어 관찰하기 어려운 것도 많고 몇억 년 전에 일어나 아리송한 자취밖에 남지 않은 것들도 있는데, 이렇게 진화와 관련된 까다로운 문제에 수학이 어떻게 새로운 빛을 던져 줄 수 있는지도 제시합니다. 생명과 관련된 수학의 범위는 매우 넓습니다. 확률, 역학, 카오스 이론, 대칭, 네트워크, 탄성, 심지어는 매듭 이론까지 그 범위에 포함됩니다. 수학과 생물학의 연합은 매우 핫한 이슈인 것입니다.

다윈 시대의 초기 진화론에서는 지질학이 필수였고 1960년대에는 화학이 세포 생물학의 필수가 되었고 컴퓨터가 등장하면서 생물 정보학이라는 학문이 출현했습니다. 과학의 모든 분야와 마찬가지로 전통적인 경계는 무너지고 있으며 이제는 수학 없이는 생물학을 공부할 수 없습니다.

저자는 이렇게 조언합니다. '자신의 전공에만 사로잡힌 고립된 과학자 집단이 아니라 관심 분야가 다양하고 보완적인 사람들로 이루어진 팀이 필요한 세상이 되었으며, 과학 역시 국경을 넘어 세계적인 공동체로 바뀌고 있다. 그러니 당신은 어떤 팀의 일원이 될 것인가를 신중하게 선택해야 한다.'

생물학의 여러 주제가 수학적 이론으로 어떻게 모형화되는지 살펴보면서 두 학문의 연관성을 익히고 앞으로 어떻게 진전될지를 조금이나마 엿볼 수 있기에 추천합니다. 대체로 어려운 내용이기는 하지만 수학을 바탕으로 생명과학에 관한 지식과 이해가 있으면 이 책의 내용을 깊이 있고 재미있게 읽을 수 있을 것입니다.

이 책을 생기부 후속 활동으로 확장하는 법

진화적 안정 전략 탐구하기

📖 **관련 단원**: 확률과 통계(확률)

● 게임 이론을 진화 생물학에 체계적으로 적용하는 데 가장 중요한 역할을 한 사람은 존 메이너드 스미스John Maynard Smith다. 그

는 '진화적 안정 전략Evolutionarily Stable Strategy, ESS'이라는 중요한 개념을 제시했는데 이는 내시 균형을 수정한 것으로 어떤 돌연변이도 개체군에 성공적으로 침입할 수 없는 상황을 정확하게 설명해 준다. 그는 아울러 이 진화적 안정 전략을 수학적으로도 정의했다. 이에 대해 자세히 탐구해 본다.

노이만 복제 자동 장치 탐구하기

관련 단원: 확률과 통계(순열과 조합)

●노이만 복제 자동 장치를 도식화해 본다. 세포 자동 장치는 규칙이 있는 격자 단순한 비디오 게임처럼 보인다. 세포 하나하나가 격자 안 정사각형이며, 격자 간에 규칙이 적용된 특수한 복잡계다. 격자의 정사각형, 즉 각 세포는 다양한 상태로 존재할 수 있다. 상태를 시각화하기 위해 세포에 색을 칠하면 가능한 상태가 여러 색깔로 나타난다. 각 세포는 자신의 색과 이웃의 색을 결정하는 특정한 규칙 체계를 따른다. 예를 들어 빨강과 파랑 두 색을 가지고 한다면 어떻게 되는지 탐구해 본다.

다른 행성에 생명이 존재할 확률 탐구하기

관련 단원: 확률과 통계(확률)

●우주 전체에서 지구가 지적 생명이 사는 유일한 곳일 확률은 얼마일까? 단순화를 위해 행성의 수가 10^{22}이라고 하자. 큰 수의 법칙에 따라 단 하나의 행성에만 지적 생명이 산다면 그 행성

에 지적 생명이 자라날 확률은 $\frac{1}{10^n}$이어야 한다. 확률이 100배 커지면 지적 생명이 자라는 행성이 100개 있다고 기대한다. 확률이 $\frac{1}{100}$배로 작아지면 그런 행성이 $\frac{1}{100}$개라고 기대한다. 거의 없는 것이니 다름없다. 그러므로 우리가 사는 세계를 유일하게 만들어 줄 마법의 수 1이 나오기 위해서는 우주론적으로 매우 정교한 미세 조정이 필요하다. 하지만 지적 생명이 나타날 확률을 구체적인 행성의 수로 환산해 주는 그럴듯한 물리적 기제는 없는 듯하다. 그러므로 지구만이 우주 복권에서 대박을 맞은 행성이거나, 어딘가엔 외계 생명이 존재한다고 보아야 할 것이다. 표준적인 계산에 따라 이항분포 개념을 적용하여 지구에만 지적 생명이 있을 확률, 어떤 행성에도 지적 생명이 존재하지 않을 확률, 둘 이상의 행성에서 지적 생명이 존재할 확률을 구하는 과정 등을 탐구해 본다.

관련 학과: 공학계열, 생명과학과

같이 읽으면 좋은 책

《생명과학을 위한 수학 I》(강혜정 | 경문사 | 2021. 03.)

BOOK
26

《복잡한 세상을 이기는 수학의 힘》

류쉐펑 Lui Xue-Feng | 미디어숲 | 2023. 01.

컴퓨터적 수학 사고를 통해 인생의 지혜를 얻는다

저자의 풍부한 연구 경험과 인생에 대한 깊은 이해를 바탕으로 '알고리즘'과 '인생'을 연결한 독특한 책입니다. 저자는 독자들이 생활에서의 지식과 경험을 통해 알고리즘을 이해하고, 알고리즘을 통해 삶의 지혜를 얻을 수 있기를 원하며 이 책을 썼다고 밝히고 있습니다. 컴퓨터적 수학 사고는 일상의 각종 문제를 해결하기 위한 사고절차와 해결 방법을 제공해 주고, 일상의 지혜는 다시 새로운 알고리즘을 설계하는 데 아이디어를 줍니다.

최소제곱법을 통한 미래 예측, 불량조건 연립 방정식을 통한 다양성의 이점, 푸리에 급수를 통해 복잡한 현상 배후에 있는 희소하고 단순한 규칙 찾기, 큰 수의 법칙을 통한 확률의 이해와 일상의 교훈, 수치 해법을 통한 완벽보다 중요한 완성의 이해, 경사하강법을 통한 불완전함의 받아들이기 등 컴퓨터적 수학 사고를 먼저 이해하고 그 방법론으로부터 인생의 지혜를 얻을 수 있는 책입니다. 나의 삶에서도 '모든 단계에서 완벽을 추구'하는 것보다 '반복 수정을 통해 완성도를 높이는' 모델이 더 좋은 결과를 가져온 적이 있는지 생각해 보기 바랍니다.

책 전체가 컴퓨터 알고리즘 영역을 중점적으로 다룬 책이기에 추천합니다. 우리가 배우는 고등학교 수학의 문제 해결법은 '확실한 답이 아니면 모두 틀린다.'라는 식의 해석적 관점에 치우치기 쉽습니다. 그러한 방법 역시 사고력을 키우고 완벽함과 엄밀성을 키울 수 있어 도움이 되지만, 대부분 현실의 문제 상황과는 일치하지 않아 활용이 어려운 딱딱한 수학 공부를 하게 됩니다. 그래서 수학을 왜 배우는지 이해하기가 어렵습니다.

컴퓨터적 수학 사고는 경험적이고 불완전한 방법이지만 반복과 피드백을 통해 오차를 최소화하면서 문제 해결에 접근하므로, 다양한 현실의 상황에서 유연하게 대처할 수 있습니다. AI가 인간에게 성큼 다가온 지금, 반복 실험을 통해 데이터를 얻고 이를 설명하는 함수를 찾거나 피드백을 통해 점차 문제 해결에 가까워지는 경험을 해 보기를 추천합니다.

컴퓨터 과학과 인공지능은 이미 우리 생활 가까이에 침투해서 데이터 분석과 컴퓨터 알고리즘의 지식은 이제 전공과 무관하게 모든 학생에게 중요합니다. 수학 및 통계, 컴퓨터공학과에 진학하기를 희망하는 학생이라면 책을 읽고 주제 탐구활동 및 실험을 통한 데이터 획득 및 분석까지 덧붙인다면 더욱 좋을 것입니다. 최근 대학수학능력시험 국어 영역에서도 2년 연속 데이터 분석과 관련된 지문이 출제된 만큼 다른 분야 진로를 희망하는 학생에게도 필수 교양서적의 느낌으로 가볍게 읽되 필요한 단락만 읽기보다 처음부터 끝까지 읽어 흐름을 제대로 파악했으면 합니다.

이 책을 생기부 후속 활동으로 확장하는 법

최소제곱법으로 소행성 궤도 예측 탐구하기

🕮 **관련 단원:** 수학Ⅱ(다항함수의 미분법), 미적분(미분법)

● 소행성 세레스[Ceres]의 궤도 예측에 여러 수학자가 참여했다. 가우스[Carl Friedrich Gauss]는 최소제곱법이라는 방법으로 홀로 세레스를 지구에서 다시 볼 수 있는 지점을 정확히 예측해 냈다. 최소제곱법은 주어진 데이터에서 패턴을 도출하기 위해 다항함수를 찾는 방법으로, 수치해석, 회귀분석 등 다양한 통계학적 접근의 기본이 된다. 최소제곱법은 데이터와 다항함수의 오차 제곱이 최솟값을 갖는 다항함수의 계수를 찾는 것을 목표로, 각 계수들의 편미분 함수가 0이 되는 계수값을 구한다. '수학Ⅱ 미분법'에서 최솟값의 후보로 미분계수가 0이 되는 함숫값을 조사하는 개념과 유사하다. 2023학년도, 2024학년도 대학수학능력시험 국어 영역에 2년 연속 지문이 실렸던 만큼, 수학 탐구활동을 넘어 기본 교양으로 알아두면 좋다(그림 27).

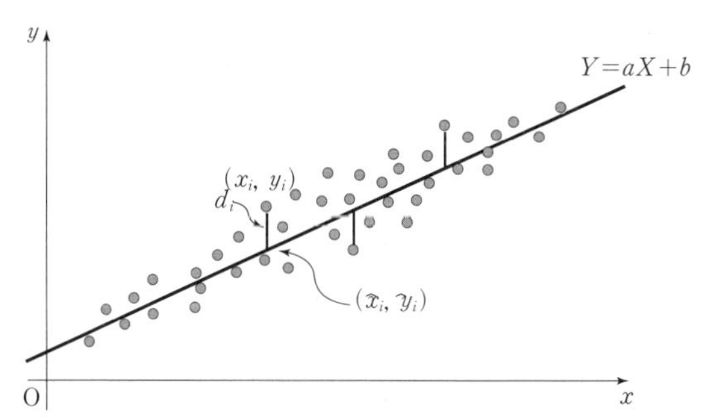

가로축과 세로축 두 변수의 증가율이 서로 다를 경우, 그 둘의 증가율이 같을 때와 달리, '일반적인 그래프'에서 이 점들은 직선이 아닌 어떤 곡선의 주변에 분포한다. 그런데 순서쌍의 값에 상용로그를 취해 새로운 순서쌍을 만들어서 이를 <그림>과 같이 그래프에 표시하면, 어떤 직선의 주변에 점들이 분포하는 것으로 나타난다. 그러면 그 직선의 기울기를 이용해 두 변수의 증가율을 비교할 수 있다. <그림>에서 X와 Y는 각각 체중과 기초대사량에 상용로그를 취한 값이다. 이런 방식으로 표현한 그래프를 'L-그래프'라 하자.

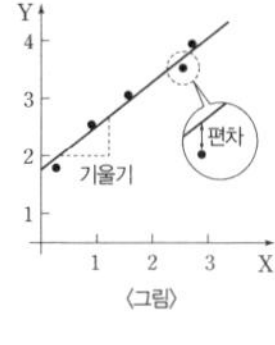

〈그림〉

10. ⓛ과 관련하여 윗글의 A 기법과 <보기>의 B 기법을 설명한 내용으로 가장 적절한 것은? [3점]

<보 기>

다음과 같은 방법으로 직선 L을 찾는 B 기법을 가정해 보자. 후보 직선을 임의로 여러 개 가정한 뒤에 모든 점에서 각 후보 직선들과의 거리를 구하여 점들과 가장 가까운 직선을 선택한다. 그러나 이렇게 찾은 직선은 직선 L로 적합한 직선이 아니다. 이상치를 포함해서 찾다 보니 대부분 최적의 직선과 이상치 사이에 위치한 직선을 선택하게 된다.

[그림 27] 최소제곱법(위)와 2023학년도 수능 국어영역 14~17번(가운데)과 2024학년도 수능 국어영역 8~11번 문항(아래)

망치의 최적 질량 찾기 탐구하기

📖 **교과 연계**: 수학과 물리의 연계 탐구

● 사람이 에너지를 가장 적게 소비하는 망치의 질량을 설계하는 과정이 설명되어 있다. 망치의 질량을 m, 망치가 못에 떨어지는 순간의 속도를 v, 마찰저항을 k, 못의 깊이를 L, 내려치는 총횟수를 n이라고 하자. 망치의 질량을 제외한 나머지를 상수라고 가정하고 망치의 질량을 최적화한다. 이 과정을 통해 실생활에서 물리를 활용한 최적화가 어떻게 일어나는지를 경험해 보고, 다른 상황에서의 최적값도 찾아보자. 모든 변수를 고려치 않아 오류가 있어도 괜찮다. 상황을 수학적으로 바라볼 수 있는 시야가 더욱 중요하기 때문이다.

'젊었을 때 다양한 경험을 쌓는 게 좋을까?' 주제 탐구하기

📖 **관련 단원**: 수학(방정식과 부등식), 수학Ⅱ(다항함수의 미분법), 미적분(미분법)

● 책에서는 인생이 '나에게 맞는 최적해를 찾는 과정'이라고 생각하면서, 최적화 알고리즘으로 위 질문에 대한 답을 풀어놓았다. 인공지능에서 매우 유명한 경사법(경사하강법), 언덕 오르기(깊이 우선 탐색)를 설명하고 국소적 최적점의 함정에서 벗어나기 위해 담금질 기법 simulated annealing 을 소개했다. 이와 유사하게 인생에서도 이전보다 더 좋은 상황만을 만들려고 하면 국소적 최적점에 머무르게 되므로, 일정한 확률로 잠깐의 불완전함을 받아들

이면 전체적 최적점에 가까워질 수 있다고 한다. 이 중 경사하강법에 대해 자세히 탐구하고 파이썬이나 엑셀로 '효율적인 학습률을 가지는 알고리즘'을 설계하여 여러 가지 함수의 최솟값을 찾는 실험을 해 보자.

PID 제어 시스템에 관한 후속 탐구하기

📖 **관련 단원**: 수학Ⅱ(다항함수의 미 · 적분법), 미적분(미 · 적분법)

●제어 시스템에서 피드백은 시시각각 현재 상황을 관찰하여 목표와의 오차를 조정하면서 목표에 도달할 수 있게 한다. PID 제어 시스템Proportional Integral Derivative control은 실제 응용 분야에서 가장 많이 사용되는 대표적인 제어기법으로 드론, 가전제품, 로봇 등의 제어에 활용된다. 비례(P)제어는 현재 오차의 크기에 따라 제어를 조절하고, 적분(I)제어는 과거 일정 시간 동안 오차를 모두 합한 크기에 따라 제어를 조절하며, 미분(D)제어는 미래의 추세를 고려해 제어량을 조절한다. 따라서 비례제어는 현재를 중시하고, 적분제어는 과거를 총결하며 미분제어는 미래를 판단한다고 할 수 있다. PID 제어 시스템의 원리를 이해하고 적용 사례를 찾아보자.

$$u(t)=K_P e(t)+K_I\int_0^t e(t)dt+K_D e(t)$$

t: 시간, $u(t)$: 제어량, $e(t)$:편차

▶**도움이 되는 인터넷 자료**

-회귀분석, 최소제곱법(유튜브, 설레는 수학)

-엑셀로 선형추세선, 다항추세선 찾기
(네이버 블로그, 플래워드)

-자전거로 올라갈 수 있는 최대 경사 각도
(네이버 블로그, 뒤죽박죽)

-경사하강법(유튜브, 공돌이의 수학정리노트)

-경사하강법과 학습률(브런치, 코딩하는 수학쌤)

-쉽게 이해하는 PID 제어시스템
(네이버 블로그, 드론아재)

관련 학과: 공학계열, 물리학과, 철학과

같이 읽으면 좋은 책

《미래를 바꾼 아홉 가지 알고리즘》(존 맥코믹 | 에이콘출판 | 2013. 05.)

BOOK
27

《프로그래머를 위한 기초 해석학》

나카이 에츠지[中井悅司] | 길벗 | 2018. 12.

프로그래밍 기초부터 응용까지 쓰이는 함수와 미적분

머신러닝 붐이 일면서 관련 업계를 중심으로 '머신러닝이나 딥러닝에 필요한 수학을 한층 더 확실하게 공부하고 싶다.'라는 엔지니어들의 요구가 늘어나고 있습니다. '머신러닝이나 딥러닝에 필요한 수학'이라고 했을 때 수학은 단지 도구에 불과하므로 공식을 사용하는 방법이나 수식이 표현되는 의미만 직감적으로 이해할 수 있으면 충분하다고 막연히 생각할지도 모릅니다.

분명 실무의 도구만으로 활용하는 것뿐이라면 심오한 수학적 지식까지는 필요 없을지도 모르지요. 그러나 머신러닝이나 딥러닝에 깊이 파고들수록 수학이 절실히 필요하다는 필요성이 생기는 데는 다 이유가 있습니다. 수식을 포함해 더욱 높은 수준의 책과 논문을 읽고 그 의미와 활용 범위를 충분히 이해하고 싶어지기 때문입니다. 해석학 없이는 깊이 있게 들어가기 어렵다는 점을 실무에서 시간이 흐를수록 더욱 절감하게 되는 것입니다. 그래서 실제 프로그래머 실무를 하는 이들 중에는 대학 수학을 소홀히 한 것이 후회된다고 고백하는 경우가 많습니다.

머신러닝과 연관된 수학은 크게 세 가지로 나눠 볼 수 있습니다. 해석학, 선형대수학, 확률통계학이 그것입니다. 이 책에서는 그중 가장 기초가 되는 해석학, 특히 미적분 이론을 중심으로 설명합니다. 한층 더 본격적인 수학의 세계를 접해 자신감을 느끼게 되고 "머신러닝의 본질을 제대로 이해하게 되었다!"라고 말하기 위한 첫 발걸음을 뗄 수 있습니다.

고등학생이라면 교과서에서 배우는 내용을 한 단계 더 심화해서 배울 수 있는 수준의 해석학을 기초부터 해설하고 있기에 생기부 수학 필독서로 추천합니다. 더 깊은 순수 수학뿐만 아니라 응용 수학 분야, 특히 머신러닝과 딥러닝 분야를 연구하는 데 필요한 수학적 기초를 다지는 좋은 계기가 되어줄 것입니다.

머신러닝을 이해하려면 그에 사용되는 수학 정리와 공식의 내용 또는 수식의 변환을 근본적으로 이해해야만 합니다. 그리고 그를 위한 가장 빠른 길은 '증명의 내용을 이해하는' 것입니다. 어떤 정리나 공식이 왜 성립하고 그것이 어떻게 증명되는지 등을 파악함으로써 수식의 배후에 숨어 있는 본질을 이해할 수 있습니다. 그 결과 어떤 상황에서 도움이 되며 왜 이 대목에서 특정 수식이 필요한지 등을 자연스럽게 이해할 수 있습니다. 각 장의 뒤에는 실제 연습 문제들이 나와 있으므로 해설과 함께 풀이를 익히면서 함수와 미적분 정리와 공식이 어떻게 실무에서 활용되는지 공부해 보기 바랍니다.

또한 목차에는 책에 나오는 여러 수학 정리들을 빠르게 찾아볼 수 있도록 세부 목차로 구성해 두었습니다. 이 점은 이 책의 활용도를 더욱 높여주는데 긴급하게 필요할 때 공식이나 정리가 잘 기억나지 않는 경우 그 대목을 빨리 찾아볼 수 있어서 일종의 사전과 같은 역할도 해줍니다.

이 책을 생기부 후속 활동으로 확장하는 법

실수의 완비성 증명하기

관련 단원: 수학(집합과 명제)

● 실수 전체 R을 다음을 만족하는 두 집합 A, B로 분할한다.

$A \cup B = R,\ A \cap B = \phi,\ a \in A,\ b \in B \Rightarrow a < b$

이때 집합 조합(A, B)을 실수 하나의 절단, 데데킨트 절단Dedekind cut이라고 부른다. 이를 바탕으로 다음의 '실수의 완비성'을 증명해 본다.

'실수 임의의 절단(A, B)에 대해 다음 중 하나가 성립한다.

① A에 최댓값이 존재하면 B에 최솟값이 존재하지 않는다.

② B에 최솟값이 존재하면 A에 최댓값이 존재하지 않는다.'

더 나아가 실수의 완비성 성질을 이용하면 실수의 부분집합에 대해 '상방에 유계가 있으면 상한을, 하방에 유계가 있으면 하한을 반드시 가진다.'라는 정의가 보장된다. 상한과 하한은 최댓값과 최솟값을 확장한 개념이며 이와 관련된 성질은 실수의 여러 가지 정의를 증명할 때 강력한 수단으로 사용된다. 상한과 하한의 정의까지도 탐구해 보자.

적분의 평균값 정리 탐구하기

🕮 **관련 단원:** 수학Ⅱ(다항함수의 적분법)

●평균값 정리에는 미분의 평균값 정리, 코시의 평균값 정리, 적분의 평균값 정리가 있다. 최대최소 정리와 사잇값 정리를 바탕으로 하여 서울대 구술면접에도 이미 출제됐던 다음의 '적분의 평균값 정리'를 증명해 본다.

'$f(x)$가 $[a, b]$에서 연속이면 $\frac{1}{b-a}\int_a^b f(x)dx=f(c)$인 c가 (a, b)에 적어도 하나 존재한다.'

더 나아가 오른쪽 그림처럼 지오지브라를 이용한 그래프를 그려 기하학적으로 이해해 보는 과정을 탐구해 본다.

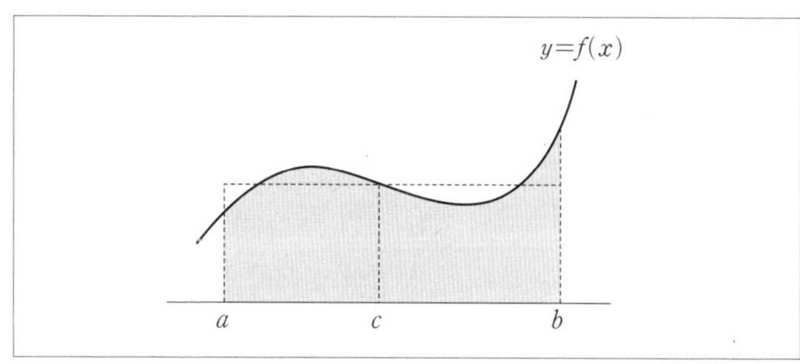

[그림 28] 지오지브라로 구현한 적분의 평균값 정리

네이피어 수의 존재성과 근삿값 탐구하기

📖 **관련 단원**: 미적분(수열의 극한)

다음 네이피어 수가 실제로 존재한다는 것을 엄밀하게 증명해 본다.

$$\lim_{x \to 0}\left(1+\frac{1}{x}\right)^{x}=e$$

더 나아가 테일러 전개를 이용하여 e의 근삿값을 구하는 과정을 탐구해 본다.

머신러닝의 개념 탐구하기

📖 **관련 단원**: 확률과 통계(확률)

● 현재 일반적으로 활용되는 머신러닝은 '통계적 머신러닝'이라고 한다. 학습용 데이터를 통해 현실 세계의 데이터가 지닌 확률분포를 추정하는 접근법이 기초가 된다. 머신러닝의 논리적인 측면을 이해하려면 확률분포와 조건부확률 등 확률통계에 관한

기본적인 계산 기법에 정통해야 한다. 그리고 머신러닝의 모델을 수학적으로 기술할 때는 선형 연산이 중심이 되는 경우가 많으므로 고등학교 교과과정을 벗어나지만 행렬을 이용해 표현해 본다. 마지막으로 머신러닝의 학습 처리, 즉 모델의 최적화에는 경사하강법을 비롯한 최적화 계산 관련 이해가 필요하다. 이 부분의 중요한 기초 지식은 해석학이다. 머신러닝과 관련 깊은 수학 영역을 탐구해 본다.

관련 학과: 공학계열, 컴퓨터학과, 통계학과

같이 읽으면 좋은 책

《프로그래머를 위한 선형대수》(히라오카 카즈유키 외 | 길벗 | 2017. 03.)

《프로그래머를 위한 베이지안 with 파이썬》(캐머런 데이비슨 필론 | 길벗 | 2017. 11.)

《알고리즘 산책: 수학에서 제네릭 프로그래밍까지》(다니엘 E. 로즈 외 | 길벗 | 2018. 05.)

BOOK
28

《프로그래머, 수학으로 생각하라》

유키 히로시[結城浩] | 프리렉 | 2018. 07.

실력 있는 프로그래머에게 꼭 필요한 수학적 사고력

프로그래밍의 기본이 되는 컴퓨터 과학은 엄밀한 수학을 밑바탕으로 합니다. 물론 일반적인 프로그래밍에서 프로그래머에게 고도의 수학적 지식을 요구하는 경우는 그리 많지 않습니다. 다만 문제의 구조를 파악하고 그것을 간단히 표현하여 일관성 있는 규칙으로 정리하는 일련의 과정은 '수학적 사고'가 바탕이 되어야 가능한 일입니다. 이는 프로그래머에게 일상적인 활동이므로 '수학적 사고력을 갖추어야 실력 있는 프로그래머가 될 수 있다!' 라고 해도 틀린 말은 아닙니다.

책은 논리적 사고를 키워 주는 수학적 개념에 대해 하나하나 알려줍니다. 프로그래밍의 목적은 무엇일까요? 사람의 힘만으로 해결할 수 없는 과제를 해결하기 위해 프로그램을 작성합니다. 그러므로 프로그래머는 '문제가 무엇인지'를 명확히 정의하고 그

것을 해결할 수 있는 가장 편리하면서도 기능이 뛰어나고 반복적으로 수행하고 변용해 사용해도 오류가 나지 않는 프로그램을 만들어야 합니다. 즉 사람과 컴퓨터의 공동 작업인 셈입니다. 프로그래머는 어디에 개입해야 하는지를 정확히 파악하는 판단력을 갖춰야 하고, 다양한 상황에서 적용이 가능해야 하므로 사용 범위를 확장하는 상상력을 가져야 합니다. 컴퓨터는 논리가 결여된 명령을 이해할 수 없으므로 프로그램을 작성할 때는 명확성과 논리력을 발휘해야 합니다. 이렇듯 프로그래머에게 필요한 자질들을 키우려면 수학적 사고가 필수적입니다.

이 책은 조건 분기, 수학적 귀납법, 수를 세는 법칙, 재귀, 지수적 폭발 등, 프로그래밍에 도움이 되는 다양한 수학적 사고방식을 소개합니다. 고등학교 수준의 수학 지식에 해당하므로 학생들도 쉽게 읽을 수 있습니다. 이 책을 통해 사람과 컴퓨터가 공동으로 이루고자 하는 것이 무엇인지를 한 번쯤 생각해 본다면 좋겠습니다. 논리적인 생각과 문제 해결에 필요한 아이디어를 얻는 수학책 읽기가 될 수 있기에 추천합니다.

특히 9장에서 다루는 머신러닝의 개념과 신경망 이론은 최신의 프로그래밍 트렌드를 고려할 때 매우 필수적인 내용입니다. 해당 장의 내용은 2판을 발간하며 추가한 것이라고 합니다. 다른 장에는 거의 공식이나 수식이 없지만 9장에는 어쩔 수 없이 수식이 등장합니다. 이를 활용해 다양한 후속 활동을 이어갈 수 있으면 좋겠습니다.

프로그래밍이나 수학에 관심이 있는 사람이라면 누구라도 재미있게 읽을 수 있는 책입니다. 어려운 수식은 거의 등장하지 않고, 프로그래밍을 잘 못해도 상관없이 읽을 수 있습니다. C언어를 알지 못해도 이 책을 읽는 데 불편함은 없지만, 정독하여 읽다보면 프로그래밍 언어를 배우고 싶다는 생각이 절로 들지도 모르겠습니다. 장차 프로그래머가 되고 싶은 학생이라면 반드시 읽어야 할 책이며 향후 실무에서도 큰 도움을 줄 수 있는 책입니다.

이 책을 생기부 후속 활동으로 확장하는 법

중복 조합 개념 탐구하기

📖 **관련 단원:** 확률과 통계(순열과 조합)

● 프로그래밍을 잘하기 위해서는 확률과 통계 즉, 수학적 사고가 필요하다. 법칙을 기계적으로 적용하는 것이 아니라 성질을 파악하는 것이 차후 활용에 중요하다. 그 예로 알약 형태의 약품을 조합하여 새로운 약을 만든다고 하자. 약품에는 A, B, C 세 종류가 있으며 새로운 약의 조제 규칙은 다음과 같다. 이때 새로운 약을 만드는 조합은 몇 가지가 있는지 구하는 과정을 탐구해 본다.

① A, B, C 세 종류를 합쳐서 100알을 조합한다.

② 반드시 A, B, C 약품을 각각 한 알 이상 포함시켜야 한다.

③ 약품의 조합 순서는 고려하지 않는다.

④ 같은 약품이라면 각 알끼리의 구분은 필요 없다.

하노이의 탑 탐구하기

📖 **관련 단원:** 수학 I (수열)

●하노이의 탑Tower of Hanoi은 1883년 프랑스의 수학자인 에두아르 뤼카Édouard Lucas가 만든 퍼즐이다. 세 개의 기둥 A, B, C가 서 있다. 기둥 A에는 구멍이 뚫린 원반 여섯 장이 쌓여 있다. 원반은 모두 크기가 다르고 아래서부터 위로 갈수록 점점 작아진다. 지금부터 기둥 A에 쌓여 있는 여섯 장의 원반을 모두 기둥 B로 옮긴다. 단, 원반을 옮길 때는 반드시 다음에 제시된 규칙을 지켜야 한다. 한 장의 원반을 어떤 기둥에서 다른 기둥으로 옮기는 것을 '1수'라고 센다고 할 때 여섯 장의 원반을 모두 A에서 B로 옮기려면 최소 몇 수가 필요한지 탐구해 본다.

① 한 번에 움직일 수 있는 원반은 기둥 가장 위에 놓인 원반 하나뿐이다.

② 어떤 원반 위에 그보다 더 큰 원반을 쌓을 수는 없다.

더 나아가 n장의 원반을 모두 A에서 B로 옮기려면 최소 몇 수가 필요한지 탐구해 본다. 더불어 하노이의 탑을 푸는 프로그램을 C언어로 프로그래밍하는 것을 시도해 본다.

피보나치 수열 탐구하기

📖 **관련 단원:** 수학 Ⅰ (수열)

● 피보나치의 본명은 레오날드 다 피사Leonardo Da pisa이며 현재의 이탈리아 피사에서 태어났다. 외교관이었던 아버지를 따라 북아프리카에 있는 현재의 알제리 지역에서 교육받고 이집트, 시리아, 그리스, 시칠리아 등지를 여행하면서 수학을 공부한 후 13세기 초기 피사에 돌아와 활약했다. 1202년 그가 지은 명저 《계산의 책Liber Abbaci》에는 아라비아 숫자인 0, 1, 2, 3, 4, 5, 6, 7, 8, 9가 주로 등장하며, 그것을 이용한 계산법이 다양하게 소개되어 있다. 이 책에서 가장 잘 알려진 문제는 아마도 다음의 문제로 '피보나치 수열Fibonacci numbers'이라 불리는 것의 원형이다. 이를 구하는 과정을 탐구해 본다.

'한 쌍의 토끼가 매월 한 쌍의 토끼를 낳고 태어난 한 쌍의 토끼가 두 달 후부터 다시 매월 한 쌍의 토끼를 낳기 시작한다면, 1년 뒤가 되었을 때 처음 한 쌍의 토끼로부터 전체 몇 쌍의 토끼가 태어날 것인가? 단, 모든 토끼는 죽지 않는다고 가정한다.'

더 나아가 피보나치 수열의 일반항 a_n과 $\lim_{n \to \infty} \frac{a_{n+1}}{a_n}$을 구해본다. 더불어 자연에서 볼 수 있는 피보나치 수열의 예를 조사해보고, 계단을 한 계단씩 또는 두 계단씩 오를 때, n개의 계단을 오르는 방법의 수 a_n과 피보나치 수열의 관계에 대해서도 탐구해본다.

관련 학과: 공학계열, 소프트웨어학과, 통계학과, 경제학과, 경영학과

같이 읽으면 좋은 책

《C 언어본색》(박정민 | 프리렉 | 2011. 01.)

《암호 수학》(자넷 베시너, 베라 플리스 | 지브레인 | 2017. 07.)

BOOK 29

《나의 첫 AI 수학》

오세준 | 맘에드림 | 2023. 07.

인공지능 문해력을 키우는 쓰임새 높은 수학 이야기

오늘날 생성형 인공지능의 놀라운 성능은 시간이 갈수록 향상되고 있습니다. 도대체 어떤 원리로 이런 기술이 가능한 것인지 궁금하지 않을 수 없습니다. 조만간 인간이 일자리를 모두 빼앗기게 될 것이라고 하고 여러 범죄에 악용될까 두려워하는 이들도 많습니다. 그럴수록 이러한 디지털 대전환 시대에 꼭 필요한 문해력과 사고력을 키워가야 할 필요가 있습니다. 이 책은 수학의 관점에서 인공지능의 메커니즘을 살펴보고 수학이라는 언어로 인공지능과 소통하며 친밀해지도록 도와줍니다.

빅데이터 시대 데이터에 의미와 규칙을 부여하는 수학적 모델과 DB 구조화에 대해 알아보고, 인공지능이 처리할 수 있는 데이터로 가공하는 법, 머신러닝의 작동 원리와 수학의 역할, 딥러닝의 작동 원리와 수학의 역할, 인공지능의 예측 능력을 향상해 줄 수 있는 함수와 미분, 인공지능이 제공한 데이터를 읽어내는 방법과 양자 컴퓨팅의 원리, 인공지능이 작동하는 블랙박스 속의 지식 증류 방법론 등을 소개합니다.

"20세기가 석유라는 자원을 쟁탈하기 위한 투쟁의 시대였다면, 21세기는 '데이터'라는 새로운 석유를 차지하기 위해 경쟁하는 시대가 될 것이다."라고 저자는 말합니다. 생성형 인공지능과 양자 컴퓨터 등이 가져올 변화는 이미 시작되었습니다. 이들과 관련이 있는 기업의 주가가 천정부지로 오르고 있는 것만 보아도 변화를 포착할 수 있습니다. 일례로 자율주행이라는 신기술에서도 자동차를 움직이는 원천은 데이터와 정보처리라고 보아도 과언이 아닙니다. 더군다나 더욱 놀라운 점은 이러한 데이터는 석유처럼 고갈되는 것도 아니고 누군가 차지했다고 줄어드는 것도 아니라는 점이지요. 그리고 이러한 데이터를 활용하는 일련의 산업에서 '수학'의 쓰임새는 점점 더 커지고 있습니다.

책에서는 현대 하루 중 1분 동안 쌓이는 엄청난 양의 데이터를 한눈에 볼 수 있게 도식화해서 안내합니다. 단 1분 동안 유튜브 사용자가 694,000개의 동영상을 스트리밍 하고, 인스타그램 사용자는 65,000장의 사진을 공유하며, 틱톡 사용자는 1억 6,700만 개의 동영상을 시청합니다. 아마존 고객은 283,000달러를 소비하고 전 세계 600만 명이 동시에 온라인으로 쇼핑을 한다고 합니다. 단편적인 예만 살펴도 이 정도입니다. 이렇게 쌓인 데이터를 어떻게 활용하는가가 관건인 것은 자명합니다. 그리고 무수한 데이터 간의 연결고리를 찾아내 데이터에 의미를 부여하는 것이 바로 '수학'입니다.

실제로 인공지능 기술은 수학적 개념과 방법에 크게 의존하고 있어서 가히 '수학의 집합체'라고 표현해도 결코 과언이 아닙니다. AI 알고리즘과 시스템은 수학적 모델과 이론을 기반으로 하며, 예측이나 의사결정을 하기 위해 수학적 연산과 계산을 사용합니다. 인공지능의 기초가 되는 수학 개념은 다양합니다. 핵심 중 하나는 확률 이론이지요. 확률은 사건의 가능성을 다루는 수학의 한 분야로 AI에서 특정 결과나 행동의 가능성을 결정하는 데 주로 사용됩니다.

인공지능에서 중요한 수학의 또 다른 분야는 최적화 이론입니다. 문제에 대한 최선이자 최적의 해결책을 찾아내는 것과 관련이 있기에, 인공지능 기술에서 광범위하게 사용되고 있습니다. 이 책은 AI 수학과 데이터, 데이터의 입력과 출력, 지능과 수학, 딥러닝과 수학, 함수와 미분, 인공지능 리터러시, 설명 가능한 인공지능으로 장을 나누어 실제적인 내용을 상세히 다루기 때문에 AI 수학을 체계적으로 공부할 수 있습니다.

인공지능을 지탱하고 있는 틀이자 인공지능을 움직이는 핵심이라고 할 수 있는 수학에 초점을 맞추어 정리되어 있으며, 인공지능이 더욱 일상화되는 시대를 살아갈 학생들의 이해를 조금이나마 도울 수 있기에 추천합니다. 학생들 역시 대부분 챗지피티ChatGPT를 사용해 보았을 것입니다. 이 놀라운 경험을 바탕으로 궁금증을 가지고 인공지능에 내재된 수학의 의미를 이해해 보겠다는 도전적인 자세로 책을 읽는다면 앞으로는 변화에 수동적으로 끌려다니기보다 오히려 주도하며 스마트하게 살아갈 수 있을 것입니다.

이 책을 생기부 후속 활동으로 확장하는 법

유클리드와 코사인의 유사도 탐구하기

📖 **관련 단원**: 기하(벡터)

● 마이어스-브릭스 유형 지표[MBTI]는 사람의 성격을 네 가지 속성(에너지 방향, 인식 기능, 판단 기능, 생활 양식)으로 구분한다. 이 네 가지 속성은 세부 항목으로 다시 나누어져 속성마다 둘 중 하나로 결정된다. 모든 MBTI 검사 결과는 결국 사람에 대해 네 가지 속성을 기준으로 하여 4차원 벡터로 표현한 방법이다. 사람이라는 비정형 데이터를 4차원 벡터로 표현하고 나면, 우리는 사람에 대해서 더 잘 이해할 수 있게 된다. 서로 얼마나 가깝거나 다른지, 즉 유사도를 파악할 수 있다는 뜻이다. 거리로 유사성을 분석하는 유클리드 유사도와 방향으로 유사성을 분석하는 코사인 유사도에 대해 탐구해 본다. 이를 바탕으로 강아지의 나이와 체중이 각각 2세, 3kg인 A, 3세, 5kg인 B, 2세, 2kg인 C를 가정할 때, 강아지 A, B, C 사이의 유사도를 그래프로 그려 유클리드와 코사인 유사도 값을 분석해 본다.

인공신경세포 제작하기

📖 **관련 단원**: 수학(집합과 명제)

● 치킨과 피자를 먹었는지 판단하는 인공신경세포를 만드는 과정을 다음과 같이 탐구해 본다.

① 치킨과 피자를 먹었는지 아닌지 진리표를 정리한다.

② 변수와 출력값을 설정한다.

③ 인공신경세포를 간단한 수식으로 표현한다.

④ 인공지능이 0 또는 1의 값을 출력하기 위한 식을 구상한다.

⑤ 모든 조건을 만족시키는 가중치와 편향을 구한다.

⑥ 지금까지 만든 인공신경세포를 표로 정리하고 인공지능 모델로 도식화하여 표현한다.

추가로 치킨과 피자를 각각 먹었는지 판단하는 인공신경세포를 만드는 과정도 탐구해 본다.

경사하강법 탐구하기

📖 **관련 단원**: 수학Ⅱ(다항함수의 미분법)

● 인공지능은 손실함수의 최솟값을 찾을 때, 천천히 여러 번 이동하게 되는데 그 방법이 우리가 경사진 산에서 내려가는 방법과 닮아서 '경사하강법'이라고 한다. 가중치 a에 대한 손실함수는 2차 함수라고 하자. 가중치 a의 변화에 따른 오차의 대푯값인 $E(a)$의 변화를 관찰하기 위해 가중치와 오차의 대푯값으로 그래프를 그리고, 이 오차의 대푯값이 최소가 되도록 만드는 가

중치를 그래프와 식으로 찾아본다. 이어서 이동해야 하는 방향은 어떻게 인공지능도 이해할 수 있게 명령할 수 있는지 그래프와 식으로 설명한다. 더불어 실제 인공지능 모델을 설계할 때 학습률을 선정하는 것이 매우 중요한 이유에 관해 탐구해 본다.

관련 학과: 공학계열, 컴퓨터학과

같이 읽으면 좋은 책

《수학과 함께하는 AI 기초》(EBS | 한국교육방송공사 | 2020. 09.)

BOOK
30

《처음 배우는 딥러닝 수학》

와쿠이 요시유키慵井莨幸 **외** | 한빛미디어 | 2018. 02.

그림으로 이해하고 엑셀로 확인하는 딥러닝 수학

요즘 인공지능이 이용하는 대표적인 이론이 바로 딥러닝deep learning 입니다. 사람이 일일이 데이터를 넣어 가르쳐야 했던 20세기형 인공지능의 경우 여전히 다양한 분야에서 활용되지만 패턴 인식 등에서는 사용할 수 없다는 단점이 있었습니다.

만약 컴퓨터한테 숫자 0을 가르치려면 어떻게 해야 할까요? 물론 0이라는 숫자를 알려줄 수 있습니다. 그런데 사람이 비뚤비뚤하게 쓴 글자의 수많은 변수를 일일이 다 가르쳐줄 수는 없습니다. 비단 숫자 하나도 이럴진대 사진 속 이미지나 동영상 속 이미지를 인식시키는 일은 더욱 요원해 보였습니다. 그런데 21세기에 들어 이를 획기적으로 개선해 줄 수 있는 새로운 방법이 나타나게 되는데, 그것이 바로 신경망 기반의 딥러닝입니다.

신경망이란 생물학에서 다루는 뉴런neuron(신경세포)이 긴밀하게 네트워크를 형성하고 서로 전달하는 신호의 합이 일정 임계치를 넘기 전까지는 반응하지 않다가 임계치를 넘었을 때 반응하고 다시 이를 다른 뉴런에게 신호로 전달하는 일련의 과정을 말합니다. 이렇듯 우리 뇌를 형성하는 뉴런의 집합체를 수학 모델로 나타내 이를 '스스로 학습하는 인공지능'에 내입한 것이 바로 신경망 기반의 딥러닝입니다.

이 책은 신경망의 동작 원리, 신경망 구축을 위해 필요한 기초 수학, 신경망 최적화를 위한 기초 수학, 신경망과 오차역전파법, 딥러닝과 합성곱 신경망 등을 두루 다루면서 이에 필요한 수학 개념들을 소개합니다.

신경망은 동물의 신경세포를 모방한 '유닛'을 축적해서 네트워크를 만듭니다. 그리고 네트워크에 다량의 학습 데이터를 넣고 스스로 학습하게 만듭니다. 특히 신경망을 다층 구조로 만든 합성곱 신경망을 이용할 수 있게 되면서 사진이나 심지어 흐릿한 동영상 속 사람이나 고양이까지도 정확히 인식할 수 있게 되었습니다. 이러한 합성곱 신경망에서 구현하는 인공지능 기술이 바로 딥러닝인 것입니다.

현재는 여러 라이브러리나 프레임워크를 이용해 딥러닝 모델을 실제 프로그래밍으로 구현하는 데 관심을 두고 있지만, 앞으로 딥러닝을 제대로 이용하려면 수학 지식을 겸비해야만 합니다. 그래야 실제 프로그래밍할 때 적절한 함수를 선택할 수 있고 필요한 모델을 직접 설계할 힘이 생기기 때문입니다. 그러므로 첨단 산업에서 일하기를 원하는 학생들에게 이 책을 추천하는 것입니다. 책을 읽으면서 그림으로 이해하고 실제로 엑셀로 수치를 확인하면서 딥러닝의 기본을 배울 수 있는 수학책이기 때문입니다. 많은 그림과 구체적인 예를 들어 딥러닝에 필요한 수학 지식을 기초부터 제대로 설명하기 때문에, 기본적으로 고등학교까지 배웠던 수학 지식만으로도 책의 내용을 충분히 이해할 수 있습니다. 누구나 딥러닝의 핵심인 신경망에 대해 쉽게 공부할 수 있도록 구성한 책이므로, 자신의 관심사를 확장하는 데 적극적으로 활용하기를 권합니다.

이 책을 생기부 후속 활동으로 확장하는 법

뉴런의 활동 표현하기

관련 단원: 수학(함수)

●신경망은 뉴런의 작용을 네트워크로 표현한 것이다. 뉴런의 반응 구조를 정리해 보면 다음과 같다.

① 다른 여러 뉴런의 신호 합이 뉴런의 입력이다.

② 신호 합이 뉴런 고유의 임곗값보다 크면 반응한다.

③ 뉴런의 출력 신호는 반응했는지를 0과 1의 디지털 신호로 표현한다. 복수의 출력 신호가 있더라도 반응 여부를 0과 1이라는 값으로 표현한다.

이 반응 구조를 수학으로 표현하는 과정을 탐구해 본다.

엑셀로 경사하강법 탐구하기

📖 **관련 단원**: 수학 II (다항함수의 미분법)

● 도함수 $f'(x)$는 접선의 기울기를 나타낸다. 여기에서 최적화에서 이용하는 원리를 얻을 수 있다.

$f'(a)=0$은 함수 $f(x)$가 $x=a$에서 최솟값이 되기 위한 필요조건이다.

접선의 기울기가 0이더라도 꼭 최솟값이라는 보장이 없다는 의미다. 경사하강법으로 최솟값을 구할 때 주의해야 하는 부분이 무엇인지 설명해 보고, 예를 들어 3차 함수 $f(x)=3x^4-4x^3-12x^2+32$의 최솟값을 구하는 과정을 탐구해 본다. 더 나아가 출판사 사이트[http://www.hanb.co.kr/src/10044]에서 예제소스를 받아서 엑셀로 경사하강법에 대해 살펴보는 과정을 탐구해 본다.

방정식 탐구하기

📖 **관련 단원**: 수학(함수)

● 회귀분석의 회귀방정식 예에서 예측값과 정답 데이터의 관계를 알아보자. 학생 세 명의 수학과 과학 성적이 다음처럼 주어졌을 때 수학 성적을 독립변수 x 과학 성적을 종속변수 y로 삼아 데이터를 분석하는 회귀방정식을 탐구해 본다.

기호	수학 x	과학 y
1	7	8
2	5	4
3	9	8

더 나아가 신경망이 막 계산을 시작했을 때는 이미지가 어떤 숫자인지 판단할 수 없다. 그러므로 어떻게 정답 데이터를 신경망에 가르칠 것인지 탐구해 본다.

관련 학과: 공학계열, 컴퓨터학과

같이 읽으면 좋은 책

《딥러닝을 위한 수학》(로널드 크노이젤 | 제이펍 | 2022. 08.)

《파이썬 코딩 수학 with 딥러닝》(박경원 | 정보문화사 | 2019. 07.)

BOOK **31**

《제대로 배우는 수학적 최적화》

우메타니 슌지梅谷俊二 | 한빛미디어 | 2021. 09.

최적화 솔루션부터 알고리즘, 문제 해결법의 대세

이 책에 의하면 수학적 최적화mathematical optimization는 "주어진 제약조건 아래 목적 함숫값을 최소 또는 최대로 만드는 최적화 문제를 이용해 현실 사회에서 의사결정이나 문제 해결을 실현하는 수단"이라고 정의할 수 있습니다. 과거에는 계산기로 풀어야 했던 문제 풀이 속도와 능률이 이제 컴퓨터 알고리즘을 이용해 비약적으로 향상되었습니다. 10년 전이라면 일 년이 걸려 풀어야 했던 문제의 답을 이제 단 30초 만에 구할 수 있게 되었습니다. 이러한 진보로 인해 과거에는 해결하기 어렵다고 여겨지던 현실 세계의 문제를 해결할 수 있게 되었고 완전히 새로운 분야로까지 폭넓게 응용할 수 있게 되었습니다. 따라서 산업이나 현실에서 수학적 최적화는 거의 모든 분야에 활용되고 있는 상황입니다.

산업, 학술의 폭넓은 분야에서 많은 문제를 '수학적 최적화' 방식으로 모델화할 수 있다는 인식이 확산하고 있습니다. 이미 상업용, 비영리를 포함한 수많은 수학적 최적화 솔버solver (최적화 문제를 푸는 소프트웨어)가 공개되어 있지요.

대표적인 최적화 문제로는 연속, 비선형 계획, 2차 계획, 선형 계획, 조합 최적화, 정수 계획, 혼합 정수 계획, 네트워크 최적화 등이 있으며 필요에 따라 어떤 최적화 문제를 선택해 접근할 것인가를 이해하고 접근해야 합니다. 수학적 최적화는 그야말로 '현실 문제를 해결하기 위한 매우 유용한 도구'로 엄청나게 다양한 분야에서 급속히 보급되고 있습니다.

수학적 최적화에 따라 오는 것이 바로 알고리즘입니다. 특정 수학적 최적화 방법론을 선택하면 그것에 좀 더 효율적으로 대응하기 위해 최적의 알고리즘을 개발해야 합니다. 알고리즘이란 문제 해결 방법을 정리한 일련의 단계적 절차를 말합니다. 즉 주어진 방대한 데이터에서 수학적 최적화를 도출하기 위해 어떤 절차를 거치는 것이 좋을지 구성하는 것이라 할 수 있습니다.

이 책은 수학적 최적화를 처음 공부하는 학생이나 수학적 최적화를 다루게 될 실무자들을 위해 현실 문제를 최적화 문제로 모델링 하는 방법과 선형 계획 문제, 비선형 계획 문제, 정수 계획 문제 등 대표적 최적화 문제와 기본 알고리즘, 그 안에 녹아 있는 사고방식 등을 다룹니다. 생기부 필독서로 추천하는 이유는 수학적 최적화가 공학계열뿐 아니라 다양한 전공과 연계성이 점점 커지는 추세인 데다 여기 담긴 사고방식이 논리적 사고나 문제 해결 능력과 긴밀하게 연결되어 있기 때문입니다. 상대적으로 난해한 책이기는 하지만 이해할 수 있는 수준까지 습득해서 다양한 활동으로 이어갈 수 있다면 학종 평가에서 매우 적극적인 접근 태도를 가진 것으로 평가받을 수 있을 것입니다.

물론 나중에 실무를 하게 되더라도 실제로는 수학적 최적화를 위해 잘 구현된 라이브러리나 솔버 같은 도구를 사용하는 것으로 충분할지 모릅니다. 그러나 그 배경이 되는 본질적인 해결책에 관한 학문적 호기심이 있거나 자신만의 해결책을 만들어 솔루션을 구성해 보고 싶은 사람이라면 이 책이 크게 도움이 될 것입니다. 현실에서의 다양한 문제를 수학적 최적화 문제로 모델링하기 위한 다양한 기법을 수학으로 풀어가며 함께 설명하고 있어 상상의 범위를 확대하는 데도 도움이 됩니다.

이 책을 이해하기 위해서는 '알고리즘', '데이터 구조', '미적분', '선형대수' 등 컴퓨터 과학과 수학적 지식이 어느 정도 전제되어야 합니다. 물론 책은 가능한 한 직관적으로 이해할 수 있도록 구체적인 예를 들어서 설명하고 있고 너무 높은 수준의 수학적 논의가 필요한 정리의 증명 등은 생략되어 있습니다. 그러므로 해당 내용이 더 궁금하다면 책 뒤에 정리된 참고문헌을 탐독하면서 깊이를 더해갈 수도 있을 것입니다. 한 번만 읽어서 다 이해할 수 있을 만큼 쉬운 책은 아니지만 오랫동안 옆에 두고 계속 참고한다면 새로운 인사이트를 얻을 수 있는 지침서로 삼을 수 있을 것입니다.

이 책을 생기부 후속 활동으로 확장하는 법

선형 계획 문제의 응용인 생산 계획 문제 탐구하기

📖 **관련 단원**: 수학 I (수열)

● 한 공장에서는 m종류의 원료를 이용해 n종류의 제품을 생산한다. 고객의 수요와 원료의 원가, 생산비 등은 시기에 따라 수시로 변하므로 공장 생산량과 창고에 비축해 둘 재고를 최적의 비율로 조합해 고객에게 제품을 전달해야 한다. 이때 생산비와 재고비의 합계를 최소화하기 위해서는 어느 시기에 얼마나 많은 제품을 생산해서 창고에 재고로 비축해야 할 것인지 탐구해 본다.

비선형 계획 문제의 응용인 포트폴리오 선택 문제 탐구하기

📖 **관련 단원**: 확률과 통계(통계)

● n종류의 자산에 보유한 자금을 투자하는 상황을 생각한다. 이때 각 자산 i에 배분할 자금의 비율을 결정하는 문제가 포트폴리오 선택 문제다. 여기서는 어떤 시기를 시작으로 순차적으로 자금을 투자해서 자산을 구매한 다음, 마지막에는 모든 자산을 매각한다고 전제해 보자. 자산 i를 통해 얻은 1시기 당 수익률을 R_i이라고 한다. 일반적으로 수익률은 불명확하므로 R_i는 확률 변수가 된다. 자산 i에 배분하는 자금의 비율을 변수 x_i라고 하면 전체 수익률은 $R(x)=\sum_{i=1}^{n} R_i x_i$이 된다. 여기서 $x=(x_1, \cdots, x_n)^T \in R^n$이다. 투자에서는 이익이 크고 손실의 위험이 적도록 자산을 배분하는 것이 바람직하다. 여기에서 이익률의 기댓

값 $E[R(x)]$를 어떤 일정값 p에 고정한 상태에서, 분산 $V[R(x)]$을 최소로 하는 자금 배분을 구하는 문제를 탐구해 본다.

유전 알고리즘 탐구하기

관련 단원: 확률과 통계(확률)

●여러 솔루션을 집단으로 유지함으로써 탐색 다변화를 구현하는 기법으로 교차나 돌연변이 등의 조작을 적용해 새로운 솔루션을 생성하고 선택에 의해 차세대 집단을 결정하는 일련의 절차를 반복 적용한다. 유전 알고리즘이 유지하는 솔루션 전체를 '집단', 개별 솔루션을 '개체'라 한다. 두 개 이상의 솔루션을 조합해 새로운 솔루션을 생성하는 조작을 '교차'라고 하고, 하나의 솔루션에 약간의 변형을 추가해 새로운 솔루션을 생성하는 조작을 '돌연변이'라고 한다. 현재의 집단을 구성하는 솔루션과 새롭게 생성한 솔루션 중에서 '선택'이라 불리는 규칙에 따라 일정 숫자의 솔루션을 차세대의 '집단'으로서 유지한다. 유전 알고리즘의 절차를 정리해서 설명해 보자.

관련 학과: 공학계열, 컴퓨터학과

같이 읽으면 좋은 책

《최적화 이론》(임장환 | 장환수학 | 2022. 12.)

BOOK
32

《인생에도 수학처럼 답이 있다면》

하마다 히로시浜田宏 | 프리렉 | 2020. 02.

사회 현상을 이해하고 해결을 도와주는 수학 모델링

두 주인공의 대화를 통해 수학 모델의 기초를 배울 수 있는 입문서입니다. '수학 모델'이란 현실의 다양한 현상을 수식으로 표현한 것으로 복잡한 현상 이면에 있는 본질을 이해할 수 있도록 도와주고 변화를 예측하게 해 줍니다. 통계나 확률을 잘 몰라도 수학 기호 읽는 법부터 친절하게 설명하고 있어 초급자에게도 적합한 책입니다.

수학 모델이란 현실에서 일어나는 현상에 대해 수학을 이용해 수식으로 표현하고 설명하는 것이라고 했지요. 복잡한 현실 세계를 명확한 가정을 통해 단순화 · 추상화함으로써 명쾌한 원리로 설명하고자 하는 것이 바로 이 수학 모델의 목적입니다. 이로부터 생각지 못한 시사점을 도출하거나 세계를 새롭게 이해하는 데 도움을 받게 됩니다. 이 책에서 대화하는 두 사람은 상반된 견

해를 갖고 대립합니다. 한쪽은 살아가는 데 수학 따위는 필요 없다고 생각하고, 다른 한쪽은 수학은 삶에서 큰 도움이 된다고 말합니다. 이 두 친구의 대화를 통해서 책은 우리 주변 사람들의 행동이나 사회 구조를 간단한 수학 모델로 표현하고 설명합니다. 때로는 시행착오를 거쳐 기존의 모델을 분해하고 개조해서 새로운 모델을 만들어 내기도 합니다.

수학 잘하는 친구의 도움으로 세상을 수학의 관점에서 바라보는 눈을 키워나가듯이, 수학 모델의 기초를 배울 수 있는 입문서입니다. 발등에 불이 떨어져야만 주어진 일을 시작하게 되는 행동 패턴, 최적 멈춤 문제, 최대 다수의 최대 행복 매칭 등 유명한 알고리즘을 수학적으로 탐구할 수 있습니다. 특히 컴퓨터공학과에 지원하고자 하는 학생이라면 알고리즘에 대한 기술적 습득을 하기 전에, 이 책을 통해 그 수학적인 설계 과정에 관해 깊게 탐구한다면 큰 도움이 될 것입니다.

이 책을 생기부 후속 활동으로 확장하는 법

'우리는 왜 발등에 불이 떨어져야만 시작할까?' 주제 탐구하기

📖 **관련 단원**: 확률과 통계(확률)

● 많은 이들이 과제를 줬을 때 미리미리 시간을 안배해 해내는 대신, 마감일이 임박해서야 정신을 차리고 작업을 시작한다. 발등에 불이 떨어져야 시작하는 이유는 무엇일까? 여기에도 수

학적인 이유가 존재한다.

① 과제 완수에 10시간이 걸리고 10일 후가 과제 마감일이라고 하자. t일 미뤘을 때 남은 기간 1일당 작업 시간을 구한다.

② 우리는 미래 이득에 대해 현재 이득보다 할인하여 가치를 매기는데, 할인 함수 $f(t)=\beta\cdot\delta^{t}$를 이용해 $t+1$일 미뤘을 때와 t일 미뤘을 때의 남은 기간 1일당 작업 시간을 비교한다.

③ 할인율 때문에 $t+1$일 미뤘을 때의 남은 기간 1일당 작업 시간이 t일 것보다 더 작다면 우리는 일을 미루게 될 것이다.

마감까지 남은 일수, 과제 완수에 걸리는 시간, 할인율 등을 자신에 맞게 설정해서 분석해 보고, 친구들과 결과를 비교해 보면 자신의 학습 태도를 진단하고 개선하는 데 활용할 수 있을 것이다. 이를 통해 수학 모델이 어떻게 현실 세계에 단순화 · 추상화를 적용하는지 이해하며 탐구해 본다.

'몇 번째 자취방이 최선인가?' 탐구하기

📖 **관련 단원**: 확률과 통계(확률), 미적분(미분법, 적분법)

● n개의 선택지가 있을 때 몇 번째까지 관찰한 다음 잠정적 1위를 선택해야 최고의 집을 구하는 확률값이 최대가 되는지에 대한 문제다. '최적 멈춤 문제' 또는 '비서 문제'라고도 불린다. 배우자를 선택하거나 회사에서 사람을 채용할 때, 집을 구하는 문제 등에 활용된다.

① 상황을 단순화시켜 10개의 집을 무작위로 관찰하여 선택

한다고 하자. 만약 다섯 번째까지 관찰하고 그 이후 잠정 1위를 선택할 때, 그보다 나중에 보게 될 집이 최고의 집일 확률은 $\sum_{i=6}^{10}\left(\frac{5}{i-1}\times\frac{1}{10}\right)$로 구할 수 있다.

② 일반화하여 n개의 집이 있을 때 r개까지 관찰하고 그 이후 잠정 1위를 선택할 때, 나중에 보게 될 집이 최고의 집일 확률은 $\sum_{i=r+1}^{n}\left(\frac{r}{j-1}\times\frac{1}{n}\right)$이 된다. $n\to\infty$와 $\frac{r}{n}=x$(비율), $t=\frac{j}{n}$로 치환하여 무한급수를 정적분으로 바꿔 확률 함수를 계산하면 $f(x)=-x\log x$가 나온다. 미분을 통해 극값을 구하면 함수가 최댓값을 갖는 x(비율)를 구할 수 있다.

▶도움이 되는 인터넷

-최적 멈춤 문제 소개(유튜브, 더나은삶TV)

-최적 멈춤 문제의 수학적 접근
(깃허브, 기계인간)

관련 학과: 수학계열, 심리학과, 경제학과, 사회학과, 컴퓨터 공학과

같이 읽으면 좋은 책

《복잡한 세상을 이기는 수학의 힘》(류쉐펑 | 미디어숲 | 2023. 01.)

BOOK
33

《한국사에서 수학을 보다》

이광연 | 위즈덤코리아 | 2020. 06.

문과생에게는 수학의 매력, 이과생에게는 인문 교양

정말 생소한 조합을 잘 어우러지게 빚어낸 책입니다. 한국사를 보면 기가 막힌 발명품이 많이 있습니다. 또 먼 과거에 했던 일이라고 보기 어려울 정도로 앞선 업적들도 있지요. 이렇듯 한국을 위시로 동아시아의 앞선 문화를 통해 수학적 원리를 배울 수 있도록 구성한 책입니다.

책은 경주 월지月池의 신라 유물들을 소개하면서 '14면체 주령구와 유물 복원' 이야기에 얽힌 수학 이야기를 정리한다거나, 조선 경복궁의 조형적 아름다움을 분석하면서 사이클로이드와 쪽매맞춤의 수학적 원리를 설명하고, 훈민정음이 왜 수학적이고 과학적인 글자인지 해석하며 신도시 화성을 건설한 정조와 정약용이 활용한 수학 기법은 무엇이었는지를 소개하는 등 수학의 관점으로 한국사를 보는 법을 안내합니다.

선사시대 한반도에 살았던 사람들이 주먹도끼를 황금비에 가깝게 만든 이유는 무엇일까, 조선의 음악가 박연이 정확한 음을 얻기 위해 만든 관악기 황종관은 어떻게 도량형의 척도가 되었을까, 수막새(지붕의 기왓골 끝에 사용된 기와)인 '신라의 미소'를 삼각형의 외심을 이용해 복원하면 어떤 모양이 될까 등 우리 역사 곳곳에 숨어 있는 수학의 비밀을 흥미로운 사례를 들어 서술합니다.

책은 우리의 역사적 순간에 수학이 어떤 역할을 했으며 수학으로 인해 역사가 어떻게 한층 다채롭게 전개되었는지 설명합니다. 역사적 진실에 한 발 더 다가서는 동시에 수학 지식을 한층 깊이 알아갈 수 있는 장점이 있기에 추천합니다.

과목 계열이 다르다 보니 한국사를 공부하면서 수학을 접목하는 학생은 거의 없을 것입니다. 그런 점에서 한국사의 여러 장면을 가져다가 수학적 원리를 대입시켜 생각한다는 것 자체로 이 책의 의미가 있습니다. 기발한 수학적 아이디어를 통해서 과거와 현재, 미래를 연결 지어 이해하는 흥미로운 경험을 해 보길 바랍니다. 수학이 이공계열 과목과는 잘 융합되어서 설명되곤 합니다. 앞서 예로 든 책들이 그런 내용이지요. 하지만 사회계열인 한국사와 연관 지어 상세하게 설명하는 책은 매우 드뭅니다. 수학적 사고를 바탕으로 한국사의 내용을 이해하고 분석하는 과정을 거치는 것이 우리 역사에 숨은 수학의 비밀을 이해하는 데 큰 도움이 될 수 있을 것입니다.

이 책을 생기부 후속 활동으로 확장하는 법

수학적 구조가 담긴 훈민정음 탐구하기

📖 **관련 단원**: 수학(함수, 경우의 수)

●최근 학자들은 한글에 수학적 구조를 표현하는 다양한 형식이 활용됐음을 알아냈다. 이때 활용된 수학적 개념은 사상, 합성, 순서 관계, 위상 공간, 격자도 등 매우 추상적인 것이다. 예를 들어 한글은 자음과 모음이 나오는 순서가 정해져 있고 자음과 모음의 합성으로 소리가 나는 문자가 완성되므로 훈민정음에는 순서 관계와 합성의 개념이 들어 있다. 훈민정음에 담긴 다양한 수학적 구조에 대해 자세히 탐구해 본다.

팔만대장경의 오탈자 탐구하기

📖 **관련 단원**: 확률과 통계(확률)

●경상남도 합천군 해인사에 소장된 불교 경전인 대장경은 판각의 매수가 8만여 판에 달하고 8만 4천 법문을 수록하고 있어 '팔만대장경'이라 불리며 세계에서 가장 완벽한 대장경으로 평가받는다. 그런데 대장경에는 수학적으로 놀라운 사실이 또 있다. 팔만대장경의 글자 5,239만 688자 중에서 오탈자는 단 158자로 오탈자 확률이 약 0.0003%뿐이라는 어마어마한 결과가 나온다. 수많은 사람이 작업했음에도 거의 오류가 없고 한 사람이 만든 것 같은 글씨체와 판각은 놀라운 수준이다.

같은 책에서 A와 B 두 사람이 발견한 오타의 개수를 각각

a개와 b개라 하고, 두 사람이 공통으로 발견한 오타를 c개라고 가정해 보자. 또 A가 오타를 발견할 확률을 p, B가 오타를 발견할 확률을 q라고 가정하자. 책에 있는 오타 총수를 M이라 할 때, 두 사람이 찾지 못한 오타의 개수를 구해 본다. 이 수식을 적용했을 때 팔만대장경에서 158개 이외에 아직 발견하지 못한 오탈자의 수를 추론할 수 있다. 예를 들어 A와 B 두 사람이 오탈자를 발견한 개수가 158개라고 하자. 이때 팔만대장경에는 지금까지 발견한 158개의 오탈자 이외에 몇 개의 오탈자가 더 있을 가능성이 있는지 탐구해 본다.

주령구 만들기

관련 단원: 기하(공간도형)

●신라 시대 주사위의 일종으로 나무로 만든(木製) 술 먹을 때(酒) 가지고 놀던 주사위(令具)라고 해서 목제 주령구라고 한다. 그런데 목제 주령구는 여느 주사위와 달리 정육면체가 아니다. 여섯 면은 정사각형이고 여덟 면은 육각형인 14면체다. 그리고 신기하게도 14면체인 이 주사위를 던지면 정다면체가 아님에도 불구하고 각 면이 나올 확률이 거의 같다. 목제 주령구를 실제로 측정한 결과 정사각형의 한 변의 길이는 2.5 cm이고 넓이는 6.25 cm^2이다. 한 변의 길이가 4.1 cm인 정삼각형의 각 꼭짓점에서 0.8 cm를 잘라 내면 긴 변이 2.5 cm인 육각형을 만들 수 있다. 이 육각형의 최대 폭은 3.25 cm이고, 높이는 2.8 cm이며, 넓이는 약

$6.265cm^2$이다. 따라서 목제 주령구의 각 면이 나올 확률은 거의 $\frac{1}{14}$에 수렴하므로 신라인들의 수학 실력이 얼마나 우수했는지를 알 수 있다.

정육면체를 이용해 다음의 순서대로 차례로 전개도를 제작해서 직접 주령구를 만드는 과정을 탐구해 본다.

① 한 변의 길이가 4.68cm(더욱 정확히는 4.67cm)인 정육면체를 만든다.

② 정육면체의 각 모서리의 중점에서 0.5659cm(더욱 정확히는 0.5657cm)씩 안으로 들어간 점을 택하고 이 점들을 연결한다.

③ 정육면체에 있는 여덟 개의 각 꼭짓점에 있는 육각형 부분을 잘라 낸다.

관련 학과: 공학계열, 역사학과

같이 읽으면 좋은 책

《수학, 세계사를 만나다》(이광연 | 투비북스 | 2017. 01.)

《우리 역사 속 수학 이야기》(이장주 | 사람의무늬 | 2012. 08.)

BOOK 34

《미술관에 간 수학자》

이광연 | 어바웃어북 | 2018. 02.

아름다운 명화 속에 숨겨진 수학의 놀라운 묘수

우리가 원시인의 생활을 가늠할 수 있는 증거들로 무엇이 있을까요? 글자가 없던 시절, 동굴에 그려 넣은 다양한 그림들은 그 시대 사람들의 생각과 생활을 짐작하게 해 줍니다. 그리고 그 벽화 속에는 원시인들이 사용한 수학에 대한 흔적도 고스란히 남아 있습니다.

우리가 막연히 떠올리기에는 무관한 것 같지만 그림은 수학의 발전과 떼어서 생각할 수 없을 정도로 깊은 상관관계를 가집니다. 예술이 가장 꽃피우기 시작했던 르네상스 시대에는 미술뿐 아니라 철학, 문학, 건축 등 모든 분야의 부흥이 이루어집니다. 수학도 이때 비약적으로 발전하지요. 그리고 미술의 발전은 수학적으로 사고하고 기획하기 시작한 수많은 미술가에 의해 절정을 이루게 됩니다.

르네상스 시대를 이끈 인물 중에 가장 선구적이었던 사람으로 레온 바티스타 알베르티Leon Battista Alberti가 있습니다. 인문학자, 시인, 고전학자, 미술 이론가, 건축가, 수학자… 이 모든 직업의 주인공이었던 그는 르네상스 시대 만능인의 전형이었습니다. 그는 1435년 《회화론On Painting》을 출간하는데, 거기에서 당대 화가들에게 다음과 같이 주문합니다. "모든 교양과목에 조예가 깊어야 하지만 특히 기하학에 정통해야 한다. 기하학을 모르면 그림을 제대로 그릴 수 없다."

수학은 모든 자연과학의 언어이자 논리적 사고의 힘을 키우는 지렛대입니다. 그런 의미에서 수학을 알고 미술 작품을 감상한다면 더욱 풍부한 감상이 될 수 있습니다. 이 책은 수학 자체가 아니라 '미술가들이 수학적 사고를 통해 어떤 작품들을 탄생시켰는가?' 하는 주제에 관해 탐구하는 책입니다. 우리가 미술관에서만 감상할 수 있었던 아름다운 당대의 그림, 조각, 구상화, 추상화들을 감상하면서 거기에 등장하는 수학 원리까지 함께 공부할 수 있는 풍부한 감수성의 책이라고 할 수 있습니다.

서양화가 동양화와 가장 다른 특징은 '원근법'입니다. 서양화가 중 원근법을 가장 먼저 선보인 사람은 이탈리아의 마사초Masaccio로 알려져 있는데 그의 작품 속 인물들은 실제 크기로 그려졌고 조형적으로 살아 있는 듯한 입체감을 준다고 해요. 원근법은 캔버스에 기하학을 투영시킨 것으로 소실점을 갖는 게 특징입니다.

그런가 하면 지렛대 원리를 활용한 그림도 있습니다. 파리 루브르 박물관에 소장되어 있는 캥탱 마시Quentin Matsys의 '환전상과 그의 아내'가 그 예이지요. 책에서는 명작의 기준으로 꼽히는 '황금률'이 적용되는 방식, 블레즈 파스칼Blaise Pascal이 확립시킨 사이클로이드 곡선을 활용한 명화들, 뫼비우스의 띠나 무한대를 소재로 그림을 그린 화가들의 이야기 등 그림과 수학의 밀접한 관계를 보여주는 흥미로운 이야기들이 소개됩니다.

저자는 '세상에서 가장 아름다운 수학자는 화가'라고 말합니다. 시대의 예술을 이끈 화가들은 인류 역사상 가장 치밀한 수학자라 해도 지나치지 않다는 것이지요. 마사초가 원근법으로 기존 회화가 갖고 있던 2차원적 한계를 극복하는 길을 열었다면, 알브레히트 뒤러Albrecht Dűrer는 황금비를 통해 인간의 아름다움을 극대화했습니다. 조르주 쇠라Georges Seurat와 피트 몬드리안Piet Mondrian은 점과 선만으로 색과 형태의 본질을 포착했고, 마우리츠 코르넬리스 에셔Maurs Cornelis Escher는 푸앵카레의 우주 모델에 착안해 무한의 원리를 그려냈습니다.

수학자들이 밝혀낸 수학 원리를 화가들이 미술의 언어로 해석하여 완벽에 가까운 미를 완성해 낸 이야기를 이 책을 통해서 익히고, 수학적 시선으로 예술과 세상을 바라보는 연습을 해 보길 바랍니다. 고정관념에서 벗어나 조화와 균형의 시각을 갖추는 데도 도움이 될 것입니다. 수학을 통해 미술을 감상하고, 거꾸로 미술을 통해 수학을 감상하는 계기를 제공하는 책입니다. 수학적 시선으로 예술 작품, 더 나아가 이 세상을 바라본다면, 우리의 생각은 고정관념의 틀에서 벗어나고 우리의 시선은 더욱 확장될 수 있기에 추천합니다. 대수학부터 기하까지의 기본 개념을 바탕으로 재미있게 읽을 수 있습니다.

이 책을 생기부 후속 활동으로 확장하는 법

시어핀스키 삼각형 만들기

📖 **관련 단원:** 미적분(수열의 극한)

● 폴란드의 수학자 시어핀스키가 만든 프랙탈 도형으로 칸토어 먼지를 확대해서 평면 차원, 즉 삼각형에 적용한 것이다. 시어핀스키 삼각형은 다음과 같은 과정을 통해 만들 수 있다(그림 29).

① 임의의 정삼각형 전체를 색칠한다.

② 주어진 정삼각형 각 변의 중점을 연결해 네 개의 작은 정삼각형을 만들고 가운데 부분의 작은 정삼각형은 제외하고 나머지 세 개의 작은 정삼각형은 색칠한다.

③ 2단계에서 색칠한 세 개의 작은 정삼각형 각각에서 ②의 방법을 반복한다. 그렇게 하면 총 아홉 개의 작은 삼각형이 색칠되게 된다.

④ 이와 같은 방법으로 작업을 반복해 시행한다.

위의 결과에 따라서 정삼각형에는 점들의 집합이 나타나는데 이것이 시어핀스키 삼각형이다. 실제로 단계를 따라 그려서 다음 그림처럼 나오는지 확인해 보자. 시어핀스키 삼각형의 특성도 탐구해 본다.

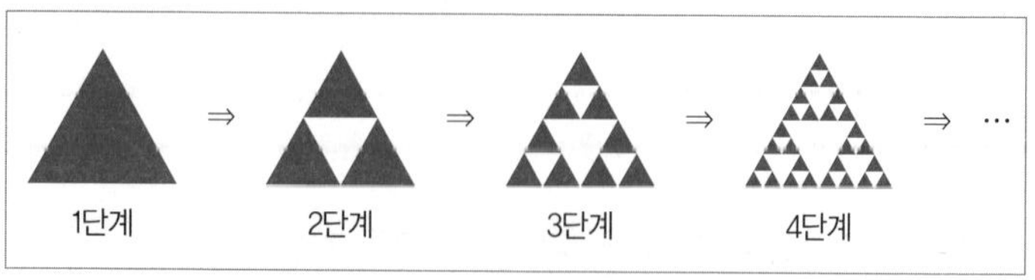

[그림 29] 시어핀스키 삼각형 만들기

코흐 눈송이 만들기

📖 **관련 단원**: 미적분(수열의 극한)

●정삼각형에서 각 변을 삼등분한 다음 가운데 부분을 없애고, 그 자리에 없어진 부분의 선분과 같은 길이의 정삼각형 두 변을 꼭짓점이 바깥쪽으로 향하도록 연결해서 별 모양으로 만드는 조작을 무한히 반복함으로써 얻어지는 도형을 '코흐 눈송이'라고 한다(그림 30).

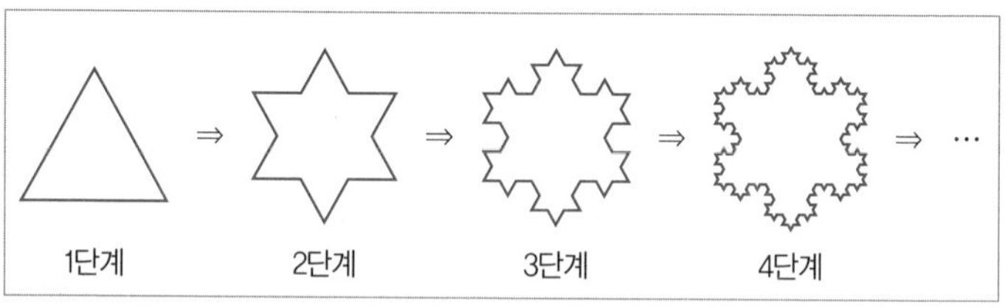

[그림 30] 코흐 눈송이 만들기

여기에서 정삼각형 한 변의 길이를 1이라 하자. n단계에 얻어지는 도형 둘레의 길이와 그 극한값을 구해 본다. 더불어 n단계의 넓이의 합과 그 극한값을 구해 본다. 더 나아가 코흐 눈송이가 실생활에 활용되는 예에 대해 탐구해 본다.

공간 테셀레이션 탐구하기

📖 **관련 단원:** 기하(공간도형)

● 다면체를 이용해 삼차원 공간을 가득 채우는 것을 공간 테셀레이션[3D tessellation]이라고 한다. 다면체로 포개짐 없이 공간을 채우려면 다면체가 만나는 꼭짓점 또는 모서리에서 이면각 크기의 합이 360° 이어야 한다. 정육면체의 경우 모든 모서리에서 이면각의 크기가 90° 이므로 정육면체로 공간을 채울 수 있다는 것은 쉽게 알 수 있다. 아래 그림과 같은 두 정다면체인 정사면체와 정팔면체로 공간을 채울 수 있음을 확인해 본다(그림 31).

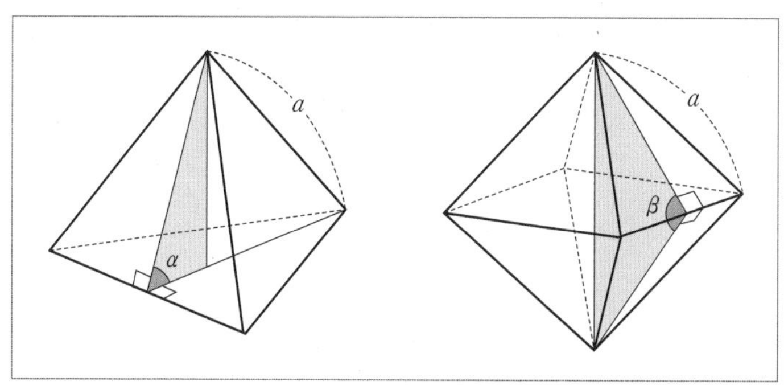

[그림 31] 정사면체와 정팔면체

●더 나아가 건축에서 사용되는 옥텟 트러스octet truss라는 골조 구조는 아래 그림과 같다. 정사면체와 정팔면체를 교대로 배치하여 만든 것인데 이러한 골조 구조를 채택했을 때의 특성과 장점에 대해 탐구해 본다(그림 32).

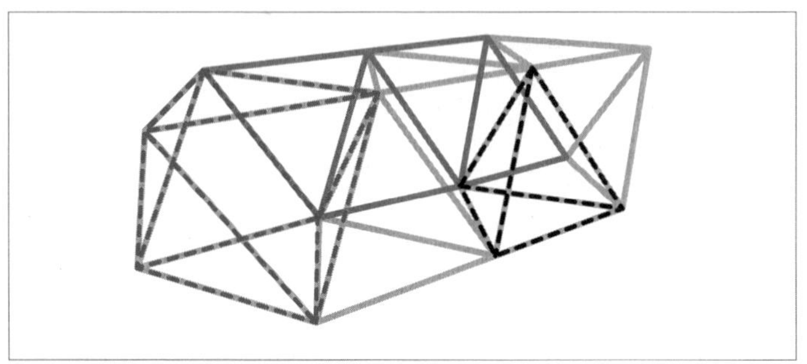

[그림 32] 옥텟 트러스 구조

관련 학과: 공학계열, 건축학과, 미술학과

갈이 읽으면 좋은 책

《수학, 인문으로 수를 읽다》(이광연 | 한국문학사 | 2014. 08)

BOOK
35

《수학으로 이해하는 암호의 원리》

조슈아 홀던Joshua Holden | 프리렉 | 2017. 11.

시저부터 디지털 암호까지, 암호 기술의 모든 것

남들은 해독하거나 이해할 수 없고 약속된 상대 혹은 나 자신만 풀 수 있는 것이 바로 '암호'입니다. 이 책에 의하면 암호는 인간이 문자를 써서 메시지를 전달할 수 있게 됨과 동시에 시작되었다고 합니다. 자신이 쓴 내용을 감추고 싶은 욕망, 다른 사람이 보더라도 판독할 수 없게 하고 싶은 필요가 바로 암호를 만든 것이지요. 그러니까 암호의 역사는 문자의 역사와도 같고, 누군가 감추려고 시도하면 누군가를 반드시 그것을 풀어내려고 연구해 온 아주 긴 악연의 기록과도 같습니다. 그 과정에서 많은 개념과 전문 용어들도 생겨났다고 합니다.

암호는 다양한 목적을 위해 고대로부터 사용해 왔습니다. 이 책에도 소개된 로마 시대 황제 줄리어스 시저는 오늘날 시저 암호Caesar cipher라 불리는 암호를 즐겨 사용했다고 합니다. 이후로도 암호 기술은 군사적 목적이나 국가 안보를 위해 두루 사용되었습니다. 앨런 튜링Alan Mathison Turing이 독일군의 암호 체계를 분석하기 위해 최초의 컴퓨터를 개발했다는 이야기는 유명합니다. 암호 기술이 세계대전의 승패를 좌우할 정도로 엄청난 위력을 발휘했던 것입니다.

본격적인 컴퓨터의 등장과 전자상거래는 암호 기술이 꽃을 피우는 데 결정적인 계기가 됩니다. 오늘날 전자서명 기능을 하는 공개키 암호 시스템 RSA(개발자인 Ron Rivest, Adi Shamir, Leonard Adleman 이름 앞 글자를 땄으며 1883년 MIT에 의해 특허 취득)는 공개키로 암호화하고 개인키로 복호화해 열어볼 수 있게 해서 오늘날 암호화폐를 비롯한 수많은 산업에 활용되기에 이릅니다.

저자에 의하면 이 책은 고등학교 대수학 수준의 지식, 그리고 관심을 잃지 않고 끝까지 생각하고자 하는 의지만 있다면 읽을 수 있습니다. 저자가 어려운 수학 공식을 배제하고 최대한 원리를 이해하는 데 집중할 수 있도록 풀어놓았기 때문입니다. 오늘날 산업에서 적극적으로 활용되는 암호 기술을 그 역사적 원천으로부터 살펴보고 원리를 파악할 수 있도록 돕습니다.

책에서는 한 문자 또는 한 블록의 문자를 다른 문자로 대체하여 만드는 치환 암호에 대해 가장 먼저 살펴봅니다. 그중 가장 단순하고 역사적으로 잘 알려진 암호가 바로 시저 암호입니다. 암호의 바탕이 되는 수학적 핵심 아이디어에 대해 살펴보고 암호를 수학적으로 표기하는 방식도 소개합니다. 이어서 여러 가지

치환 암호와 전치 암호를 살펴보고, 컴퓨터를 사용하는 디지털 암호, 스트림 암호, 지수 암호 등을 탐구합다. 공개키 암호에 대해서도 상세하게 살펴봅니다. 마지막 대목에서는 암호가 앞으로 미래에 어떤 방향으로 사용되게 될지 통찰합니다. 수많은 역사적 일화와 실제 사례를 통해 이 책은 암호 속에서 비밀리에 작동하는 수학의 면모를 알차게 알려줍니다.

현대 암호 기술은 엄밀한 과학의 한 분야로 크게 성장했으며, 다른 모든 현대 과학과 마찬가지로 수학을 바탕으로 전개됩니다. 수학에 대한 이해가 없으면 암호를 이해하는 데도 한계가 있습니다. 암호화폐나 NFT 등 요즘 주목받는 산업의 실체를 이해하기 위해서도 암호 기술의 요체가 되는 수학적 원리를 이해할 필요가 있습니다.

암호 기술 자체에 대해 알아 두는 데에도 필요한 책이지만 여기서 사용되는 수학이 정말로 아름답다고 생각하고 암호 속 수학 이야기를 두루 잘 정리한 책이기에 추천합니다. 책 속의 개념을 제대로 이해하는 데는 대학 수학 수준의 지식까지는 필요가 없습니다. 하지만 사고력을 최대로 발휘해야 합니다. 암호 기술은 두뇌 게임과도 같은 특징이 있기 때문입니다. 호기심과 탐구력이 강한 학생이라면 매력을 느끼며 빠져들 수 있을 것입니다. 이 책이 좀 어렵다고 느껴진다면 먼저 암호에 대해 다룬 기본서를 읽고 나서 이 책을 읽으면 암호학의 수학적 바탕에 대해 더 잘 이해할 수 있게 될 것입니다.

이 책을 생기부 후속 활동으로 확장하는 법

유클리드 호제법 탐구하기

📖 **관련 단원:** 수학(다항식)

● 유클리드 원론에는 공약수 중에서 가장 큰 수인 최대공약수를 찾는 효율적인 방법이 소개되어 있다. 최대공약수를 구하고자 유클리드가 사용한 알고리즘을 가리켜 유클리드 호제법[互除法, Euclidean algorithm]이라 한다. 유클리드 호제법에 따라 26과 6의 최대공약수와 26과 3의 최대공약수를 각각 구해 보고, 이것이 좋은 키인지 아닌지 알아보자. 모듈로 26에 대해 $\frac{1}{3}$처럼 행동하는 정수는 9라는 것을 탐구해 본다. 더 나아가 역원[inverse element]에 대한 수학적인 개념을 알아보고 암호에서 갖는 특성과 의의를 탐구해 본다.

벡터를 이용한 암호 체계 탐구하기

📖 **관련 단원:** 기하(벡터)

● 공개키 암호 분야에서는 양자 내성 암호 기술[Post-quantum cryptography]에 관한 연구가 한창 진행되고 있다. 격자 기반 암호[Lattice-based cryptography]에서 격자(래티스)는 좌표축이 갖추어져 있는 n차원 공간에 일정한 간격으로 배열된 점들의 눈금을 말한다. 최단 벡터 문제는 두 점으로 생성된 격자점 중에서 원점과 가장 가까운 위치에 있는 점을 찾는 문제다. 최근접 벡터 문제는 격자 생성자와 격자 위에 있지 않은 한 점이 주어졌을 때, 주어진 점과 가장

가까운 격자점을 찾는 문제다. 문제의 예를 통해 관련 내용을 설명해 본다. 확장하여 어떻게 하면 최근접 벡터 문제를 이용해 비대칭키 암호 체계를 만들 수 있는지 탐구해 본다.

쓰리-패스 프로토콜 탐구하기

🕮 **관련 단원**: 확률과 통계(확률)

●사전에 만나지 않고도 A가 B에게 몰래 비밀 메시지를 전달하는 방법 두 가지는 다음과 같다. 하나는 대칭키 암호에 쓸 비밀키를 선택하기 위해 키 합의 방식을 사용하는 것. 다른 하나는 A는 B가 공개한 암호키를 알지만 복호키는 오직 B만 아는 비대칭키 방식을 이용하는 것이다. 반면 공개키든 비밀키든 키를 교환하거나 합의하지 않고도 A가 B에게 메시지를 전달할 수 있는 새로운 대칭키 암호 방식이 있는데, 그것이 바로 쓰리-패스 프로토콜Three-pass protocol이다. 일반 용도로 쓰기에는 비효율적이지만 아주 흥미롭고 가끔은 편리한 방식이다. 비대칭키 암호를 우편함 투입구가 있는 굳게 잠긴 문에 비유할 수 있다면, 대칭키 암호는 자물쇠 하나에 같은 열쇠 두 개가 있는 여행 가방에 비유할 수 있다. B에게 메시지를 보내고 싶다면 A는 편지를 여행 가방에 담아 자물쇠로 잠근다. B는 가방을 받아서 갖고 있던 열쇠로 자물쇠를 열고 편지를 꺼내 읽으면 된다. 이제 여행 가방 빗장에 여유 공간이 있어서 자물쇠를 두 개까지 사용할 수 있고, A와 B 각자 서로 다른 자물쇠와 그걸 열 수 있는 열쇠 쌍을 가지고 있다고 가정하

자. 쓰리-패스 프로토콜 1, 2, 3차 패스에 대해 탐구해 본다.

관련 학과: 공학계열, 컴퓨터학과, 정보보안학과

같이 읽으면 좋은 책

《결정적 사건으로 배우는 암호학》(윤진 | 골든래빗 | 2024. 01.)

BOOK
36

《n분의 1의 함정》

하임 샤피라 Haim Shaplra | 반니 | 2017. 05.

상대를 읽고 전략적 선택을 하는 게임이론의 세계

많은 게임 이론을 소개해 주는 책입니다. 처음부터 끝까지 모두 게임이론으로만 구성되어 있어서 특별합니다.

게임이론은 다수의 의사결정자(선수)가 있고 상대의 결정이 나의 결정에 영향을 미치는 상호작용 상황에서, 이들이 전략적으로 어떤 의사결정을 할지 예측하는 학문입니다. 이때 선수들의 목표는 본인의 이득을 최대화하는 것이라고 전제할 수 있습니다. 이득은 돈, 명예, 체면 등 상황에 따라 여러 형태를 취합니다. 선수의 단위도 다양합니다. 친구, 적, 정당, 국가 등 다른 개체와 상호작용이 가능한 개체라면 모두 해당합니다.

이 책은 일단 매우 재미있다는 게 장점입니다. 과연 수학 영역에 해당하는 이야기인지조차 궁금한 주제를 가지고 수학, 경제, 심리를 절묘하게 버무린 내용을 두루 담았습니다. 의사결정을 하는 주체들은 대부분의 순간 합리적이지만 어떤 상황이 되면 이해할 수 없으리만큼 비이성적으로 행동합니다. 어떤 경우에는 도덕적이지만 때로는 매우 이기적이고 잔혹하기도 합니다.

다양한 흥미로운 사건과 실제 사례가 책 전체에 걸쳐 소개됩니다. 경매, 죄수의 딜레마, 자원자 딜레마, 공갈 협박범의 역설, 해적게임 등 흥미진진한 소재가 넘쳐납니다. 경제학과나 심리학과를 희망하는 학생에게 특히 추천하는데, 의사결정에 고려되어야 할 더 많은 다양한 요인에 대해 이해할 수 있기 때문입니다. 실제 게임에서는 수학적 해법만으로는 통하지 않는 경우가 많습니다. 수학적 해법은 질투심, 모욕감, 자존심, 도덕적 분개 같은 중요한 감정이나 그것이 만들어 내는 변수를 간과하기 쉽기 때문입니다. 어떤 의사결정을 내리기 전에는 앞서 말한 것처럼 모두가 나처럼 생각할 때 어떻게 될지, 그리고 반대로 모두가 나처럼 생각하지 않을 경우 어떻게 될지도 고려해야 합니다.

주제별로 나뉜 장에서 먼저 서론 부분을 읽으면서 다른 사람들은 어떤 선택을 할지 예상해 보고, 결국 나는 어떤 선택을 하는 것이 좋을지 생각해 봅시다. 나의 선택이 꽤 합리적인 결정인 경우도 있겠지만, 문제의 양상이 생각보다 훨씬 복잡해서 미처 고려하지 못했던 선택과 그 이유가 부각되는 경우도 있을 것입니다. 책에 소개된 게임을 추출해서 실제로 단체 게임을 해 보면 모두들 재밌어하는 걸 알 수 있습니다. 의사결정자의 성격이나 성향이 반영되어서 저마다 다른 선택이 나온다는 것도 관찰할 수 있습니다. 다양한 방법으로 활용해 보고 진로 활동이나 세특에도 적용해 갈 수 있을 것입니다.

이 책을 생기부 후속 활동으로 확장하는 법

게임별 특성과 내시 균형 탐구하기

교과 연계: 수학과 경제의 연계 탐구

● 책에는 흥미진진한 게임이 다수 소개되어 있는데 게임을 풀기 위해 내시 균형을 찾아보면 효율적인 결정이 나올 수 있을 것이다. 그런데 내시 균형이 항상 가장 좋은 선택이 되는 것은 아니다. 그 의미도 파악해 보자.

① 신뢰 게임: 두 사람이 5달러부터 100달러 사이의 액수를 적어낸다. 둘 다 같은 금액을 적어낸다면 두 사람 모두 해당 금액을 받게 되지만, 서로 다른 금액을 적어내면 둘이 적은 것 중에서 더 적은 액수의 금액을 받게 된다. 단, 적은 금액을 적어낸 사람은 5달러를 더 받게 되고, 큰 금액을 적어낸 사람은 5달러를 더 적게 받게 된다.

얼핏 보면 둘 다 100달러를 적어내는 게 유리하다. 하지만 상대방이 100달러를 적는다고 예측해서 내가 99달러를 적으면 어떻게 될까? 이를 반복하면 5달러를 적어내면 적어도 항상 상대보다 불리하지 않게 된다는 결론이 나온다. 즉 내시 균형은 바로 5달러인 것이다.

② 알랭 드루의 추측 게임: 사람들이 0부터 100까지 숫자 중에서 하나를 고르고, 고른 숫자의 평균에 0.6을 곱한 값과 가장 근접한 숫자를 고른 참가자가 상금을 받는다.

모든 사람이 합리적이라면 0을 적어낼 것이다. 모든 0의 평균에 0.6을 곱해도 결국 0이 되기 때문에, 모두가 상금을 받을 수 있다. 또는 0과 100의 평균인 50에 0.6을 곱한 30을 적어내기도 하는데, 모두가 이렇게 생각한다면 18을 적는 것이 낫다. 결국 이를 반복하면 0으로 귀결된다. 0을 적는 것이 내시 균형이다. 그런데 간혹 설령 자신이 상금을 받지 못한다 해도 계산적인 사람을 징벌하기 위한 목적만으로 100을 적는 사람도 나온다.

다양한 경매 방식과 특성 탐구하기

교과 연계: 수학과 경제의 연계 탐구

●전통적이고 가장 대중적인 경매 방식은 영국식 경매다. 영국식 경매에서는 가끔 기꺼이 내려고 했던 가격보다 낮은 가격에 물건을 차지하는 행운이 따르기도 하고, 반대로 호가가 계속 올라서 오히려 시중가보다 훨씬 비싸게 사는 경우도 생긴다. 그래서 승자의 저주라는 말이 나오기도 했다. 따라서 비공개로 진행되는 최고가격 밀봉입찰 경매가 대중적으로 선호되기도 한다. 책에는 윌리엄 비크리William Vickrey가 처음 고안한 비크리 경매Vickrey auction(최고가격 낙찰자가 2등 가격을 지불하는 방식의 비공개 입찰 경매) 방법이 소개되는데 이것으로 그는 노벨 경제학상을 수상했

다. 이 방법 역시 다양한 전략이 나타날 수 있어 흥미롭다. 1달러 경매(경매최고가격 낙찰자가 낙찰을 받지만 대금은 2등 가격 입찰자가 지불하는 경매) 방식에서도 아주 재미있는 현상이 많이 나타난다. 각 경매 방식에 대해 파악하고 실제로 친구들에게 다양한 경매 방식으로 물건을 팔아보자.

게임이론과 유사한 실제 사례 탐구하기

📖 **교과 연계**: 수학과 정치의 연계 탐구

● 2002년 체첸 테러범의 모스크바 극장 인질극 사건, 이란 핵 개발 제재 회담은 '공갈 협박범의 역설(100달러를 두 사람이 나눠 가지되 합의에 이르지 못하면 아무도 돈을 가질 수 없게 되는 게임)'을 보여주는 다양한 사례다. 1964년 캐서린 제노비스 사건, 1962년 쿠바 미사일 위기 같은 역사적 사건들은 어떤 게임이론과 유사하며 그런 경우 어떤 전략을 취하는 것이 유리한지 등을 탐구해 본다.

다양한 '전략 게임' 탐구하기

📖 **교과 연계**: 수학과 게임의 연계 탐구

● 틱택토 게임: 틱택토tic tac toe는 가장 오래된 수학 게임으로 기원전 1300년경 고대 이집트에서 시작되었다고 알려져 있다. 한 줄 빙고 게임 같은 느낌으로 승부가 나기도 하고 무승부가 되기도 한다. 칸을 늘리거나 변형된 틱택토 게임도 있으므로 게임을

즐기면서 승리 전략을 생각해 보자.

● 헥스 게임: 책에 소개되지는 않지만 다양한 양상이 나타나고 실력을 쌓을수록 더 재미있게 할 수 있는 것이 수학자 피에트 하인Piet Hein이 처음 고안하고 존 내시John Forbes Nash가 대중화한 헥스Hex 게임이다. 직접 게임을 해 보고 승리하기 위한 전략을 생각해 보자. 토너먼트 대진표를 작성해서 전교생이 다 함께 즐길 수도 있다.

▶도움이 되는 인터넷 자료

-틱택토 게임(유튜브, 동화같은 수학이야기)

-Hex 게임(유튜브, 동화같은 수학이야기)

관련 학과: 경제학과, 심리학과, 정치학과

같이 읽으면 좋은 책

《살아 있는 것은 모두 게임을 한다》(모시 호프먼 외 | 김영사 | 2023. 06.)

수학자들은 아직 인간의 언어로 표현되지 못한
새로운 아이디어를 품고 있다는 것만으로
스스로 자랑스러워해도 무방하다.

Mathematicians may flatter themselves that they possess new ideas which mere human language is as yet unable to express.

— 제임스 맥스웰(James C. Maxwell)

독서로 챙기는 생기부 사례

활용 도서 : 《통계학, 빅데이터를 잡다》

교과 연계: 수학 II 와 경제의 연계 탐구

한 나라 국민의 생활 수준을 나타내는 지표로 보통 국내 총생산[GDP]이나 국민 총소득[GNI]을 사용한다. 그러나 이런 지표는 소득이 사회 각층에 얼마나 골고루 분배되어 있는지는 보여 주지 못한다. 국민의 소득 분배를 나타내는 대표적인 지표로 이탈리아 통계학자 코라도 지니가 고안한 지니계수가 있다. 지니계수는 계층 간 소득 불평등 정도를 나타내는 수치로 로렌츠 곡선을 통해 그 의미를 쉽게 이해할 수 있다.

로렌츠 곡선은 미국의 통계학자 로렌츠가 창안한 것으로, 가로축에 인구 누적 비율, 세로축에 소득 누적 비율을 표시해 나타낸 곡선이다. 통계청 사이트에 들어가서 소득에 대한 자료를 찾아 우리나라 소득 인구 전체를 소득이 낮은 사람부터 높은 사람의 순서대로 나열한 후, 20%씩 구분하여 계층별 소득 점유율과 소득 누적 비율을 표로 그려보자. 표를 보고 지오지브라를 이용해 곡선도 그려본다. 로렌츠 곡선 $L(x)=0.9x^2+0.1x$일 때, 지니계수를 구해 보자. 균등 분포선과 로렌츠 곡선 사이의 영역이 넓어질수록 지니계수의 값과 계층 간 소득 격차가 어떻게 변하는지 탐구해 본다(그림 33).

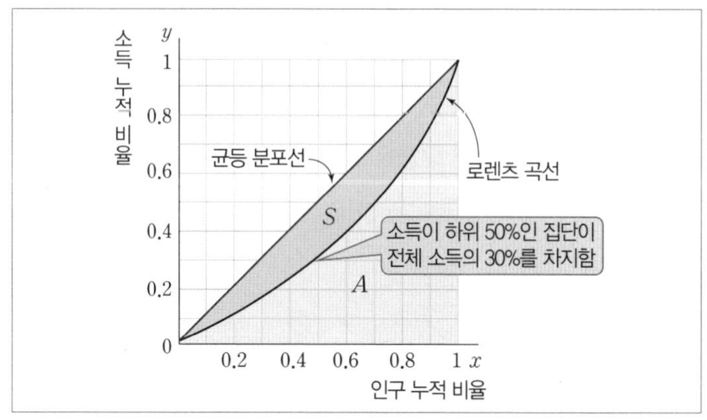

[그림 33] 균등 분포선과 로렌츠 곡선의 간격

탐구물 작성 예시

– 지니계수의 정의

미국의 통계학자 로렌츠가 창안한 소득 분배 곡선인 로렌츠 곡선은 위 그림처럼 인구 누적 비율을 x축으로, 소득 누적 비율을 y축으로 잡은 좌표 평면에 나타낸 곡선이다.

모든 국민이 같은 소득을 얻는다면 한 명이 증가할 때마다 같은 소득이 누적되므로 로렌츠 곡선은 직선 $y=x$와 일치하게 된다. 이런 의미에서 직선 $y=x$를 균등 분포선이라고 한다. 즉 대각선 $y=x$는 소득 분배가 완전히 평등하게 이루어질 때를 나타낸다. 따라서 로렌츠 곡선은 소득 분배가 평등할수록 대각선 $y=x$에 가깝고, 불평등할 수록 대각선 $y=x$에서 멀어서 아래로 늘어지는 모양으로 나타난다.

로렌츠 곡선에서 소득 불균형의 정도를 수치로 나타내는 것을 이탈리아의 통계학자 지니의 이름을 따서 지니계수라고 한다. 앞의 그림에서 균등 분포선과 로렌츠 곡선 사이의 영역의 넓이(S)를 균등 분포선 아래 직각삼각형의 넓이(S+A)로 나눈 비율이 지니계수다. 즉 로렌츠 곡선을 $y=L(x)$라고 할 때, 지니계수 G는 다음과 같이 정적분으로 표현한다.

$$G=\frac{S}{S+A}=\frac{\int_0^1\{x-L(x)\}dx}{\int_0^1 xdx}=2\int_0^1\{x-L(x)\}dx$$

– 지니계수의 특성

소득이 완전히 공평하게 분배되면 $S=0$이므로 지니계수는 0이 되고, 소득이 완전히 불공평하게 분배되면 $S=\frac{1}{2}$이므로 지니계수는 1이 된다. 현실에서 이 두 가지 사례는 존재하지 않으므로 지니계수는 0과 1 사이의 수치로 나타난다. 따라서 지니계수가 0에 가까울수록 소득 분배가 공평하고 1에 가까울수록 소득 분배가 불공평하다는 것을 뜻하며, 대체로 지니계수가 0.4를 넘으면 소득 격차가 큼을 의미하는 것으로 본다.

지니계수는 국가 간만이 아니라 다양한 계층 간 소득 분배를 비교할 수 있고, 국가 내에서 시간의 흐름에 따른 소득 분배의 변화상을 가리킬 수도 있으며, 따라서 소득 불평등의 증감을 파악할 수 있다. 비슷한 소득과 지니계수를 가진 국가라도 서로 다른 소득 분배

양상을 보일 수 있으며, 이는 로렌츠 곡선이 달라도 동일한 지니계수를 가질 수 있다는 것을 의미한다.

– 지오지브라를 이용한 지니계수 탐구

2022년 우리나라 소득 인구 전체를 소득이 낮은 사람부터 높은 사람의 순서대로 나열한 후, 20%씩 구분하여 계층별 소득 점유율과 소득 누적 비율을 소득점유율 시장소득 기준으로 표로 그려보면 다음과 같다.

인구 누적 비율	0.2 (1분위)	0.4 (2분위)	0.6 (3분위)	0.8 (4분위)	1 (5분위)
소득 점유율	0.04	0.11	0.17	0.24	0.44
소득 누적 비율	0.04	0.15	0.32	0.56	1

통계청 홈페이지(www.kostat.go.kr)에 들어가서 '국가통계포털KOSIS 통계표 – 소득분배지표 – 2022년 지니계수–소득 점유율'에서 관련 자료를 찾는다. 표를 보고 지오지브라를 이용해 곡선을 그려보면 다음 페이지의 그림과 같다(그림 34).

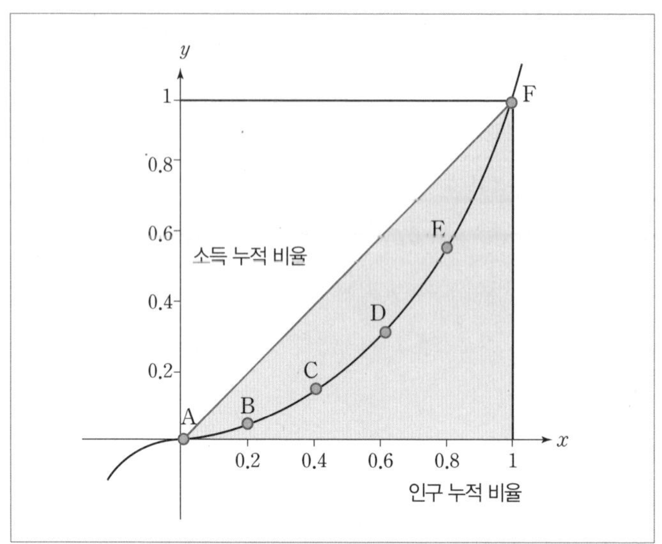

[그림 34] 지오지브라 지니계수

인구 누적 비율을 x좌표로 하고 그때의 소득 누적 비율을 y좌표로 하는 순서쌍 A(0, 0), B(0.2, 0.04), C(0.4, 0.15), D(0.6, 0.32), E(0.8, 0.56), F(1, 1)을 좌표평면 위에 나타낸 뒤 대수창에 $L(x)=$다항식$(\{A, B, C, D, E, F\})$를 입력하면 다섯 개의 점을 동시에 지나는 로렌츠 곡선이 그려진다. 대수창에 2적분$(x-L(x),\ 0,\ 1)$를 입력하면 지니계수 $G=0.39$의 값이 구해진다. 이는 통계청 홈페이지에 나와 있는 소득점유율 시장소득 기준 2022년 지니계수 $G=0.39$의 값과 같음을 알 수 있다.

– 로렌츠 곡선 $L(x)=0.9x^2+0.1x$일 때, 지니계수

$$G=2\int_0^1\{x-L(x)\}dx=2\int_0^1\{x-(0.9x^2+0.1x)\}dx$$

$$=2\int_0^1(0.9x-0.9x^2)dx=2\times0.9\times\int_0^1(x-x^2)dx$$

$$=1.8\left[\frac{x^2}{2}-\frac{x^2}{3}\right]_0^1=0.3$$이다.

– 지니계수의 값과 계층 간 소득 격차

균등 분포선과 로렌츠 곡선 사이의 영역이 넓어질수록 $\int_0^1\{x-L(x)\}dx$의 값이 커지므로 지니계수의 값도 커지고 계층 간 소득 격차도 커진다. 이때 균등 분포선과 x축 사이의 넓이가 $\frac{1}{2}$이므로 균등 분포선과 로렌츠 곡선 사이의 영역이 넓어질수록 지니계수는 $2\times\frac{1}{2}=1$에 가까워진다.

– 심화 연구 활동

1. 연도별 우리나라 지니계수의 추이와 국제 비교: 지표누리 홈페이지(www.index.go.kr)에서 연도별 우리나라 지니계수의 추이 자료를 찾는다. 연도별 우리나라 지니계수의 추이는 다음 페이지의 그림과 같다(그림 35).

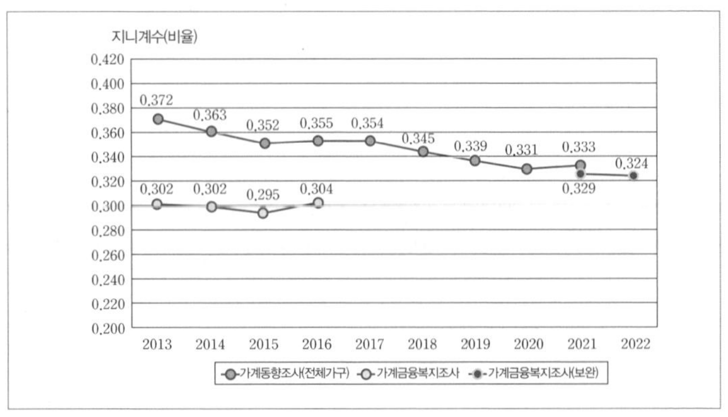

[그림 35] 우리나라 지니계수 추이

지니계수를 이용해 우리나라 소득불평등도를 지표해석 해 보면, 가계금융복지조사 결과 균등화 처분가능소득 기준 2022년 지니계수는 0.324로 전년에 비해 0.005 감소했다. 국제 비교를 해 보면, 주요 국가의 균등화 처분가능소득 기준 지니계수는 다음과 같다.

	한국	캐나다	이탈리아	일본	영국	미국
2015년	0.352	0.318	0.333	-	0.360	0.390
2016년	0.355	0.307	0.327	-	0.351	0.391
2017년	0.354	0.310	0.334	-	0.357	0.390
2018년	0.345	0.304	0.330	0.334	0.366	0.393
2019년	0.339	0.300	0.325	-	0.366	0.395
2020년	0.331	0.280	0.331	-	0.355	0.378
2021년	0.333/0.329	-	-	-	-	0.375
2022년	0.324	-	-	-	-	-

균등화 소득은 가구원 수가 다른 가구 간의 복지 수준을 비교할 수 있도록 가구소득을 가구원 수의 제곱근으로 나눈 소득을 말하는데 이는 OECD 공통의 방법론이다. 예를 들어 1인 200만 원으로 사는 가구가 결혼해서 2인 가구가 된 경우에 동일한 복지 수준을 누리기 위해서는 400만 원이 필요한 것이 아니라, 함께 거주함으로써 공동 사용할 수 있는 주택이나 가구, 규모의 경제에 따른 상품 · 서비스 구매 상의 절약을 감안해서 283만 원(200×2의 제곱근)만 있어도 된다고 간주하기 때문이다.

2. 로렌츠 곡선의 요철(미적분으로 확장): 인구가 충분히 많다고 가정하고, 로렌츠 곡선을 2번 미분 가능하다고 하자. 또 로렌츠 곡선이 직선인 구간이 없다고 가정한다면, 로렌츠 곡선은 항상 아래로 볼록할 것이다. 그 이유를 수학적으로 설명하면 다음과 같다.

로렌츠 곡선 $y=L(x)$는 소득이 하위 x에 해당하는 인구의 소득의 합계가 전체 소득에서 차지하는 비율의 함수다. 따라서 로렌츠 곡선의 도함수 $L'(x)$는 소득이 하위 x와 $x+\triangle x$에 들어가는 인구의 소득의 합이 전체 소득에서 차지하는 비율을 $\triangle x$로 나눈 후, $\triangle x$를 0으로 보내는 극한값이다.

즉, $L'(x)=\lim_{\triangle x \to 0} \frac{L(x+\triangle x)-L(x)}{\triangle x}$이다.

따라서 전체 인구를 P , 전체 소득의 합을 I라고 하면,

$$L'(x) = \lim_{\triangle x \to 0} \frac{L(x+\triangle x) - L(x) \cdot I}{\triangle x} \cdot \frac{P}{I}$$

$$= \lim_{\triangle x \to 0} \frac{\text{소득이 } x\text{와 } x+\triangle x\text{사이인 인구의 소득}}{\text{소득이 } x\text{와 } x+\triangle x\text{사이인 인구}} \cdot \frac{P}{I}$$

인구가 매우 많다고 하면 근사적으로

$L'(x) = \dfrac{\text{소득 하위}x\text{인 사람의 소득}}{\text{평균 소득}}$이다. 따라서 로렌츠 곡선의 도함수 $L'(x)$는 (단조)증가한다. 로렌츠 곡선이 2번 미분하고 직선이 구간을 포함하지 않는다고 했으므로 $L'(x)>0$ 이다. 따라서 로렌츠 곡선은 아래로 볼록하게 된다.

'지오지브라를 통한 지니계수 탐구하기' 과세특 예시

'통계학, 빅데이터를 잡다(조재근)'를 읽고 지니계수를 시각화하여 이해하고 지니계수의 값과 계층 간 소득 격차에 대해 탐구할 필요성을 가짐. 이를 위해 통계청에 있는 소득 자료를 바탕으로 지오지브라를 이용해 로렌츠 곡선을 그려야겠다고 생각하였고 이에 어려움을 느꼈지만 대수창에 수식을 정확히 적용하려는 노력 끝에 로렌츠 곡선을 그리고 정적분을 이용해 지니계수를 구함. 급우들 앞에서 균등 분포선과 로렌츠 곡선 사이의 영역이 넓어질수록 지니계수의 값도 커질 뿐 아니라 계층 간 소득 격차도 커짐을 발표하여 좋은 호응을 얻음. 이에 성취감을 얻었고 적분의 유용성과 가치를 인식하게 됨. 또한 그래프와 적분을 통해 자료를 해석하는 탁월한 능력을 보여줌. 더 나아가 연도별 우리나라 지니계수의 추이와 국제 비교, 로렌츠 곡선의 요철을 연구하는 심화 활동까지 수행하여 창의융합의 표본을 보여주었으며 정보처리 역량이 향상됨.

PART 6

수학의 흥미

수학이 더욱 가깝고 재밌어지게 도와주는 수학책

MUST-READ FOR

MATHEMATICS AND LOGICAL THINKING

BOOK 37

《미래가 보이는 수학 상점》

김용관 | 다른 | 2023. 06.

아이디어를 파는 세상에서 가장 재밌는 수학 가게

'매스 아이디어 숍Math idea shop'이라는 가상의 상점을 등장시켜서 어려운 문제에 맞닥뜨린 손님들에게 수학적 아이디어를 제공한다는 콘셉트의 수학책입니다. 특히 인공지능의 등장, 인공위성 로켓 발사와 화성 탐사나 블랙홀 등의 우주 탐사와 같은 다가올 미래에 대응하는 데 필요한 사고력과 창의력을 길러주는 '새로운 수학 개념'들에 대해 알아봅니다. 수학은 세상을 이끌기도 하고 세상의 영향을 받으며 끊임없이 변화했습니다. 저자는 과학의 발전으로 인해 수학이 변화에 직면하게 된 다양한 이야기를 들려줍니다.

1장 수학이 여는 새로운 차원에서는 음수 질량인 암흑에너지, 음수 길이라는 새로운 대칭의 개념, 0보다 작은 변화량을 다루는 엔트로피, 소수 차원의 도형을 다루는 차원, 소수 차원의 좌표계를 다루는 메타버스 등의 새로운 '차원 개념'을 다룹니다. 2장 수학이 만드는 새로운 기술에서는 반도체, 블랙홀, 유전자 가위, 인공지능, 머신러닝 등 '신기술의 수학적 개념'을 정리하고 있습니다.

한 남학생이 매스 아이디어 숍의 문을 빼꼼히 열고 들어섭니다. 그러더니 자신은 수학과 과학을 좋아하는데 요즘 이상한 물질 그러니까 '암흑물질'에 푹 빠져 그 주제로 과학 아이디어 공모전을 준비하고 싶지만 혼자 힘으로는 역부족이라서 찾아왔다고 고백합니다. 상점 주인은 우리가 보던 일상의 물질과는 다른 움직임을 보이는 물질에 관해서 설명해 줍니다. 2017년 미국 물리학자들이 실험실에서 루비듐Rubidium이라는 물질을 차가운 온도에서 응축시켰습니다. 그런 다음 루비듐을 회전시키면서 힘을 가해 보았더니 특이한 반응이 돌아왔습니다. 마치 보이지 않는 벽에 부딪혀 튕기기라도 하듯 움직이고, 밀면 멀어지는 게 아니라 오히려 가까워지는 등 보통 물질과는 달리 힘의 반대 방향으로 움직이는 것이었습니다. 아직 가설 단계이긴 하지만 질량의 세계에도 음수(−)가 존재한다는 개념을 받아들여야 할지도 모르게 된 것입니다. 상점 주인은 '음의 물질'이라는 개념을 적용하면 여러 물리 법칙이 새로 적용되어야 한다고 남학생에게 설명합니다.

이 책에 등장하는 주제들은 해결 과정 자체가 복잡하고 난해하지 않습니다. 기존의 개념으로는 설명할 수 없기에 '틀'을 깨야만 해결이 가능한 주제들이라는 점이 특징입니다. 0도 +0이나

−0처럼 부호를 가질 수 있을까?, 유전자 편집 가위로 인해 등장한 1보다 큰 확률이라는 개념, 커플 매칭의 아쉬움으로 인해 탄생한 일대다 대응 함수 이야기 등이 그런 주제들입니다. 이들 개념은 과학의 발전으로 새롭게 등장한 주제들로 이를 체계적인 이론으로 설명하기 위해서는 '새로운 개념의 수학'이 필요한 것입니다.

저자는 현재에는 없는 새로운 수학 개념을 여럿 제시하는데 간단하지만 매우 참신하고 잘 맞아떨어집니다. 쉽지만 기발해서 창의력과 수학적 상상력을 키울 수 있으며, 이렇듯 새로운 수학이 장차 해야 할 일은 이전보다 더욱 많아질 것으로 예측됩니다.

특히 이 책에서 매칭시킨 수학과 과학의 관계에 대해서도 쉽게 이해할 수 있습니다. 과학과 수학은 상호작용하며 발전해 왔습니다. 수학은 과학의 언어이고, 과학은 수학이 자양분인 셈이지요. 과학은 우리가 지금껏 경험하지 못한 세상을 만들어 갈 것이고, 그러한 세상에서는 기존의 수학만으로는 설명할 수 없는 상황이 여럿 닥칠 것입니다. 그리고 지금껏 그래왔듯 수학은 그러한 현상을 설명하기 위해 새로운 개념을 만들거나 변화해야만 합니다. 저자는 그럴 때 필요한 것이 바로 '다양한 관점에서 유연하게 생각하는 힘'이라고 말합니다.

무엇인가를 준비하거나 현실적인 도움을 받기 위해서가 아니라, 재미있고 참신한 수학과 과학 이야기를 편하게 읽고 싶어 하는 학생에게 추천합니다. 수학 이야기를 다루면서도 소설이나 에

세이처럼 편하게 읽을 수 있는 책을 찾기란 쉽지 않습니다. 그런데 이 책은 중학생이 읽어도 어렵지 않으며 수학 전공자가 읽어도 재미있고 참신하다는 장점이 있습니다. 누구라도 편하고 즐겁게 읽어서 수학과 친해지고 수학을 더 좋아하는 계기가 되기를 바랍니다.

이 책을 생기부 후속 활동으로 확장하는 법

새로운 개념과 연산 법칙 탐구하기

📖 **교과 연계**: 수학과 물리의 연계 탐구, 수학교육

● 암흑에너지는 만유인력과 정반대되는 힘으로 우주의 가속 팽창 학설을 설명하는 가상의 에너지다. 그리고 2017년 특정 조건의 루비듐은 보통 물질과는 다르게 힘의 반대 방향으로 움직였다. 수학은 과학의 언어로서 어떻게 이를 설명할 수 있을까?

상점 주인은 과거 음수의 도입과 비슷하게 힘의 방향과 반대로 움직이는 물체의 질량을 음의 질량으로 정의하고 음의 길이, 음의 넓이, 대칭을 이용해 연산 법칙에 대한 아이디어를 떠올린다. 과거 음수를 도입했을 때를 탐구하면서 수학의 유연성, 확장성, 그리고 동시에 반드시 지켜져야 하는 엄밀성에 대해 생각해 본다. 이를 통해 새로운 규칙을 도입하는 것은 문제가 있지는 않은지 판단해 본다.

컴퓨터 계산법 탐구하기

📖 **교과 연계**: 수학과 컴퓨터의 연계 탐구

● 컴퓨터는 반도체를 사용해 이진법으로 수를 표현하는데, 음수를 표현하는 방법으로는 부호화 크기 표현법, 1의 보수법, 2의 보수법 등 세 가지 방법이 있다. 부호화 크기 표현법은 이해하기 가장 쉬운 방법이지만 계산 결과에 오류가 생긴다. 이를 보완하기 위해 1의 보수법을 고안했는데 +0, −0이 존재하여 2의 보수법보다 더 많은 정보를 저장할 수 없다. 2의 보수법을 통한 계산 방법을 탐구해 본다.

스몰뱅 진화 지도 그리기 후속 탐구하기

📖 **관련 단원**: 확률과 통계(확률)

● 수학적 확률에서는 확률을 'p(A)=사건 A가 일어나는 경우의 수/모든 경우의 수'라고 정의한다. 그래서 확률값은 1 이하의 값을 가진다. 하지만 우연히 던진 동전이 모서리로 서게 되는 것처럼 완전히 경우에 없던 사건이 등장하는 일은 종종 있었다. 핵융합을 통해 새로운 원소가 만들어졌고, 유전자 편집 기술로 기존에 없던 새로운 생물체가 탄생했다. 이처럼 기존 모든 경우의 수에 없는 새로운 사건이 일어나 확률이 1보다 커지는 순간을 스몰뱅[small bang]이라고 한다. 이후에 새로운 사건을 포함해서 모든 경우의 수가 조정되면 다시금 확률은 1로 돌아온다. 스몰뱅이 일어난 순간 등을 조사한다면 일종의 진화 지도가 만들어지므로, 자

신의 관심 분야에 관한 스몰뱅 진화 지도를 작성해 본다.

모두가 커플이 될 수 있는 '게일-섀플리 알고리즘 탐구하기

교과 연계: 수학과 컴퓨터 과학의 연계 탐구

●커플 매칭 프로그램에서 커플이 이뤄진 경우와 그렇지 않은 경우를 보았을 것이다. 모두가 합리적으로 수긍할 수 있는 커플이 되는 방법은 없을까? 게일과 섀플리는 한정된 자원을 효과적으로 분배할 수 있는 알고리즘을 만들었고, 이것으로 2012년에 노벨 경제학상을 받았다. 학생들의 학교 배정 문제, 장기기증 시스템 등에 활용되는 이 매칭 방법을 이해하고, 시간 복잡도가 n^2-n+1 이하인 다항시간 알고리즘을 가진다는 것을 탐구해 본다. 이런 알고리즘이 있음에도 대입 수시 응시를 단 여섯 개 대학으로 제한하는 것에 대한 비판의 목소리도 있다(https://www.joongang.co.kr/article/25175723 기사 참고). 관례상 종전의 방법을 고수하고 있으나 변화가 필요한 영역에 대해서도 조사해 본다.

▶도움이 되는 인터넷자료

-음수의 역사, 연산 도입(나무위키)

-수학교육론, 음수의 연산(네이버 블로그, 키키)

-1의 보수 계산법과 2의 보수 계산법 비교
(네이버 블로그, 제이)

-커플 매칭 방법 예시(티스토리, Steele)

-게일 섀플리 알고리즘, 김민형 교수
(유튜브, 차이나는 클라스)

-안정 매칭(티스토리, 가젤)

관련 학과: 자연과학계열, 공학계열

같이 읽으면 좋은 책

《스마트폰에서 나온 수학 천재들》(김용관 | 다른 | 2022. 10.)

BOOK
38

《세상 모든 비밀을 푸는 수학》

이창옥 외 | 사이언스북스 | 2021. 04.

책으로 만나는 카이스트 명강의 '미래 수학 수업'

이 책의 부제는 '재난 예측에서 온라인 광고까지 미래 수학의 신세계'입니다. 카이스트 수리과학과 이창옥, 한상근, 엄상일 교수의 강의를 책으로 엮었습니다. 의료와 엔터테인먼트 산업을 넘나드는 영상 분야부터 최신 항공기를 개발하는 항공 공학까지 다양한 분야에서 활용되는 계산 수학(이창옥 교수), 개인에서 국가에 이르기까지 방대한 정보를 지키는 수단으로 주목받는 암호 이론(한상근 교수), 자율주행 자동차의 핵심이 되는 최적 경로 분석과 인터넷 사이트의 광고 메커니즘 등 첨단 기술 산업과 결합하는 그래픽 이론(엄상일 교수) 등 미래를 준비하는 현대 수학의 세계를 정리했습니다.

수학은 가장 아름다운 학문이면서 동시에 다른 학문을 떠받치는 근간인 기초 학문이기도 합니다. 그러나 수학은 우리 일상생활에 대단히 깊이 파고들어 와 있을 뿐만 아니라, 혁명 등 최첨단 기술의 발전이나 기존에 생각할 수 없었던 형태의 새로운 비즈니스까지도 가능케 한 놀라운 '응용 학문'이기도 하다는 사실을 이 책은 새롭게 조명합니다.

학교 교실에서 자리를 배치하는 법에서부터 컴퓨터와 사이버스페이스에서 활약하는 암호와 첨단 금융 수학을 활용한 주식시장 예측에 이르기까지 수학이 얼마나 다양한 분야에서 중요한 역할을 하는지 생생하게 확인할 수 있습니다. 숫자라는 렌즈를 통해 바라보는 놀라운 세계에 대한 통찰이 담겨 있다고 할 수 있지요. 1부에서는 '세상을 바꾸는 계산'이라는 주제로 계산 수학의 현재와 미래를 알아봅니다. 근사한 알고리즘의 세계, 수학이 예측하는 우리 사회의 미래, 계산 수학의 빛나는 순간 등을 설명합니다. 2부에서는 '수학은 비밀을 지킬 수 있을까?'라는 주제로 모든 암호 속의 수학을 공부합니다. 암호가 숨겨 놓은 의미, 수학이 현실과 만나는 방식, 세계를 뒤흔드는 수학 등에 대해 알아봅니다. 3부에서는 '최적 경로로 찾아내는 새로운 세계'라는 주제로 미래를 그리는 그래프 이론에 대해 탐구합니다. 모든 사람을 만족시키는 조합, 컴퓨터와 함께 진화하는 수학, 세상 모든 것의 최적 경로 등을 설명합니다.

카이스트 교수들의 탁월한 강연을 일반 대중들과 함께 나누고자 책으로 엮어 출간한 책입니다. 책을 읽으면 우주를 구성하는 개념들을 명확히 이해하고 학문의 지형도를 그릴 수 있으며 무엇보다 앞으로 도래할 미래를 상상할 수 있기에 추천합니다. 현대수학의 생생한 문제에 대해 한국 대표 수학자들의 강의를 듣는다고 생각하면서 책을 읽으면 좋을 것입니다. 교과서에 나온 수학적 개념들이 실제로 어떻게 활용되고 적용되는지 알게 되면 수학의 매력을 더 생생히 경험할 수 있게 됩니다.

이 책을 생기부 후속 활동으로 확장하는 법

방정식 해의 근삿값을 구하는 방법 탐구하기

📖 **관련 단원:** 수학Ⅱ (다항함수의 미분법)

● 고차 방정식에서 3차 방정식의 근의 공식은 카르다노의 해법Cardano method 4차 방정식의 근의 공식은 페라리의 해법Ferrari method 이다. 5차 이상 방정식의 근의 공식은 존재하지 않음을 수학자 닐스 헨리크 아벨Niels Henrik Abel이 증명했다. 3차 이상 방정식의 해의 근삿값을 구하는 방법에는 뉴턴의 방법, 이분법, 평균값 정리가 있다. 이 세 가지 방법에 대해서 예를 통해 설명해 보고 각 방법의 장점과 단점도 탐구해 본다.

엑셀로 벨먼 포드 알고리즘 탐구하기

📖 **관련 단원:** 수학 Ⅰ (지수함수와 로그함수)

● 비용의 합이 음수가 되는 경로를 탐색해서 경제적 이득을 얻을 수도 있다. 예를 들어 한국 돈으로 1천만 원이 있다고 할 때, 먼저 달러로 환전하고 이어서 위안, 파운드, 유로로 차례차례 바

꾼 다음에 다시 원화로 환전했더니 원래의 1천만 원보다 더 늘어날 수도 있다. 여러 나라의 돈이 거래되는 외환 시장의 상황에 따라서는 이런 일도 가능하다. 여기서 벨먼 포드 알고리즘Bellman-Ford algorhm이 활용된다. 환율은 원래 곱해지는 비율인데, 환율에 로그를 취한 값을 구한 후 이 값들을 더해 나가면서 여러 번 환전했을 때 원금의 몇 배가 되는지 로그값을 알 수 있다. 로그값이 0보다 작으면 원래 값이 1보다 작다는 뜻이다. 이제 그래프를 만들어 보자. 그 방향으로 환전할 때 원금이 x배가 되는 선이 있다면 $-\log x$, 즉 x의 로그값에 -1을 곱한 값을 선의 비용이라고 적은 후, 벨먼 포드 알고리즘으로 비용의 합이 음수가 되는 회로를 그려본다. 만일 비용의 합이 음수가 되는 회로를 찾게 된다면 로그를 취한 값에 -1을 곱한 수들의 합이므로, 원금의 배율이 1보다 커져서 이익이 나는 상황이 된다.

$$-\log r_1 - \log r_2 - \log r_3 - \log r_4 - \log r_5$$
$$= -\log r_1 r_2 r_3 r_4 r_5 < 0$$
$$r_1 r_2 r_3 r_4 r_5 > 1$$

여러 화폐 사이의 환율을 알고서 이익 발생 여부를 실시간으로 신속히 계산해야 자동으로 외환을 사고팔아 돈을 벌 수 있다. 엑셀 스프레드시트에 벨먼 포드 알고리즘을 수식과 함께 표로 만들어 환전 후 이익이 생기는 실제적인 경우를 파악해 본다.

장기 이식 알고리즘 탐구하기

관련 단원: 확률과 통계(순열과 조합)

●장기 이식 알고리즘은 다음과 같다. 신장 이식을 받으려면 일단 혈액형이 맞아야 한다. O형 환자에게는 O형 기증자의 장기만 이식할 수 있고, AB형에게는 모든 혈액형의 장기를 가져올 수 있고, A형에게는 A형과 O형, B형에게는 B형과 O형의 장기만 이식할 수 있다. 예를 들어 각각 한 명씩 신장 이식이 필요한 환자가 있는 다섯 가족을 가정해 본다. 4번 가족 중 건강한 사람의 신장을 5번 가족에게 줄 수 있고, 5번 가족 중 건강한 사람의 신장을 4번 가족에게 줄 수 있다는 식으로 맞교환으로 이식이 가능한 가족들 간에 선을 긋는다. 어떻게 하면 최대한 많이 두 가족씩 맞교환 이식을 할 수 있을지 탐구해 본다.

관련 학과: 공학계열, 통계학과, 경영학과, 경제학과

같이 읽으면 좋은 책

《미적분의 쓸모》(한화택 | 더퀘스트 | 2022. 05.)

BOOK 39

《수학으로 힐링하기》

이수영 | 홍성사 | 2016.03.07.

수학을 통해 전하는 힐링의 메시지

우리는 수학을 잘하려고 어릴 때부터 갖가지 방법으로 노력합니다. 그런데 수학은 잘하기가 쉽지 않은 과목이기 때문에 좌절을 경험하는 학생들이 많습니다. 수포자라는 말이 있는 만큼 수학이 학생들에게 성장과 보람 대신 실패와 좌절을 맛보게 할까 염려가 됩니다. 이 책은 수학을 가르치던 저자가 상담을 공부하면서 누구나 자신의 감정이 지지받고 이해받기를 바란다는 것과 어떤 상담가보다 수학이 훌륭하고 멋진 상담가가 될 수 있다는 것을 깨닫고 쓴 책이라고 합니다. 항등식과 미정계수에서 신중하게 전한 한마디 말의 의미를 찾아보고, 대칭함수에서 나쁜 감정을 통한 나의 진짜 욕구를 찾아보는 등 수학 개념에 상담과 위로를 잘 적용해서 읽는 이의 마음을 편안하게 해 줍니다. 많은 이들이 자기 자신을 소중히 여기고 조심스레 대하는 일에 익숙하지 못합니다. 그래서 학생은 공부를 잘해서 성적으로 자기를 증명하려 하고, 취업 준비생은 취직에 성공하고 성과를 달성해서 누군가로부터 사랑받으려 발버둥 칩니다. 그리고 그런 것을 해내지 못하면 스스로 부족하고 쓸모없는 존재라고 여기기 쉽지요. 그러나 우리는 완벽할 수 없으며 실수하기도 하면서 이를 통해 배우고 성장하는 존재입니다. 이 책을 편안하게 읽으면서 수학 공부에서 힐링과 여유를 되찾으며 다시 해 보겠다는 마음의 힘이 올라왔으면 좋겠습니다.

단지 수학에 지친 학생에게 위로와 격려의 메시지를 던지는 것이 아니라, 수학 개념의 특성과 상담학이나 심리학의 요소를 적절하게 매칭 해서 개념의 의미가 더 넓어지는 느낌이 들어 좋았습니다. 수학을 인문학적으로 해석한 책은 많지만, 상담이나 심리학과 연결한 책은 이 책이 특별했습니다. 학생들에게 스트레스를 유발하는 일등 공신 수학에서 오히려 힐링의 메시지를 끄집어내고 있어 매우 참신하다는 생각도 듭니다.

이 책을 생기부 후속 활동으로 확장하는 법

'수학이 건네는 힐링 메시지'를 만들어 보자

📖 **관련 단원**: 고등학교 수학 전체 단원

● 학급에서 하루 명언이나 하루 한 글귀 등을 소개하는 프로그램이 있는데 이런 곳에서 수학 내용을 제시할 수 있다. 이 책에

는 고등학교 1학년에 등장하는 수학 개념이 주로 등장하는데, 그 중 몇 가지를 소개한다. 이 책에 소개되지 않은 다른 수학 개념에서도 상담이나 심리학의 요소와 연결할 만한 부분이 있는지 생각해서 친구들에게 힐링의 메시지를 전해 보자.

① 항등식과 미정계수

'$x^6+ax^3+b=(x-1)(x+1)f(x)+x+3$ 이 x에 관한 항등식일 때, a와 b의 값을 구하시오.'

이러한 항등식은 복잡해 보이지만 x에 적절한 값을 대입하면 쉽게 문제 해결이 가능하다.

"우리 삶에서도 상대방의 한마디 말이 나의 복잡한 마음을 정리해 주는 경우가 있다. 신중하게 전한 한마디 긍정의 말은 누군가에게 힘이 되고 위로가 되고 복잡한 상황을 정리해 준다."

② 충분조건과 필요조건

$x=1$은 $x^2=1$이 되기 위한 '충분조건'이다. 거꾸로 $x^2=1$은 $x=1$이 되기 위한 '필요조건'이다.

"우리는 누군가의 사랑을 얻기 위해서는 조건을 갖추어야 한다고 생각한다. 학생이 열심히 공부하는 이면에는 부모님이나 선생님으로부터 사랑과 인정을 받으려는 마음이 숨어 있다. 공부를 잘하지 못하면 부모님 기대에 미치지 못했다고 자책하는 친구도 있는데, 부모님의 사랑이 필요조건이라고 생각하는 것이다. 하지만 부모님의 사랑은 무언가를 해야만 생겨나는 것은 아니다. 넌 부모님에게 충분조건이다."

③ 수렴과 발산

$\lim_{x \to \infty} \frac{1000}{x} = \frac{1000}{\infty} = 0$인 것과 같이 분모가 무한히 커지면 분자가 1000이라 해도 결국 0으로 수렴하게 된다. 나라는 존재의 크기를 1억이라고 가정하고 이를 무한대(∞)로 나누어도 결과는 똑같이 0이 된다. 자신을 아무리 크게 생각한다고 해도, 무한 앞에서는 0과 같은 존재일 뿐이다.

"무한을 경험한 유한한 존재는 겸손해질 수밖에 없다."

비슷하게 $\frac{-1000}{\infty}$에서는 위로를, $0.001 \times \infty = \infty$에서는 용기를 생각할 수 있다.

"작은 능력이라도 무한히 도전하면 무한한 가능성을 이뤄낼 수 있다. 용기를 내자!"

④ 정적분

함수 $f(x)$가 구간 $[a,b]$에서 연속일 때, 곡선 $y=f(x)$와 $x=a$, $x=b$로 둘러싸인 도형의 넓이 $S=\int_a^b |f(x)|dx$다. 이를 나의 삶 공식으로 바꿔보면, 나의 '지금과 여기'가 구간 [시작, 끝] 동안 계속된다고 하면, 나의 삶$=\int_{\text{시작}}^{\text{끝}}$ 여기×지금이다.

"과거에 대한 적당한 후회는 지금의 모습을 수정하고 교정할 수 있게 해 주며, 미래에 대한 적당한 불안은 현재를 더 열심히 살도록 독려하는 긍정적인 측면이 있다. 하지만 지나간 일에 대한 과도한 후회와 미래에 대한 커다란 두려움은 오히려 삶에 걸림돌이 된다. '지금 여기'에 집중하자. 현재의 편안하고 기쁜 순간들이 쌓여서 하루가 되고, 그 하루가 모이면 1년이 되고, 1년이 모여 삶 전체가 만들어진다. 수많은 지금과 이곳이 쌓여 너의 삶이 결정되는 것이므로 과거와 미래보다 지금의 행복에 더욱 집중해 보자."

관련 학과: 심리학과, 상담학과

같이 읽으면 좋은 책

《그 고민, 우리라면 수학으로 해결합니다!》(하나오 외 | 열린과학 | 2021. 08.)

BOOK 40

《재미있는 영재들의 수학 퍼즐》

박부성 | 자음과모음 | 2012. 01.

퍼즐 놀이를 통한 흥미 유발과 수학적 사고력의 확장

퍼즐이 곧 수학이라고 할 수는 없겠지만, 주어진 퍼즐의 답을 찾아내기 위해 노력하는 과정에서 의미 있고 지적인 유희를 만끽할 수 있습니다. 퍼즐을 통해 재미뿐만 아니라 수학이라는 논리적인 학문에도 접근할 수 있도록 구성되어 있습니다. 책에서 제시하는 퍼즐 문제는 논리적이고 수학적인 사고를 요하는 것으로, 한 번쯤 친구가 재미있는 문제가 있다면서 풀어보라고 해서 접한 문제도 포함되어 있을 것입니다. 논리 퍼즐, 정수론, 게임 퍼즐, 저울질, 확률과 경우의 수, 산술 퍼즐, 복면산, 마방진, 수열, 기하, 성냥개비 퍼즐 등 11개 주제별로 문제를 분류했고, 해답 편에서는 답을 자세히 설명한 다음, 해설편에서 다시 40개 퍼즐에 대해 그에 담긴 수학적 의미와 일반 이론 등을 알기 쉽게 소개하고 있습니다.

여기 소개된 수학 퍼즐은 저자 스스로 고안한 것도 있지만 유명 수학자들이 만들어 낸 퍼즐이 상당수 포함되어 있습니다. 뛰어난 수학자들만의 사고력과 논리력을 엿볼 수 있지요. 시켜서 하는 공부가 아니라 스스로 재미있어서 몰입하는 수준 높은 두뇌 훈련은 학생들의 사고력을 키워 주는 데 도움이 될 것입니다.

책을 읽고 퍼즐 문제에 대해 완전히 이해하게 되었을 때 느끼는 희열을 친구들에게 퀴즈를 내며 전달해 봅시다. 가장 재미있었던 문제를 하나씩 선정해서 친구들과 번갈아 가며 퀴즈를 내고 직접 해설해 주면서 논리적으로 설명하는 역량까지 키워볼 수 있습니다.

이 책을 생기부 후속 활동으로 확장하는 법

논리 퍼즐 풀어보기

📖 **교과 연계**: 수학과 논리의 연계 탐구

● 수학 동아리나 학급에서 논리를 키우기 위한 문제를 친구들에게 소개하는 활동을 해 볼 수 있다. 책에서 재미있었던 논리적인 문제 세 가지를 소개한다.

① 세 죄수: 죄수 세 명에게 검은 모자 둘과 흰 모자 셋을 보여주면서, 각자의 머리에 모자를 씌울 테니 자기 모자의 색깔을 알아맞히는 사람은 석방하겠다고 한다. 세 사람에게 모두 흰 모자를 씌웠는데 한참을 서로 쳐다보기만 하다가 갑자기 한 죄수가

자기는 흰 모자를 쓰고 있다고 말했다. 어떻게 알았을까?

② 눈을 가린 바텐더: 바텐더가 눈을 가리면 손님은 네모난 쟁반의 네 귀퉁이에 와인잔을 놓는다. 모두 같은 방향이 되지 않도록 어떤 잔은 바로, 어떤 잔은 뒤집어 놓는다. 바텐더가 할 일은 눈을 가린 채 네 잔을 모두 같은 방향으로 돌려놓는 것이다. 한 번에 꼭 두 개의 잔만 손으로 조작할 수 있고 조작이 끝나고 잔이 모두 한 방향이면 게임이 끝나지만, 그렇지 않으면 손님이 다시 마음대로 쟁반 위 잔을 움직일 수 있다. 그러면 바텐더는 다시 반복해 바로잡아야 한다. 바텐더가 취할 최선의 전략은 무엇일지 탐구해 보자.

③ 교수의 나이: 교수와 조교가 대화를 나눈다.

교수: "좀 전에 내 방에 다녀간 세 사람의 나이를 모두 곱하면 2,450이고, 모두 합하면 자네 나이의 두 배일세. 그들의 나이를 알겠나?"

조교: (잠깐 생각하더니) "모르겠습니다."

교수: "그렇지 모를 수밖에. 모르는 게 당연하지. 그런데 그 세 사람 모두 나보다 나이가 적다네."

조교: "아! 그럼 알겠습니다."

교수는 몇 살일까 탐구해 보자.

15퍼즐과 샘 로이드 문제 탐구하기

📖 **관련 단원**: 수학(함수와 그래프)

●15퍼즐은 빈칸을 활용해 열다섯 개의 숫자판을 이리저리 움직여 순서대로 맞추는 놀이다. 15퍼즐을 푸는 방법을 먼저 탐구한다. 미국의 유명한 수학자이자 퍼즐리스트 샘 로이드[Sam Loyd]는 다른 숫자는 모두 정확한 위치에 있고 14와 15만 바뀌어 있을 때, 이것을 순서대로 맞추는 문제에 1천 달러 상금을 걸었다. 호환의 개념을 통해 순서대로 맞추는 게 가능할지 탐구해 본다(그림 36).

1	2	3	4
5	6	7	8
9	10	11	12
13	15	14	

⇨

1	2	3	4
5	6	7	8
9	10	11	12
13	14	15	

[그림 36] 샘 로이드의 15퍼즐 도전 문제

랭퍼드 배열에 대한 후속 탐구하기

📖 **관련 단원**: 수학 I (수열)

●312132는 1 사이에 한 개의 숫자, 2 사이에 두 개의 숫자, 3 사이에 세 개의 숫자가 있다. 일반적으로 1, 2,…n이 각각 두 개씩 있을 때, 두 숫자 k 사이에 k개의 숫자가 오는 수열을 만들 수 있는가 하는 문제를 랭퍼드 문제[Langford problem]라고 한다. 312132는

$n=3$에 상응하는 숫자다. $n=4$일 때를 만족하는 경우의 수를 찾아보고, 특정 n에 대하여 랭퍼드 배열이 존재한다면 $n=4m$ 또는 $n=4m+3$임을 탐구해 본다.

▶도움이 되는 인터넷

-15퍼즐 푸는 방법(유튜브, COC3클로징하기)

-샘 로이드 퍼즐 문제 맞춤 가능성
(유튜브, 국립중앙과학관)

-랭퍼드 배열(티스토리, jjycjn′s Math Storehouse)

관련 학과: 전체 계열

같이 읽으면 좋은 책

《22가지 수학의 원칙으로 논리를 배우는 수학 생각공작소》(크리스티안 헤세 | 지브레인 | 2021. 05.)

독서로 챙기는 생기부 사례

활용 도서 : 《미래가 보이는 수학 상점》

교과 연계: 수학과 컴퓨터공학 연계 탐구

커플 매칭 프로그램에서 커플이 이뤄진 경우와 그렇지 않은 경우를 보았을 것이다. 모두가 합리적으로 수긍할 수 있는 커플이 되는 방법은 없을까? 게일과 섀플리는 한정된 자원을 효과적으로 분배할 수 있는 알고리즘을 만들었고, 이것으로 2012년에 노벨 경제학상을 받았다. 학생들의 학교 배정 문제, 장기기증 시스템 등에 활용되는 이 매칭 방법을 이해하고, 시간 복잡도가 n^2-n+1 이하인 다항시간 알고리즘을 가진다는 것을 탐구해 본다. 이런 알고리즘에도 대입 수시 응시를 단 6개 대학으로 제한하는 것에 대한 비판의 목소리도 있다. 관례상 종전의 방법을 고수하고 있으나 변화가 필요한 영역에 대해서도 조사해 본다.

탐구물 작성 예시

1. 게일-섀플리 알고리즘(안정 매칭)의 이해

보통 커플 선정 프로그램에서는 남자와 여자 각기 가장 마음에드는 1인을 선택하고, 서로를 지목한 경우에만 커플이 탄생한다. 커플이 되면 서로 가장 원하는 상대와 짝을 이뤘으므로 최선의 결과라고 할 수 있지만, 커플이 되지 못한 다수의 사람이 생기는 게 문제다.

수학자 로이드 섀플리Lloyd Shapley와 데이비드 게일David Gale은 최대 다수의 만족을 달성하고 효율적인 자원 분배를 이루기 위해 동일한 규모의 두 집단이 서로에 대해서 선호를 가질 때 안정적 매칭을 찾아내는 방안을 연구했다. 여기서 '안정적'이라는 의미는 두 집단에 속한 사람들이 빠짐없이 모두 매칭에 성공하고 그 결과가 다른 매칭보다 선호된다는 의미다. 즉 모든 사람이 매칭 결과에 만족하는 상태를 말한다.

2. 안정 매칭 방법론 탐구

매칭은 다음 가정을 전제로 한다.

가정 1. 남자와 여자의 수는 동일하다.

가정 2. 반드시 남자가 여자에게 고백을 한다.

가정 3. 남자와 여자 모두 이성에 대한 선호도 순서를 가진다.

매칭 절차는 다음과 같다.

① 모든 남자는 자신의 선호도 1순위 여자에게 고백한다. 여자는 선호도에 따라 남자의 고백을 수락한다.

② 아직 짝을 못 찾은 남자는 2순위 여자에게 고백한다. 고백을 받은 여자 역시 선호도에 따라 고백을 수락한다.

③ 모든 커플이 맺어질 때까지 위와 같은 과정을 반복한다.

매칭에 참여하는 남녀 각각은 아래와 같고, 남녀는 이름 옆에 화살표 순으로 표시한 것처럼 저마다 1순위, 2순위, 3순위의 선호도 순서가 있다.

뉴턴

폰 노이만

피타고라스

뉴턴: 히타피아 → 에미 뇌터 → 캐서린 존슨

폰 노이만: 히타피아 → 에미 뇌터 → 캐서린 존슨

피타고라스: 에미 뇌터 → 히타피아 → 캐서린 존슨

히타피아

에미 뇌터

캐서린 존슨

히타피아: 피타고라스 → 뉴턴 → 폰 노이만

에미 뇌터: 폰 노이만 → 피타고라스 → 뉴턴

캐서린 존슨: 뉴턴 → 폰 노이만 → 피타고라스

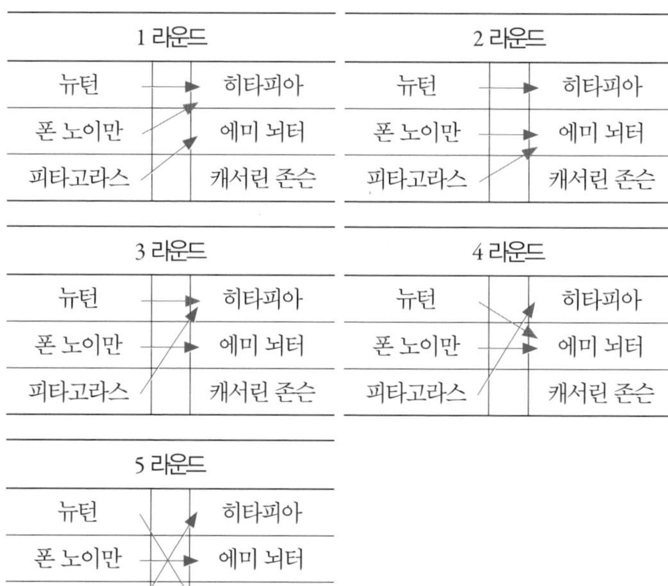

3. 수학적 분석과 증명

명제: 게일-섀플리 알고리즘은 시간 복잡도가 (n^2-n+1) 라운드 이하인 다항시간 알고리즘이다.

증명: 남자 그룹 $A=\{a_1, a_2, \cdots, a_n\}$과 여자 그룹 $B=\{b_1, b_2, \cdots, b_n\}$이 있다.

라운드 $t<Z_+$에 대하여 함수 $f_i(t)$를 남자 a_i가 여자 b_j에게 고백했을 때, 남자 a_i가 정한 여자 b_j의 선호도 순번이라고 정의하자. 앞의 예시에서 1라운드에서 $f_1(1)=1, f_2(1)=1, f_3(1)=1$이고, 2라운드에서 $f_1(2)=1,\ f_2(2)=2,\ f_3(2)=1$이다.

또한 $F(t)$를 라운드 $t<Z_+$에 대한 모든 $f_i(t)$의 합,

즉 $F(t)=\sum_{i=1}^{n} f_i(t)$라 정의하자.

먼저 항상 $F(1)=n$이다. 1라운드에서 모두 매칭이 이뤄지지 않아 2라운드로 넘어갔다고 가정하면, 거절당한 남자가 적어도 한 명 존재하고 해당 남자가 다음 선호도 여성에게 고백할 것이므로 $F(2)\geq n+1$이다.

따라서 임의의 라운드 t에 대해 $F(t+1)\geq F(t)+1$이 항상 성립하게 되고, $F(1)=n$, $F(2)\geq n+1$, $F(3)\geq n+2$, $\cdots$, $F(t)\geq n+(t-1)$를 만족하게 된다. ……①

또한 각 남자의 여성 선호 순번은 최대값은 n이므로, $F(t)\leq n^2$이다. ……②

①과 ②에서 $n+t-1\leq F(t)\leq n^2$이므로 $n+t-1\leq n^2$이고, $t\leq n^2-n+1$이다.

따라서 위 알고리즘은 (n^2-n+1) 라운드 이내에 완벽 매칭을 이루고 종료된다.

심화 연구 활동 예시

4. 게일-섀플리 알고리즘의 확장

게일-섀플리 알고리즘을 활용해 남녀 간 미팅에서 모두가 커플로 매칭할 수 있으며, 구직자들과 여러 회사를 연결할 수도 있다. 앨빈 로스[Alvin E. Roth]는 게일-섀플리 알고리즘을 발전시켜 흔히 주먹구

구식으로 이루어질 수 있는 현실의 문제에 시장설계와 매칭 시스템 기법을 적용했다.

뉴욕시 공립고등학교 학생 배정 프로그램에 시장설계 기법을 적용해서 자신이 지원하지도 않은 학교에 진학하는 학생 수가 이전보다 90%나 감소하는 성과를 이루었고, 이 기법은 이후 보스턴과 뉴욕 등 대도시의 공립학교로 확대되었다. 이밖에 의대 졸업생들과 병원 연결, 장기 기증자와 환자 연결 등에서 기존 방식을 재설계해 현실에 적용했다. 앨빈 로스는 2012년 '안정적 자원 배분 이론을 시장의 제도 설계에 응용한 공로'로 로이드 섀플리와 함께 노벨 경제학상을 수상했다.

5. 게일-섀플리 알고리즘을 학급에 적용

2학기에도 1학기와 마찬가지로 1인 1역을 정해 학급에서 맡은 일을 책임져야 한다. 1학기 1인 1역을 정할 때 같은 역할에 여러 지원자가 몰리면 가위바위보로 결정했는데, 그러다 보니 원하지 않은 역할을 맡아서 역할이 잘 수행되지 않는 경향을 보였다. 그래서 담임 선생님과 친구들에게 게일-섀플리 알고리즘을 적용해 모두가 만족하는 1인 1역이 정해지도록 하자고 제안해 동의를 구했고, 코딩 프로그램을 작성한 뒤 이를 사용해 최대 다수가 만족하는 역할을 정할 수 있었다(그림 37) .

```
def match():
    mainwheremen=[1]*n
    finish=0
    while finish==0:
        round(mainwheremen)
        finish=1
        for i in mainwheremen:
            if i>0: finish=0
    return mainwheremen

def round(wheremen):
    goback=[[] for i in range(n)]
    for m in range(n):
        if wheremen[m]>0:
            goback[men[m][wheremen[m]-1]].append(m)
    for w in range(n):
        matched=0
        for m in women[w]:
            if goback[w]==[]: break
            if m in goback[w]:
                if matched==0:
                    wheremen[m]=-abs(wheremen[m])
                    matched=1
                else:
                    wheremen[m]=abs(wheremen[m])+1
                goback[w].remove(m)
    return 0
```

[그림 37] 1인 1역에 게일-섀플리 알고리즘을 적용한 코딩

6. 게일–섀플리 알고리즘 도입을 통한 입시 제도 변경을 제안

지금까지 대입에서 수시는 여섯 개, 정시는 세 개의 대학-학과를 선택해 지원할 수 있었다. 하지만 경쟁률 및 우수한 성적의 학생 쏠림현상 등 여러 가지 변수가 작용하여 입시에서 공정한 대학-학과 선택이 이뤄지지 않고 정보력이나 운에 의해 당락이 결정되는 현상이 자주 나타난다. 과거에는 효율성 및 시스템의 한계로 이러한 방식의 입시 시스템을 운용해야 했지만, 지금은 뛰어난 성능의 컴퓨터와 적절한 알고리즘을 개발할 수 있어서 선택의 카드 개수를 훨씬 많이 늘려도 큰 문제가 없다. 자신의 실력에 딱 맞는 대학에 합격하게 하

는 것이 합리적인 제도라고 생각한다. 매칭 알고리즘을 활용한다면 대학 입시에서 입시생들이 느끼는 불안감은 많이 사라지게 될 것이다.

'게일-섀플리 알고리즘 탐구' 과세특 예시

컴퓨터 프로그램에 관심이 많은 학생으로 수학 I 에서 알게 된 알고리즘에 흥미를 느껴 '미래가 보이는 수학 상점(김용관)'을 읽고 게일-섀플리 알고리즘에 대해 탐구하여 발표함. 가상으로 연예인 남녀를 알고리즘을 사용하여 모두 커플이 이뤄지는 결과를 시연하였고, 시간 복잡도가 (n^2-n+1) 라운드 이하인 다항시간 알고리즘임을 논리적으로 깔끔하게 증명하였음. 이 알고리즘의 다양한 활용을 소개하였고, 학급에서 1인 1역을 정할 때도 알고리즘을 적용할 수 있을 것이라 생각해 직접 작성한 코딩 프로그램을 사용하여 선생님과 학생 다수가 만족하는 역할 매칭을 이뤄냈음. 대입에서도 대학-학과 선택의 폭이 좁은 것을 지적하며 매칭 알고리즘을 사용하여 더 합리적인 입시 제도가 도입되기를 제안함. 알고리즘의 시연과 증명에서 친구들의 호응을 받았고, 학급의 1인 1역에 알고리즘을 적용하여 변화와 발전을 가져온 것이 매우 인상적임.

부록

수학 선생님들이 소개하는 수학 관련 사이트

고교학점제 지역별 공동교육과정

고교-대학 연계 프로그램

MUST-READ FOR

MATHEMATICS AND LOGICAL THINKING

[부록 1]

수학 선생님들이 소개하는 수학 관련 사이트

Mathematics

1. 검색 사이트

기본적인 정보를 검색하는 곳으로 검색 주제에 따라 얻을 수 있는 정보량이 다르다. 대부분 올바른 정보를 얻을 수 있겠지만, 누구나 정보를 편집할 수 있는 곳이라 올바른 내용인지 다른 곳과 비교 또는 스스로 검증하는 과정이 필요할 수도 있다.

- 위키백과

- 나무위키

2. 기관 사이트

- SEMM(서울 수학학습 메타버스)

서울교육청이 운영하는 수학 메타버스 공간, 학습게임

- HORIZON

고등과학원이 발간하는 수학, 과학 전문 웹진

- 한국경제신문 최준원의 수리논술 강의 노트 검색

대학교 대입 논술 기출 문제 및 풀이 소개

- DBpia

국내 우수 학술기관이 발행한 저널과 논문 검색

3. 공학적 도구

-지오지브라(그래프 그리기)

기하, 대수, 미적분, 통계, 이산수학, 3차원 기하를 쉽게 다룰 수 있는 무료 교육용 수학 소프트웨어다. 지오(geometry, 기하)와 지브라(Algebra, 대수)의 합성어로 동적 기하 소프트웨어와 컴퓨터 대수 시스템을 결합한 소프트웨어라는 의미를 담고 있다.

- 알지오매스(블록코딩을 통한 절차적 사고 기르기)

대수(Algebra)부터 기하(Geometry)까지 모든 수학(Mathematics)을 다루는 소프트웨어라는 의미로 무료로 보급된 수학 탐구용 소프트웨어. 도형의 작도, 그래프, 블록코딩, 입체도형 등을 다룰 수 있다.

- 울프람알파(공학용 계산기)

계산용 프로그램인 매스매티카의 개발자인 물리학자 스티븐 울프럼(Stephen Wolfram)이 만든 검색 엔진으로 슈퍼컴퓨터를 통한 인공지능을 통해 웹상의 지식을 재구성하여 사용자에게 제공하며 간단한 연산을 직접 수행하고 그래픽 결과도 시뮬레이팅 한다.

4. 수학 교구 쇼핑몰

-수학사랑 쇼핑몰

수학 체험 도구 구매

5. 블로그와 유튜브

-유튜브 이상엽Math

고등학교부터 대학교 과정까지 다양한 수학 개념에 대한 강의

-유튜브 긱블@Geekble

다양한 수학, 과학에 대한 실험

-3blue1brown

약 600만 명 구독자를 보유한 해외 수학 채널

-유튜브 공돌이의 수학정리노트

-유튜브 동화같은 수학이야기

수학 게임 및 체험 소개

-Gazelle and Computer Science

다양한 컴퓨터 알고리즘의 수학적 분석 소개

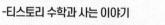

-티스토리 수학과 사는 이야기

수학 교과별 수학 주제 탐구 및 이야기 소개

[부록 2]

Mathematics

고교학점제 지역별 공동교육과정 고교-대학 연계 프로그램

1. 지역별 공동교육과정

- 서울

학교 간 협력 교육과정(콜라캠퍼스)

- 경기도

경기 고교학점제-공동교육과정

- 대구

대구 공동교육과정

- 인천

꿈두레 공동교육과정

- 광주

광주광역시교육청 고교학점제 지원센터

학교 간 공동교육과정

- 대전

너두나두 공동교육과정

- 울산

울산 배나무 공동교육과정

- 세종

캠퍼스형 공동교육과정

- 강원도

꿈 더하기 공동교육과정

- 충청북도

충북 고교학점제 공동교육과정

- 충청남도

참학력 공동교육과정

- 전라북도

전북특별자치도교육청 공동교육과정

- 전라남도

전라남도교육청 고교학점제 지원센터 공동교육과정

- 경상북도

스마트 교육과정(공동교육과정)

- 경상남도

경남참 공동교육과정

- 부산

부산광역시교육청 고교학점제 지원센터

공동교육과정

- 제주

제주 고교학점제 온라인지원센터

공동교육과정

2. 고교-대학 연계 프로그램

- 서울

고교-대학 연계 인재육성프로그램

*각 학교 공문 참고

- 경기도

학교 밖 학습 경험 학점화

- 대구

학교 밖 교육 연계 꿈창작 캠퍼스

- 인천

지역 연계 꿈이음 대학

- 광주

꿈꾸는 공작소

*각 학교 공문 참고

- 대전

고교-대학 연계 원클래스

- 울산

사다리교육과정

- 세종

고교-대학 연계 공동교육과정

- 강원도

꿈더하기 대학연계 공동교육과정

- 충청북도

지역연합형 공동교육과정

충청북도 진로교육원(대학 연계 진로체험, 마을 연계 진로체험)

- 충청남도

꿈키움 프로그램

- 전라북도

대학 연계 공동교육과정, 일반고-대학 연계 특강

- 전라남도

꿈키움 캠퍼스

- 경상북도

지역 사회와 연계한 특화 교육과정, 대학 연계 수업

- 경상남도

경남참 공동교육과정

- 부산

다(多)고른 캠퍼스

고교 서머·윈터 스쿨

- 제주

고교-대학 연계 프로그램

생기부 수학 필독서 40

초판 1쇄 발행 2024년 4월 15일

지은이 이재환, 이현규
펴낸이 정덕식, 김재현
펴낸곳 (주)센시오

출판등록 2009년 10월 14일 제300-2009-126호
주소 서울특별시 마포구 성암로 189, 1707-1호
전화 02-734-0981
팩스 02-333-0081
전자우편 sensio@sensiobook.com

책임 편집 이은정
디자인 STUDIO BEAR
경영지원 임효순

ISBN 979-11-6657-148-0 13370